21世纪职业教育教材·财经商贸系列

员工培训管理

主　编　崔夷修
副主编　张　静　岳丽娜

内 容 简 介

本书在调研企业员工培训管理岗位的基础上,借鉴现有培训领域的理论与实践成果,构建了适合高职层次学生学习的员工培训管理内容体系,对培训需求分析、培训计划制订、组织实施培训、培训成果转化与培训效果评估流程进行了阐述;对培训对象、培训内容、培训方法、培训师、培训成本和培训预算等员工培训管理要素进行了分析;同时对员工培训管理的现状及未来发展趋势进行了分析,并重点介绍了"互联网+"培训管理。全书共包括六个项目,即认知员工培训、培训需求分析、培训计划制订、组织实施培训、培训成果转化与培训效果评估以及"互联网+"培训管理。本书的内容注重理论与实践相结合,突出了员工培训管理的实操性,提供了大量的企业实践案例和工作模板便于读者参考。

本书既可以作为高职院校人力资源管理专业和相关管理专业的教材,也可以供人力资源管理从业者作为学习用书。

图书在版编目(CIP)数据

员工培训管理/崔夷修主编. —北京:北京大学出版社,2021.8
21世纪职业教育教材·财经商贸系列
ISBN 978-7-301-31090-8

Ⅰ.①员… Ⅱ.①崔… Ⅲ.①企业管理–职工培训–职业教育–教材 Ⅳ.①F272.921

中国版本图书馆 CIP 数据核字(2020)第 017608 号

书　　名	员工培训管理 YUANGONG PEIXUN GUANLI
著作责任者	崔夷修　主编
策划编辑	周　伟
责任编辑	周　伟
标准书号	ISBN 978-7-301-31090-8
出版发行	北京大学出版社
地　　址	北京市海淀区成府路 205 号　100871
网　　址	http://www.pup.cn　新浪微博:@北京大学出版社
电子信箱	zpup@pup.cn
电　　话	邮购部 010-62752015　发行部 010-62750672　编辑部 010-62754934
印　刷　者	北京溢漾印刷有限公司
经　销　者	新华书店
	787 毫米×1092 毫米　16 开本　15.25 印张　334 千字 2021 年 8 月第 1 版　2021 年 8 月第 1 次印刷
定　　价	46.00 元

未经许可,不得以任何方式复制或抄袭本书之部分或全部内容。
版权所有,侵权必究
举报电话:010-62752024　电子信箱:fd@pup.pku.edu.cn
图书如有印装质量问题,请与出版部联系,电话:010-62756370

前　言

伴随着科学技术和经济的迅猛发展，企业之间的竞争日益激烈。企业要想拥有持久的人力资源竞争优势，就要加强员工培训管理，员工培训管理成为人力资源管理的关键。在新时代背景下，企业的员工培训需体现培训需求个性化、培训内容多元化和培训手段信息化等特点，如何开展既有效果又有效率的员工培训成为企业和培训管理者面临的重要课题。本书在调研企业员工培训管理工作岗位的基础上，借鉴现有员工培训领域的理论与实践成果，构建了适合高职层次学生学习的员工培训管理内容体系。

相较于现有的同类教材，本书具有以下三个特点：

1. 基于工作过程系统化理论构建教材内容

本书内容的组织与编排基于工作过程系统化理论，对接培训专员岗位和培训助理岗位的典型工作任务，根据相应的岗位知识、能力和素质要求，遵循高等职业教育学生的职业成长规律，设计了六个项目，即认知员工培训、培训需求分析、培训计划制订、组织实施培训、培训成果转化与培训效果评估以及"互联网+"培训管理。

2. 突出教材的实践指导意义

本书以高等职业教育的高技能人才培养目标为导向，突出教材的实践指导意义，为学生提供完善的工具模板和实用的实践参考，并设计具体可行的实训任务，便于提升学生的实践能力和职业素质。

3. 教材内容与形式体现时代特征

本书结合员工培训管理的现状及未来发展趋势，介绍了 E-Learning 系统、微课的制作方法、虚拟现实技术等内容，为员工培训管理工作提供了有效的方法和手段。

本书由崔夷修（广东科学技术职业学院）任主编，张静（珠海城市职业技术学院）、岳丽娜（远光软件股份有限公司）任副主编。崔夷修负责全书的统稿工作，并负责编写项目一、项目二、项目四、项目五和项目六，张静负责编写项目三，岳丽娜负责"实践参考"部分的审定工作。在本书的编写过程中，我们参考了相关的教材和网络案例资料，在此谨向有关作者表示诚挚的感谢！书中存在的不足之处，敬请读者批评指正。

编者

2021 年 6 月

目 录

项目一　认知员工培训 ··· 1
　　任务 1　认知员工培训的内涵 ··· 2
　　　　一、员工培训的含义 ··· 2
　　　　二、员工培训的作用 ··· 4
　　　　三、员工培训的类型 ··· 5
　　　　四、员工培训的基本原则 ·· 7
　　　　五、员工培训的步骤 ··· 8
　　任务 2　认知员工培训的岗位及未来发展趋势 ······························· 12
　　　　一、企业培训部门的岗位 ·· 12
　　　　二、员工培训的误区 ··· 18
　　　　三、员工培训的未来发展趋势 ··· 19

项目二　培训需求分析 ·· 24
　　任务 1　确定培训需求分析的步骤和内容 ······································ 25
　　　　一、培训需求分析的参与者 ·· 25
　　　　二、培训需求分析的步骤 ·· 27
　　　　三、培训需求分析的内容 ·· 31
　　任务 2　应用培训需求分析的方法 ··· 39
　　　　一、观察法 ··· 40
　　　　二、访谈法 ··· 42
　　　　三、问卷调查法 ·· 48

项目三　培训计划制订 ·· 54
　　任务 1　确定培训对象和培训内容 ··· 55
　　　　一、培训对象的分类 ··· 55
　　　　二、培训内容 ASK 模型 ·· 57
　　　　三、新员工培训内容的分析 ·· 58
　　　　四、管理者培训内容的分析 ·· 60

　　　　五、营销人员培训内容的分析 ································· 62
　任务2　选择培训方法 ································· 67
　　　　一、知识传授类培训方法 ································· 68
　　　　二、技能训练类培训方法 ································· 71
　　　　三、素质拓展类培训方法 ································· 74
　　　　四、科技新型培训方法 ································· 77
　　　　五、选择培训方法的依据 ································· 78
　任务3　培养与选择培训师 ································· 84
　　　　一、培训师的含义和类型 ································· 84
　　　　二、内部培训师的选拔 ································· 86
　　　　三、TTT概述 ································· 91
　　　　四、成人学习理论 ································· 92
　　　　五、培训师课程开发的技能 ································· 95
　　　　六、内部培训师微课制作的技能 ································· 98
　　　　七、内部培训师的授课技巧 ································· 106
　　　　八、外部培训师的分类 ································· 114
　　　　九、外部培训师的选择 ································· 116
　任务4　确定培训成本和培训预算 ································· 124
　　　　一、培训成本 ································· 124
　　　　二、培训预算 ································· 127
　任务5　编写培训计划 ································· 134
　　　　一、培训计划的概念和作用 ································· 134
　　　　二、培训计划的类型 ································· 135
　　　　三、培训计划的内容 ································· 136
　　　　四、培训计划的编写程序 ································· 140

项目四　组织实施培训 ································· 148
　任务1　组织实施内部培训 ································· 149
　　　　一、培训前的准备工作 ································· 149
　　　　二、培训中的组织工作 ································· 159
　　　　三、培训后的跟进工作 ································· 160
　任务2　组织实施外派培训 ································· 164
　　　　一、外派培训的类型 ································· 164
　　　　二、外派培训对象的管理 ································· 165

三、外部培训机构的选择 …………………………………………… 171

项目五　培训成果转化与培训效果评估 ………………………………… 179

　任务1　促进培训成果转化 ……………………………………………… 180
　　　一、培训成果转化的定义和意义 ……………………………………… 180
　　　二、培训成果转化的相关理论和模型 ………………………………… 181
　　　三、培训成果转化的影响因素 ………………………………………… 184
　　　四、培训成果转化的机制与方法 ……………………………………… 186

　任务2　培训效果评估 …………………………………………………… 191
　　　一、培训效果评估概述 ………………………………………………… 192
　　　二、柯克帕特里克四级评估模型 ……………………………………… 194
　　　三、培训效果评估的步骤 ……………………………………………… 202

项目六　"互联网+"培训管理 ………………………………………… 211

　任务1　应用互联网思维完善员工培训 ………………………………… 212
　　　一、"互联网+"与互联网思维的概念 ……………………………… 212
　　　二、互联网思维指导下员工培训变革方向 …………………………… 214

　任务2　应用 E-Learning 进行培训管理 ……………………………… 218
　　　一、E-Learning 的含义和特点 ……………………………………… 218
　　　二、E-Learning 的架构 ……………………………………………… 220
　　　三、E-Learning 课程的内容开发 …………………………………… 222
　　　四、E-Learning 系统的运营管理 …………………………………… 225

参考文献 …………………………………………………………………… 233

项目一　认知员工培训

◆ 项目情境

李阳为什么感到迷茫

明天，李阳就要正式到 A 公司报到上班了，他非常高兴。A 公司是一家很有实力的企业，李阳要到该公司的网络中心开始自己的工作。李阳心想明天 A 公司肯定会为他们这些新员工安排一些"精彩节目"，比如高层管理者的接见与祝贺、同事的欢迎、人力资源部对公司各种情况的详细介绍等。

报到当天，李阳首先来到人力资源部。人力资源部的员工确认李阳已经来到公司后就打电话给网络中心的王经理，让他过来带李阳到网络中心去。过了很长时间，王经理派自己的助手小陈来到人力资源部。小陈告知李阳："王经理有急事不能来，我会安排你入职的事情。"来到网络中心后，小陈指着一张堆满纸张和办公用品的办公桌对李阳说："你的前任前些天辞职走了，我们还没有来得及收拾桌子，你自己先整理一下吧！"说完，小陈就自顾自地忙了起来。中午，小陈带李阳去员工餐厅用餐，让他下午自己去相关部门办一些手续、领一些办公用品。午饭期间，李阳从小陈那里了解到公司的一些情况。午休时，李阳与办公室里的其他一些同事又聊了一会儿。让李阳感到失望的是 A 公司并没有像他想象的那样重视他。

第二天，王经理把李阳叫到自己的办公室开始给他分配工作任务。当王经理说完之后，李阳刚想就自己的一些疑问和想法同他谈一谈，此时一个电话来了，李阳只好回到自己的座位上开始工作。李阳的工作内容是网站制作与维护，他需要同不少人打交道，但他对其他部门的同事还一无所知，所以在工作时他感到摸不到头绪。

这几天令李阳感到欣慰的是另外两位同事对他还算热情。李阳曾经问过他们："难道公司都是这样接待新员工吗？"他们的回答是："公司就是这种风格，让员工自己慢慢适应，逐渐融入公司。公司的创始人认为过多的花样没有多大用处，适应的员工就留下来，不适应的员工就离开。不少人留下来是因为公司的薪水还不错！"

第一周过去了，李阳望着窗外明媚的阳光，心里却感到有些茫然……

【思考】请你预测接下来李阳可能发生的行为，并评价 A 公司的员工培训管理工作。

📌 教师点评

接下来李阳离职的可能性较高。李阳作为企业的新员工，对企业文化、工作环境、工作内容等都不熟悉，这时候尤其需要企业提供必要的培训与指导。但是，在 A 公司，这些都需要新员工自己进行摸索，这会让新员工产生抱怨、不满，并且很难进入工作状态和融入企业文化。

A 公司在员工培训管理工作中存在的最大问题是对员工培训不够重视，没有意识到员工培训对企业的发展甚至是生存起着至关重要的作用。从短期来看，A 公司不重视员工培训管理工作会导致新员工离职，给企业带来成本损失；从长期来看，A 公司对员工培训管理工作的轻视不仅会导致它在行业内的竞争力下降，而且还会影响企业的社会声誉。

任务 1　认知员工培训的内涵

> **知识目标**：(1) 从现代的角度解释员工培训的含义；
> (2) 区分员工培训的类型；
> (3) 列举员工培训的原则；
> (4) 说明员工培训的步骤。
> **能力目标**：能结合企业的实际情况分析员工培训的作用。

📖 知识储备

伴随着全球经济一体化和现代信息技术的飞速发展，企业面临的市场竞争日益激烈。企业要想适应时代的发展，并在激烈的市场竞争中保持自身的核心竞争力，就必须不断地创新管理理念，运用现代管理方法，更加注重人力资源的效用，不断提升人力资本，充分发挥人力资源的智力优势。越来越多的企业努力开展员工培训管理工作，不仅注重对员工进行新思想、新知识、新技术、新工艺、新规范的培训，而且还注重对员工的潜能、创造力、团队精神和人文素养的开发。

一、员工培训的含义

员工培训是一个不断发展的概念。从传统的角度来看，员工培训与员工开发是两个不同的概念。

员工培训是指企业针对员工开展有计划的、连续的、系统的学习行为或训练过程,以改变或调整员工的知识、技能、态度、思维、观念、心理,从而提高员工的思想水平及行为能力,使员工有适当的能力承担所在岗位的工作内容。

员工开发是指企业为员工今后的发展而开展的正规教育、在职体验、人际互动以及个性和能力的测评等活动。

从传统的角度来看,二者的区别主要表现在以下四个方面:

(一)目的不同

员工培训主要是企业的培训管理者对员工当前的工作现状与工作要求之间的差距进行分析,通过知识、技能的传授使员工更好地胜任工作,重心放在提高员工当前的工作绩效水平上。而员工开发则是为了使员工在未来承担更大的责任,企业的培训管理者运用人才测评、职业生涯管理、管理开发等手段,挖掘员工潜在的素质和能力,如创造能力、领导能力等,以提高个人和企业应对未来工作的能力。

(二)对象不同

员工培训的对象是全体员工,而员工开发的对象则主要是管理人员、技术骨干和具有管理潜能的员工。

(三)持续时间不同

员工培训活动针对员工的当前需求和具体工作岗位,持续时间短,具有集中性和阶段性的特点。而员工开发活动则针对员工的未来需要和重要管理岗位,持续时间长,具有分散性和长期性的特点。

(四)参与方式不同

员工培训通常侧重于提高员工当前的工作绩效水平,故员工培训活动具有一定的强制性。而员工开发则主要是对具有管理潜能的员工开展的有针对性、定向的开发活动,员工可自愿参加,不具有强制性。

员工培训与员工开发的区别参见表1-1。

表1-1 员工培训与员工开发的区别

比较因素	员工培训	员工开发
目的	员工当前的工作绩效水平的改进	使员工在未来承担更大的责任
对象	全体员工	管理人员、技术骨干和具有管理潜能的员工
持续时间	持续时间短,具有集中性和阶段性的特点	持续时间长,具有分散性和长期性的特点
参与方式	强制参加	自愿参加

伴随着员工培训的发展和战略地位的凸显,在企业中员工培训变得越来越重要,

员工培训与员工开发二者的界限也日益模糊。现在，员工培训与员工开发具有高度一致性：员工培训与员工开发都注重员工与企业当前和未来发展的需求；员工培训与员工开发面向所有的员工；员工培训与员工开发的最终目的是实现企业发展和员工个人发展的和谐统一。因此，本书将不再区分员工培训与员工开发，而是将二者统称为员工培训。

从现代的角度来看，员工培训是指企业为实现经营目标和员工个人发展目标而有计划地组织员工进行学习和训练，以改善员工的工作态度、增加员工的知识、提高员工的技能、激发员工的创造潜能，进而保证员工能够按照预期标准或水平完成所承担或将要承担的工作和任务的人力资源管理活动。这个概念将企业的经营目标与员工个人发展目标相结合，因此本书采用此概念。

二、员工培训的作用

随着现代信息技术和互联网环境的发展，企业面临的市场竞争日益激烈，越来越多的企业意识到员工培训的重要性，更加关注员工培训给企业带来的价值。

（一）员工培训对企业的积极作用

员工培训对企业的积极作用主要表现在以下四个方面：

1. 提升企业的竞争力

员工培训可以提升企业的竞争力。在培训过程中，新员工可以迅速地适应企业的环境，尽快掌握工作岗位所需的操作技能等；老员工可以补充新知识、掌握新技能，以适应工作变化的需要。此外，员工培训可以改善员工的工作质量、降低工作损耗以及减少企业事故发生率；员工培训还能挖掘员工的潜力，激发员工创新的欲望，不断提高企业开发与研制新产品的能力。所以，有效的员工培训会极大地增加企业的人力资源价值，提高企业的经济效益和市场竞争力。

2. 塑造良好的企业文化

企业文化是一个企业的灵魂，是企业创造生产力的精神支柱。老员工的一举一动在企业里起着榜样的作用。因此，老员工是企业文化传播的重要渠道。企业有必要对老员工进行企业文化的灌输与强化，提升其榜样的力量。当新员工进入企业后，企业的首要任务不是急于向他们传授工作技能，而是要注重对其进行企业文化的培训。员工在进行企业文化培训时，培训师应注重向员工灌输企业的经营理念、工作伦理和群体规范，以便员工获得与企业的要求一致的价值观和行为标准。企业文化培训让员工在了解企业文化的同时，也推动了企业文化的完善与形成，树立了良好的企业形象。

3. 稳定员工队伍

通过员工培训，一方面，员工可以提高自己胜任工作的能力，提高工作满意度，加深对企业的感情，增强对企业的归属感，降低人才流失率。另一方面，员工的专业能力和综合素质获得提升，进而能够胜任企业的关键管理岗位。企业自身拥有大量的优秀人才，不需要从外部引进大量的"空降兵"，既稳定了员工队伍，又减少了人力成本。

4．适应企业战略目标的调整与转变

随着科学技术的发展，面对激烈的竞争态势，为了适应市场不断变化的需要，企业要不断地进行战略目标的调整与转变。员工培训可以有效地解决企业对人力资源的需求问题，帮助员工掌握新知识、新技能和新观念，以适应企业新的战略目标。

(二) 员工培训对员工个人的积极作用

员工培训对员工个人的积极作用主要表现在以下四个方面：

1．提高员工的自我认知水平

通过员工培训，员工能够更好地了解自己在工作中的角色、应该承担的责任和义务，通过比较和分析，全面、客观地了解自身的能力、素质等方面的不足，以及未来自己的发展方向，提高自我认知水平。

2．提高员工的知识和技能

通过员工培训，员工的知识和技能水平将得到提升，这有利于提高企业的生产效率，为企业创造更多的利润。同时，员工也会因此而获得更多的收入、更大的职业发展空间。

3．转变员工的态度和观念

通过员工培训，企业可以帮助员工转变态度和观念，如学习和接受最新的技术，增加对企业文化的认同和责任心，树立终身学习的观念等。

4．提高工作和生活的幸福感

当前，企业之间竞争的加剧导致员工的工作压力较大，如果企业不能正确地疏导员工的工作压力，就会影响员工的工作态度和工作绩效水平。因此，员工的心理健康问题成为企业在进行员工培训时应关注的重点。企业通过开展拓展训练、心理辅导等活动可以帮助员工释放工作压力，培养员工积极的心态，提高员工工作和生活的幸福感。

三、员工培训的类型

员工培训根据不同的划分依据有不同的类型。本书按照员工培训的形式、员工培训的内容、员工培训的对象这三个维度对员工培训进行分类。

(一) 岗前培训、在岗培训和脱岗培训

按照员工培训的形式，员工培训可以分为岗前培训、在岗培训和脱岗培训。

1. 岗前培训

岗前培训是指企业在员工上岗前对其开展的培训活动。岗前培训包括新员工上岗前的培训活动和企业内员工转岗前的培训活动，其目的都是为了提高未上岗员工的知识技能，使其能适应新工作岗位的要求。

2. 在岗培训

在岗培训是指员工不离开自己的工作岗位，利用工作之余完成相应的培训。它是员工在完成本职工作的基础上开展的培训活动。这类培训的内容重在补充员工当前的工作岗位，工作或项目所需要的知识、技能。

3. 脱岗培训

与在岗培训相对，脱岗培训是指员工暂时脱离工作岗位接受的培训。在培训期间，员工将本职工作放在一边，以培训为重心。脱岗培训的内容重在提高员工的整体素质，以满足企业和员工未来的发展需求。

(二) 知识培训、技能培训和态度培训

按照员工培训的内容，员工培训可以分为知识培训、技能培训和态度培训。

1. 知识培训

知识技能是指企业为了增加员工的岗位知识、企业知识、行业知识等而开展的培训活动。知识培训侧重于对员工掌握的知识进行不断的更新，主要目标是通过更新员工的知识使其工作效率变得更高。

2. 技能培训

技能培训是指企业为了提升员工的专业技能和管理技能而开展的培训活动。技能培训侧重于对员工已经具备的能力进行提升，开发员工的技能潜力，提高员工的实际操作水平。

3. 态度培训

态度培训是指企业为了帮助员工树立正确的价值观，培养积极的工作态度和生活态度、良好的思维习惯而开展的培训活动，以提高员工对企业的认同感和归属感，建立企业与员工之间相互信任的关系。

(三) 基层员工培训和管理人员培训

按照员工培训的对象，员工培训可以分为基层员工培训和管理人员培训。

1. 基层员工培训

基层员工培训是指企业针对基层员工开展的培训活动。基层员工培训的目的是培养员工具备良好的职业道德，掌握科学的工作方法和工作技能，进而提高工作质量和工作效率。基层员工培训的主要内容包括职业道德、行为规范、企业文化与团队建设、设备操作、人际关系技能等。企业进行基层员工培训应注重实用性和实践性。

2. 管理人员培训

管理人员培训又可以根据管理层次的不同分为基层管理人员培训、中层管理人员培训和高层管理人员培训。

(1) 基层管理人员培训。

基层管理人员培训是指企业针对基层管理人员开展的培训活动。基层管理人员主要从事一线的管理工作，执行上层领导下达的指示和决策。因此，基层管理人员培训的主要内容侧重于一线管理技能、管理技巧等，如团队建设、生产与运作管理、班组管理等。

(2) 中层管理人员培训。

中层管理人员培训是指企业针对中层管理人员开展的培训活动。中层管理人员熟悉、精通本部门的业务，并了解与本部门业务相关的其他部门的工作流程。因此，中层管理人员培训的主要内容应围绕领导能力、组织协调能力展开，包括如何做卓有成效的领导者、直线部门的人力资源管理等。

(3) 高层管理人员培训。

高层管理人员培训是指企业针对高层管理人员开展的培训活动。高层管理人员的工作重点在于进行战略决策，因此高层管理人员培训的主要内容更倾向于行业前沿、管理观念、领导素质等方面，如经营预测能力、战略决策能力和领导艺术等。

四、员工培训的基本原则

员工培训的基本原则是指企业为了有效地进行员工培训，对员工培训所进行的定向的规范和指导，使培训工作达到既定目标。员工培训作为人力资源管理的重要手段，可以为企业创造价值，但这种价值的实现要求企业在进行员工培训的过程中遵循以下四个基本原则：

(一) 战略性原则

战略性原则是指企业的培训管理者应该从企业战略的高度开展员工培训活动。企业战略作为企业发展的最高纲领，对企业各方面的工作都具有指导意义。员工培训作为人力资源管理工作的组成部分，自然也要服从和服务于企业战略。员工培训管理工作的实施，应当从企业战略的高度出发，决不能将二者割裂开来。员工培训管理工作服务于企业战略，就要求企业进行员工培训不仅要关注眼前的问题，更要立足于企业长远的发展，只有从未来发展的角度出发进行培训，才能保证员工培训管理工作的有效性。如果企业的员工培训管理工作总是疲于解决当前的问题，那么就说明员工培训管理工作缺乏战略眼光，没有立足于未来发展的需要，导致员工培训管理工作总是充当临时"消防员"的角色。

（二）效益性原则

效益性原则是指企业的培训管理者在开展员工培训活动时应该考虑经济效益。企业作为经济性组织，从事任何活动都是要讲究经济效益的，希望以最小的投入获得最大的收益。对于企业来说，员工培训同样需要坚持效益性原则。也就是说，企业在费用一定的情况下要使培训效益最大化，或者在培训效果一定的情况下使培训费用最小化。因此，员工培训的内容应大于其形式，并要结合企业的实际，能够有助于企业的绩效水平的改善。培训结束后，企业应当创造一切有利条件帮助员工实践培训内容，将培训与工作结合起来，实现培训效益的最大化。

（三）差异化原则

差异化原则是指企业的培训管理者在培训内容的设计及培训资源的安排上应有所差异。员工培训的差异化原则表现在以下两个方面：

1. 内容的差异化

由于培训的目的是提升员工的工作业绩，因此培训的内容必须与员工的工作有关。在企业中，每个工作岗位的工作内容都是不一样的，每名员工的工作绩效水平也是不同的。即使是同一名员工，在不同的发展阶段，对培训的需求也是不同的。因此，员工培训应当根据员工所在的工作岗位、实际工作绩效水平和职业发展阶段确定不同的培训内容，进行个性化的培训，这样的培训才更有针对性。

2. 资源的差异化

虽然员工培训是针对全体员工来开展的，但这绝不意味在培训过程中要平均使力、平分培训资源。根据"二八原则"，即企业中80%的价值是由20%的员工创造的，员工培训应适当地向关键人员倾斜，特别是中高层管理人员和技术人员。

（四）共赢性原则

共赢性原则是指企业的培训管理者在进行员工培训时要兼顾企业和员工的利益。在进行员工培训时，培训管理者不仅要考虑企业的发展目标，也要考虑员工个人的职业发展需要。通过员工培训，一方面企业可以提升绩效水平，实现自己的发展目标；另一方面，员工可以不断地提高工作质量和工作效率，进而在薪酬水平、岗位层级上实现自我提升。因此，有效的员工培训会使员工和企业共同受益，促进员工和企业共同发展。

五、员工培训的步骤

员工培训一般可以分为四个步骤进行，这四个步骤分别是培训需求分析、培训计划制订、培训组织实施和培训效果评估。

（一）培训需求分析

培训需求分析是指企业的培训管理者根据企业战略和发展规划、业务内容的调整、员工胜任力差距或职业生涯规划，采用问卷调查法、访谈法、观察法、工作任务分析法、绩效差距分析法等对培训需求进行调查和分析，以确定是否需要进行培训和需要培训什么内容的过程。

（二）培训计划制订

培训计划是指企业的培训管理者对未来一段时间内将要进行的培训工作所做的事先安排。它是做好培训工作的前提条件，是培训活动的指南。培训计划制订是指企业的培训管理者根据培训需求调查和分析的结果，确定企业的培训目标、培训对象、培训内容、培训方法、培训师、培训预算等要素的过程。一般来说，培训计划包括项目背景、培训目的和培训目标、培训对象、培训内容、培训方法、培训师、培训时间、培训地点、培训评估方案、培训预算、培训风险等内容。

（三）培训组织实施

在培训管理的过程中，培训组织实施需要企业的培训管理者与培训师共同协作完成。培训组织实施涉及培训前、培训中和培训后的一系列工作。例如，培训前的场地布置、教学设备的支持、培训相关人员的沟通与协调；培训中的签到管理、纪律管理；培训后的结业管理等。

（四）培训效果评估

员工培训的最后一个步骤是培训效果评估。培训效果评估是指企业的培训管理者通过多种方法和手段，与培训对象、培训师、培训对象的直接主管等相关人员协作，调查、分析培训是否达到既定目标、培训存在哪些问题等的过程。培训效果评估的重点包括培训计划是否达到培训目标、培训方案是否有价值、培训工作给企业带来多少经济效益和社会效益等。

案例1-1　IBM公司的员工培训

IBM公司有着出色的员工培训体系，在IBM公司的员工培训中流传着这样一句话："无论你进入IBM的时候是什么颜色，经过培训，你都是蓝色。"由此可见，IBM公司能够一直成为IT行业的龙头，员工培训起着不可磨灭的作用。IBM公司的员工在经过长久的培训后，接受了IBM公司统一的价值观。IBM公司有着强大的企业文化和人力资源培训体系，其管理者坚信没有接受过培训的员工会给公司造成利益损害，未经过培训的员工是不允许上岗的。

当员工进入了 IBM 公司就要做好学习的准备。在 IBM 公司"学习是与生俱来的",不知道学习的员工在 IBM 公司是待不久的。培训对于员工来说没有止境,无论是新员工还是老员工,甚至于管理层人员都需要经过不断的培训来提升其素质,从而适应时代的发展。这也是 IBM 公司一直处于世界领先地位的重要原因。

IBM 公司的培训主要面向以下三类人员:

第一类,内部员工。IBM 公司的新员工在入职前都要经历 3 个月的"魔鬼式"训练,以便他们能尽快地适应相关岗位的工作形式和工作内容,而 IBM 公司的老员工则需要不断地更新思想及技术,以保证自己能够把握行业发展的方向。

第二类,合作伙伴和客户。IBM 渠道大学作为综合性培训服务平台为业界提供软件、硬件、服务和管理等各种培训。

第三类,重点培养的经理人员。IBM 公司专门针对管理层进行培训,以提高公司的整体机制和运营效率。

案例 1-2　海尔集团的多种培训形式[①]

1. 岗前培训

海尔集团中心负责对所有的新员工进行业务知识、企业文化、经营哲学、组织目标、价值观的培训。不确定岗位的新员工先轮岗工作一定的时间后再定岗。通过这种做法,员工建立了组织归属感、集体主义和合作精神,为以后的高效管理奠定了基础。

2. 岗位培训

岗位培训主要是业务能力培训。海尔集团各事业部针对员工在工作中容易出现的问题、解决方法和应尽的责任进行培训。

3. 个人职业生涯规划培训

海尔集团所有的管理干部都有责任为下一级的干部及员工设计个性化的职业生涯规划培训。

4. 转岗培训

为了培养复合型人才,海尔集团采用转岗培训的方式使员工适应新的工作需要。

5. 半脱产培训

海尔集团有计划地安排骨干员工和管理人员以半脱产的方式参加各种培训班,包括 MBA 培训班、高校进修、学历教育等。

[①] 郗亚坤,曲孝民. 员工培训与开发[M]. 4 版. 大连:东北财经大学出版社,2019:7,有删改.

6. 出国考察培训

为了掌握国际高科技发展的新动向，海尔集团派有关人员到国外参加各种专业研讨会、学术会议及科技博览会等。

案例 1-3　沃尔玛的员工职业生涯发展计划[①]

在员工培训计划方面，沃尔玛始终推行员工培训与员工个人发展计划相结合的方式。沃尔玛的人力资源部为每名员工制订了相应的员工发展计划，并以此为基础，依据员工各自的成长路线为其提供相应的培训。

在沃尔玛，大多数员工的升迁速度很快，经常是半年、一年就会有一次提升。因此，人力资源部会与每名新员工进行沟通，共同制订员工的职业生涯发展计划。员工的职业生涯发展计划一般由一个个具体的目标组成，最基础的目标就是接任自己上司的职位，这个目标清晰且不难触及，使得员工能以很快的速度达到下一个目标。

伴随着每名员工的成长，沃尔玛在每个关键环节都会组织员工进行与岗位或职位相对应的培训。例如，新员工的入职培训、普通员工的岗位技能培训和部门专业知识培训、部门主管和经理的基础领导艺术培训、卖场副总经理以上高管人员的高级管理艺术培训等。可以说，沃尔玛的员工在每次成长或晋升时都会有不同的培训实践和培训体验。

为了让员工更好地理解他们的工作职责，并鼓励他们勇于迎接工作中的挑战，沃尔玛还对符合条件的员工进行横向培训和实习管理培训。横向培训是一个长期的计划，在工作态度和办事能力上有突出表现的员工会被挑选去参加横向培训。例如，收银员会有机会参加收银主管的培训。为了让具有领导潜力的员工有机会加入公司管理层，沃尔玛还设立了为期8周的实习管理培训课程，符合条件的员工还会被派往其他部门接受业务及管理上的培训。

实训任务

实训内容：学生每 5～6 人为一组，以小组为单位调查一家企业，了解该企业在员工培训方面的现状、存在的问题，并提出解决问题的方法，撰写一份调查报告（字数不少于1000字）。

考核标准：调查报告内容的完整性；数据的充分性；解决问题方法的可行性；团队的协作能力和创新能力。

[①] 张雅光.财富500强经典案例之四　沃尔玛的员工培训机制探索[J].中国人才,2009(01)：55-57,有删改.

任务 2　认知员工培训的岗位及未来发展趋势

> **知识目标**：(1) 说明企业培训部门的职能；
> 　　　　　　(2) 区分企业培训部门不同岗位的职责。
> **能力目标**：(1) 能分析员工培训的误区；
> 　　　　　　(2) 能根据员工培训未来发展趋势指导企业培训。

知识储备

一、企业培训部门的岗位

(一) 企业培训部门的职能和组织结构

1. 企业培训部门的职能

企业培训部门是指企业负责员工培训管理工作的专门部门。有的从属于企业的人力资源部门，有的则作为单独的部门行使工作职能。企业培训部门的主要职能是在培训部门主管的领导下，根据企业的发展对人才的需求，做好丰富员工专业知识、增强员工业务技能、改善员工工作态度的工作，使员工的素质和水平进一步符合企业的要求。企业培训部门的具体职能体现在以下八个方面：

(1) 企业人力资源年度培训计划和具体培训方案的编制；

(2) 企业培训费用预算的编制与执行控制；

(3) 企业各类、各级人员培训需求调查分析管理；

(4) 外部培训师的联系与内部培训师的管理；

(5) 培训课程的规划与组织开发管理；

(6) 培训项目的组织与过程管理；

(7) 员工培训评估工作的组织实施；

(8) 培训资料与员工培训档案的管理。

2. 企业培训部门的组织结构

企业培训部门的组织结构主要受培训部门的职能事项、企业所在行业的特性、企业规模、人力资源的培训需求等因素的影响。组织结构设计人员应结合企业的现状设计与企业实际需求相符的培训部门的组织结构。在组织结构中,员工培训管理岗位名称的变化依据为组织规模、管理层级和岗位职责。员工培训管理岗位由上至下为培训总监、培训经理、培训主管和培训专员。

小型企业的员工数量不多,一般不需要设置专门的培训部门,培训工作通常由人力资源部门的培训主管或培训专员来负责,与培训相关的组织结构如图1-1所示。

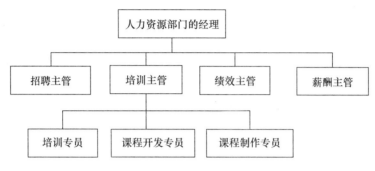

图1-1 小型企业与培训相关的组织结构

大中型企业会设置专门的培训部门,培训部门的组织结构可以参考以下四种形式来设计:

(1)按培训事务的专业分工设计的培训部门的组织结构。

按培训事务的专业分工,企业可以将培训部门的组织结构设计成如图1-2所示的形式。

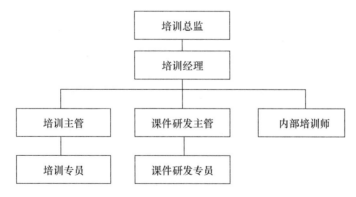

图1-2 按培训事务的专业分工设计的培训部门的组织结构

(2)按培训职能事项及培训对象设计的培训部门的组织结构。

按培训职能事项及培训对象,企业可以将培训部门的组织结构设计成如图1-3所示的形式。

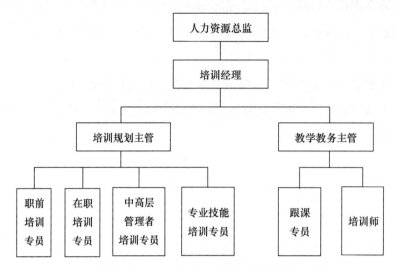

图1-3 按培训职能事项及培训对象设计的培训部门的组织结构

(3) 按培训项目设计的培训部门的组织结构。

按培训项目,企业可以将培训部门的组织结构设计成如图1-4所示的形式。

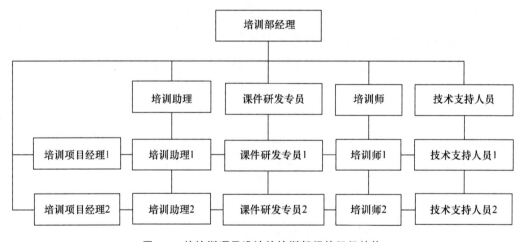

图1-4 按培训项目设计的培训部门的组织结构

(4) 按企业大学模式建立的培训部门的组织结构。

企业按企业大学模式建立培训中心时,可以参照高等院校的组织结构将其设计成如图1-5所示的形式。

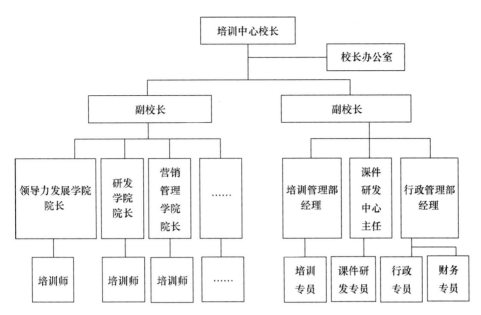

图 1-5　按企业大学模式设计的培训中心的组织结构

(二) 企业培训部门的岗位职责

本书根据图 1-2 的组织结构形式来介绍企业培训部门的岗位职责。

1. 培训总监的岗位职责

培训总监的岗位职责是依据企业的战略发展目标，组织编制和实施人力资源培训规划，协调企业各部门、各类人员的培训工作，为企业的战略管理和人力资源管理提供保障。其具体岗位职责包括以下八个方面：

(1) 组织制订企业人力资源中期、长期培训计划；

(2) 组织建立并完善企业培训管理制度、培训体系及相关流程；

(3) 组织企业年度培训经费的预算编制工作；

(4) 组织制定企业员工培训课程体系规划，并组织课程开发工作；

(5) 负责组建企业内部的培训师队伍；

(6) 对外部培训机构和培训师进行挑选和管理，与外部培训机构等业务合作单位建立良好的合作关系；

(7) 组织建设企业的培训文化，为员工营造良好的培训氛围和培训环境；

(8) 指导、管理下属部门及其员工的日常工作。

2. 培训经理的岗位职责

培训经理的岗位职责是在培训总监的领导下，以企业人力资源培训计划为指引，参与建立并完善企业的培训体系，负责企业员工培训计划的组织实施工作，以达到企业的人力资源培训目标。其具体岗位职责包括以下十二个方面：

（1）负责编制企业人力资源年度培训计划并组织实施，并根据企业的战略发展目标的变化及时做出调整；

（2）协助制定与完善企业培训管理制度，并监督实施；

（3）协助编制企业年度培训经费预算，并在培训项目开展过程中严格进行控制；

（4）组织开展培训需求调查，分析调查结果，并根据调查结果制订企业人力资源年度培训计划；

（5）负责培训项目的跟进工作，在各项培训项目结束后进行培训效果评估；

（6）对整个培训工作进行总结，撰写培训工作报告，并报培训总监进行审核；

（7）挖掘企业内部培训师人才，为内部培训师队伍的建设提供合适的候选人；

（8）审核外请培训师，制定付费标准，按权限上报相关领导审批后执行；

（9）组织开发企业内部培训课程体系，降低培训成本，提升企业内部培训水平；

（10）建立员工培训档案，合理规划员工的职业生涯；

（11）指导、管理所属员工的日常工作；

（12）协助培训总监进行电子人力资源平台的搭建和企业文化的建设工作。

3．培训主管的岗位职责

培训主管的岗位职责是根据企业人力资源年度培训计划协助培训经理做好培训需求的调查、培训计划的制订工作，并协调培训项目进行过程中的各项事宜。其具体岗位职责包括以下九个方面：

（1）根据企业人力资源培训规划编写年度培训工作计划与培训预算，并报领导批准；

（2）指导各部门和下属企业制订多层次的培训计划，并协助其实施；

（3）组织企业内的新员工参加入职培训、在职培训和各类知识班、研讨班、讲座等活动；

（4）及时检查各类培训活动的开展效果，对参加人员进行考核；

（5）组织收集、筛选、编写、翻译、审校各类培训教材和培训资料；

（6）及时检查培训师的培训质量与教学效果；

（7）负责培训仪器、设备设施的保养、维修，以及审查新器材的选型、采购；

（8）收集国内外企业的培训信息和培训资料，分析、总结现有培训课程的效果，提出改进意见；

（9）及时完成培训经理交办的临时性任务。

4．培训专员的岗位职责

培训专员的岗位职责是在培训主管的领导下，具体负责员工培训的执行工作，以保证企业人力资源年度培训计划的顺利实施。其具体岗位职责包括以下八个方面：

(1) 协助培训主管开展员工培训需求调查，撰写培训需求调查报告，为制订员工培训计划提供依据；

(2) 协助培训师完成内部培训课程的开发和讲授工作；

(3) 根据员工培训计划和课程安排，组织员工按时参加培训，并做好培训的前期准备工作；

(4) 负责与企业外部培训机构和培训师的联系工作，并安排培训日程；

(5) 及时开展对培训效果的调查评估工作，撰写培训效果评估报告，并报培训主管审核；

(6) 收集和整理各种培训教材和培训资料，并及时归档；

(7) 负责员工培训档案的管理与维护；

(8) 按时完成上级领导交办的临时性任务。

5．课件研发主管的岗位职责

课件研发主管的岗位职责是在培训经理的领导下，负责本企业课件产品的规划、制作与管理等工作。其具体岗位职责包括以下六个方面：

(1) 分析、挖掘市场需求，推动企业课件产品的改造和新课件的开发；

(2) 对同类教育产品进行分析和研究，并提出对自有产品的改进意见；

(3) 系统规划课件的摄影工作和视频制作工作，并指导相关人员的课件制作工作；

(4) 建立企业课件产品的采购渠道和相关采购工作流程，并对部门相关人员进行培训；

(5) 负责采购企业需要的课件产品，组织对课件供应商的评估及合同制定等工作；

(6) 按时完成上级领导交办的临时性工作。

6．课件研发专员的岗位职责

课件研发专员的岗位职责是根据课件研发主管的安排，协助其完成课件产品的规划工作，并按时完成指定课件产品的制作。其具体岗位职责包括以下六个方面：

(1) 根据企业课件产品的规划提出课件设计创意，并报课件研发主管审核；

(2) 根据指定的课件设计方向进行课件产品的设计与制作；

(3) 不断地对课件产品市场的实际需求变化进行调研，形成可供领导层参考的调查报告；

(4) 模拟客户使用，对课件产品进行改进并提交修改意见；

(5) 负责收集课件供应商的产品信息，根据企业的需求做好询价工作，并及时上报询价结果；

(6) 按时完成上级领导交办的临时性工作。

7. 内部培训师的岗位职责

内部培训师的岗位职责是在培训经理的领导下，负责培训课程的开发和讲授，向其他的员工传授知识和技能，通过企业内部知识的共享和传播，提高员工的整体素质水平。其具体岗位职责包括以下八个方面：

（1）协助并参与企业各类员工的培训需求调查，了解员工的培训需求；

（2）根据不同岗位的培训需求，收集、评估相关课程和学习资料，进行培训课程的开发和设计工作；

（3）根据企业培训课程设计的要求，负责所属模块的培训授课工作；

（4）根据岗位的具体特征，辅导学员制订培训后的工作改进计划；

（5）协助并参与培训效果调查，并提供培训质量分析报告；

（6）对培训的教材、教案进行及时的整理和归档；

（7）开发并建立企业的培训课程教案库，协助建立、完善员工培训课程体系；

（8）完成上级领导交办的临时性工作。

二、员工培训的误区

员工培训对企业的发展具有十分重要的意义，但在实际工作中，许多企业的管理者还存在一些认识上和实践上的误区，主要包括以下六个方面：

（一）培训"无用论"

部分企业的管理者偏重市场运作，有急功近利的思想，渴望看到立竿见影的效果，他们认为员工培训"远水解不了近渴"，不能解决企业当下存在的难题。因此，他们就认为员工培训是浪费时间、浪费金钱的事情。但是，这些管理者没有想到，员工因为培训不足，很可能会出现工作不熟练、产品不合格、顾客不满意等问题，不仅浪费了企业的资源，而且还会影响企业的声誉。同时，对于管理者而言，员工参加培训不足会造成管理者与最新的管理技术相脱节，决策能力低下，企业要为此付出更多的"学费"，远远超出培训经费的预算。企业的员工得不到有效的培训、成长和发展，不仅会造成人才流失，阻碍企业的发展，甚至会危及企业的生存。

（二）培训"万能论"

培训"万能论"是与培训"无用论"相对立的另一种错误观念。部分企业的管理者企图通过员工培训来解决企业存在的所有问题。只要企业出现问题，他们就会想到员工培训，把对员工进行培训当成是解决管理问题的万能钥匙。事实上，企业的很多问题是因为自身经营管理不善或企业文化不合时宜等造成的，员工培训只是解决企业管理问题的一条重要途径，而不是唯一的途径。此外，员工经过培训后在短时间内对知识和技能仅停留在"知道"的层面，还需要经过消化和吸收，通过有意识的训练和实践，将所学的知识、技能转化为工作行为，最终才能达到改善工作业绩的效果。这个过程需要时间，企业不能操之过急。所以，企业判断员工培训是否有效，不能目光短浅，应把眼光放长远一点。

（三）培训后人才会流失

一些企业的管理者对员工培训的态度比较冷漠，他们认为企业通过培训将员工的素质提高后，这些员工就会选择跳槽，使别的企业尤其是竞争对手坐收渔翁之利，因而他们对员工培训的投入十分慎重，一般不会轻易为员工创造培训机会。在企业的实际中，确实有些员工在培训后会发生流动，从而给企业造成了一定的损失。但是，我们要清楚地认识到人才流失的关键原因不是培训，而是企业没有一套合适的、能留住人才的体系，只要企业在人才管理上下功夫，就能够留住优秀的员工。企业的管理者不能因为个别员工的流失就否定了员工培训给企业带来的整体效益。

（四）培训重知识、轻技能，忽视态度

一些企业的管理者希望培训效果可以立竿见影，与技能和态度等方面的培训相比，知识方面的培训见效较快，因此出现了管理者重知识、轻技能，忽视态度的误区。事实上，员工对于知识的遗忘比较快，而技能的获得比较慢，可他们一旦掌握了技能就不易失去。员工培训最重要的是帮助员工树立正确的态度，只要态度正确了，员工就会自觉地学习知识、掌握技能，并在工作中加以运用。因此，企业进行员工培训的观念应该是以帮助员工树立正确的态度为主，重点放在提高员工的技能方面。

（五）高层管理人员不需要进行培训

一些企业的管理者错误地认为，培训只是针对基层的管理人员和员工的，而高层管理人员不需要进行培训，理由包括：高层管理人员很忙，工作比培训更重要；高层管理人员的工作经验丰富，本身就是专家；高层管理人员都是人才，自学能力很强等。高层管理人员素质的高低对企业的发展影响巨大，为了适应市场快速发展的变化，只有通过员工培训才能提高他们的管理能力和管理素质，开阔他们的管理视野。有一些大型的跨国企业规定，公司的高层管理者应参加更多的员工培训。

（六）培训赶潮流

一些企业的管理者喜欢赶潮流，照搬其他培训机构流行的课程，照搬竞争对手培训的内容，对培训项目选择盲目，缺乏针对性。从表面上来看，企业的员工培训管理工作开展得轰轰烈烈，实则无的放矢，培训效果也不理想。员工培训要结合企业的需求和实际状况有目的、有步骤、系统地进行，而流行什么就培训什么，结果只能是浪费人力、物力和财力。

三、员工培训的未来发展趋势

受管理理念和管理技术发展的影响，如今员工培训得到企业前所未有的重视。企业进行员工培训主要有以下五个未来发展趋势：

(一) 员工培训的职业化和专业化

随着全球化进程的加快，企业面对的是更加激烈的国际竞争。员工培训作为企业人力资源开发的重要手段，不仅要注重新知识、新技术、新工艺、新思想、新规范的培训，也要注重人才潜力的开发，突出创造力开发和创造性思维的培训以及员工的人文素养和团队精神的培训。因此，为了满足培训市场的需求，员工培训将变得更加职业化和专业化，其针对性、时效性将更强，培训分工也越来越精细。

(二) 新技术在员工培训中的运用幅度加大

多媒体、互联网和其他新技术在企业的员工培训中的运用将日益广泛。这些新技术为企业进行员工培训提供了更加优越的条件，现代企业培训的手段也由传统走向现代。互联网使培训方式发生了革命性变化，它打破了时间和空间的限制，能够很方便地满足企业员工及时的和不同步的学习需求。通过互联网技术，企业员工在学习时有三种基本途径，即自学、集体交流和培训师讲授。互联网上丰富的学习资源能够让不同水平的企业员工通过整合互联网学习资源来实现学习目的，并且可以节省大量的时间和金钱，给员工培训带来根本性的改变。

(三) 员工培训更加重视成果转化和实效

企业的培训部门往往需要对培训效果进行评估，从而确定员工培训是否达到基本要求。培训部门通过培训评估所获得的信息可用于了解培训活动的进展，但并不能说明培训与工作绩效水平之间的关系。同时，现在的培训评估更侧重于培训对象对培训项目的反应，而非所学知识、技能、行为的改变或经济收益的变化。但是，员工培训最终的目的是为企业的发展和利益服务的，在未来，培训部门将更加关注两个问题：一是要真正能够让员工把所学的知识、技能和态度运用到工作中；二是员工培训要与个人或团队的工作绩效水平相联系。因此，培训部门要确保把员工培训与特定的业务目标、员工和团队的工作绩效水平紧密结合起来。

(四) 培训部门加强同外部的合作

企业的培训部门必须加强同外部培训机构和培训人员的合作。外部培训机构包括管理咨询与顾问公司、高校、大众传媒公司等，外部培训人员包括企业管理顾问、大学教师、企业专家等。尤其是中小企业要学会充分利用外部的优质资源来满足自身的培训需求。

(五) 培训方法多样化

传统的培训通常以课堂讲授和实地观摩为主。这种培训方法比较单一，员工被动地参与其中，因此他们一般不是很积极，抵触情绪较强。现代的培训方法则多种多样，既有讲授，又有游戏、角色扮演、小组讨论、案例分析、辩论、视频教学等方法。在培训过程中,培训师会穿插使用各种培训方法,让员工主动参与其中并畅所欲言,给每名员工都有自我表现的机会。多种多样的培训方法使培训内容更加丰富多彩,这样既加深了员工对培训内容的理解和掌握,又最大限度地发挥了员工学习的积极性和主动性。与以往的被动式的培训方法相比,这种参与式的培训方法更加科学和有效,大大地提高了员工培训的质量。

案例1-4 链家让AI技术与培训无缝连接[①]

2020年,受到疫情的影响,房地产行业的线上VR(Virtual Reality,虚拟现实)看房服务与日俱增。针对房产经纪人VR带看质量不高、讲解信息不全面等痛点,链家联合贝壳小贝助手开发了社区百科线上讲盘通关产品。该产品应用AI(Artificial Intelligence,人工智能)技术,让房产经纪人可以随时随地掌握楼盘信息,训练讲盘能力,提升专业度。该产品于2020年6月30日正式上线,为房产经纪人提供了"1学、2练、3闯关"的技能训练平台。

1. "1学"

社区百科线上讲盘通关产品已上线北京地区6600多个楼盘信息和定制化讲盘视频,可供全北京地区的房产经纪人使用。房产经纪人必须100%完成讲盘视频的学习。

2. "2练"

房产经纪人在"楼盘自述"中进入练习模式。在练习模式下,房产经纪人可以在手机屏幕上看到各种问题对应的相关提示。每道题目结束问答后,系统会显示分数,帮助房产经纪人掌握讲解要点。

3. "3闯关"

在闯关模式下,房产经纪人将依次回答AI机器人提出的与楼盘相关的问题。在每轮闯关中,系统会随机抽取题库中的10道题目,并于结束后进行评分。

社区百科线上讲盘通关产品利用AI技术,智能识别房产经纪人在讲盘过程中的楼盘掌握情况、讲解能力、语言表达能力、控场力与逻辑性四个方面的表现。房产经纪人可以获得及时的反馈信息,扬长补短。管理者也可以通过数据分析,抽查并了解房产经纪人的讲盘效果,进而有针对性地辅导房产经纪人。

社区百科线上讲盘通关训练组织成本低,不受时间、地点的限制,也无须专人评

[①] 刘婷婷,储培.如何让AI技术与培训无缝连接?实战案例来了[EB/OL].[2021-05-27].https://mp.weixin.qq.com/s/f-3fU_r-vmxEAV0ud3V9Sw,有删改.

审,不会占用房产经纪人和管理者正常的工作时间。截至2021年2月,该产品在北京地区覆盖率已达95%以上,超过2.5万名房产经纪人使用该产品。不少房产经纪人表示,自己通过练习变得更自信、更专业,面对客户时不再怯场,而是能够从容应对、理清逻辑、捕捉需求,给客户留下专业的印象。大数据分析表明,房产经纪人的通关平均分与业绩、客户满意度呈正相关。

案例1-5　华为大学发展历史[①]

2005年,华为大学正式注册成立,前后经历了以下几个阶段:

1. 1996—2002年

1996年,华为公司的总裁任正非在题为《培训:通向明天的阶梯》的讲话中说到:"培训工作很重要,它是贯彻公司战略意图,推动管理进步和培养干部的重要手段,是华为公司通向未来、通向明天的重要阶梯。"这一时期,华为公司开始建立内部培训的组织保障体系,着手出版培训教材。

2. 2003—2004年

2003年,华为公司成立培训中心,已基本具备企业大学的职能。培训中心侧重新员工培训、在职培训和导师制培养。培训中心每年培训新员工2万～3万人,根据岗位的不同,培训时间为1～6个月,并为新员工安排导师进行辅导。在职培训包括管理和技术两大类别,培训中心根据员工的类别、级别分别设计相应的培训计划和培训项目。

3. 2005—2013年

2005年,华为大学正式成立,并提出了要把华为大学建设成为华为公司的"西点军校",成为华为公司"将军的摇篮"的口号。

2008年,华为大学建立了员工技术和能力资格鉴定体系,提倡培训和业务相结合,与业务部门共同开发了近700个学时的课程。借助网络教学、虚拟教室等技术手段,华为大学能同时为海外40多个国家和地区的员工提供在线培训。

4. 2014年至今

经过10多年的积累,华为大学的软件和硬件更加成熟,在深圳拥有占地面积27.5万平方米、100多间教室、500多个办公位、7000平方米通信实验室,能同时容纳2000多人培训的校区。2016年,总面积约500亩的新校区在东莞开工。网络课程平台E-Learning上的课程资源达1万多门,同时面向员工和合作客户开放,并提供多个系列的资格认证考试,树立了华为学习品牌。外部合作全面推开,与高校开展产学合作

[①] 余丰瀚.企业大学运营模式和人才培养机制探讨——基于华为大学的标杆案例研究,农银学刊[J].2019(6):4-9,有删改。

教育，与科研机构对接技术创新，在全球建立了 20 多个联合创新中心、26 个能力中心及实验室。目前，华为大学的年培训量在 6 万人左右，主要包括 1 万多名新员工、各级管理人员和 2 万多名战略预备队学员。

实训任务

实训内容：学生每 5～6 人为一组，以小组为单位调查一家企业，分析该企业的培训部门的职责及培训相关岗位的职责。制作部门职责表和岗位职责表。

考核标准：调查的深度；部门职责表的完整性和具体性；团队的协作能力和创新能力。

项目二　培训需求分析

◆ 项目情境

新任人力资源部经理的"一把火"

在一次研讨会上,A机械公司新上任的人力资源部李经理学到了一些他自认为不错的培训经验。回来后,李经理兴致勃勃地向公司提交了一份全员培训方案,要求对公司全体员工进行为期一周的计算机培训,以提升全体员工的计算机操作水平。不久,该培训方案获得批准,A机械公司为此专门下拨了十几万元的培训费,要求公司全体员工都要参加这次培训。

一周的培训结束后,大家对这次培训议论纷纷,除了办公室的几名文员和45岁以上的几名中层管理人员觉得有所收获以外,其他员工要么觉得收效甚微,要么觉得学而无用、白费时间。大多数员工认为,十几万元的培训费只买来了一时的轰动效应。有的员工甚至认为,这次培训是新官上任点的一把火,是某些领导拿单位的钱往自己的脸上"贴金"。李经理听到各种议论感到十分委屈:在一个有着传统意识的企业,人力资源部给员工培训一些新知识,让员工学习一些新技能,为什么效果这么不理想?在当今竞争激烈的环境下,每个人学点计算机知识应该是很有用的,为什么这么多人不喜欢这个培训呢?他百思不得其解。

【思考】根据以上案例,请你分析导致这次员工培训失败的主要原因是什么。

◆ 教师点评

企业开展员工培训管理工作的第一个环节是培训需求分析,培训的后续工作都要建立在培训需求分析的基础上,以科学的培训需求分析为先导。

虽然有些企业在员工培训管理工作中舍得投入、不计成本,但其培训思路不当、培训管理不科学,培训内容是培训管理者"拍脑袋"确定的,常常是"流行什么,培训什么""感觉什么好,就培训什么",严重脱离了本企业的实际状况。在上述案例中,人力资源部李经理就犯了这个错误。

通过培训需求分析,培训管理者能够明确以下问题:

(1) 企业存在的问题是否可以通过员工培训的方式加以解决;

(2) 哪些员工需要参加培训；

(3) 培训什么内容比较合适；

(4) 企业应该选择什么培训方法进行员工培训；

(5) 企业应该选择什么类型的培训师；

(6) 培训如何组织安排。

在上述案例中，人力资源部李经理首先应设计科学的培训需求分析步骤与内容，选择合适的培训需求分析方法，了解员工的培训需求后再组织实施员工培训，这样培训的效果才会好。

任务1　确定培训需求分析的步骤和内容

> **知识目标**：(1) 描述培训需求分析的步骤，说明各步骤的具体工作；
> 　　　　　　(2) 解释培训需求分析的三个层面及其包含的主要内容。
> **能力目标**：(1) 确定培训需求分析的步骤和内容；
> 　　　　　　(2) 设计与培训需求分析相关的表格。

知识储备

培训需求分析是指培训管理者通过收集企业及其员工现有工作绩效水平的相关信息，使用一定的方法和技术，明确其现有绩效水平与理想绩效水平之间的差距，并进一步确定这种差距是否需要通过培训来解决，以及如何通过培训来解决的过程。

培训管理者首先要明确培训需求分析的参与者，然后进一步明确培训需求分析的步骤与内容。

一、培训需求分析的参与者

培训需求分析是一项专业性和系统性都比较强的工作，需要多方主体参与其中，以保证培训需求分析的过程和结果科学、合理。培训需求分析的参与者包括培训管理者、员工本人、员工的上级、员工的同事、员工的下属、项目专家和企业外相关人员。

（一）培训管理者

培训需求分析工作通常是由培训管理者来主持的。宏观上，培训管理者比较了解企业的战略和企业的变革等发展动向；微观上，培训管理者掌握了大量有关员工的知识、技能以及过往培训记录的资料，对每个工作岗位的需求和变化也是最清楚的。因此，培训管理者在培训需求分析工作中处于核心地位。

（二）员工本人

企业培训的对象是员工，因此，员工本人的培训意愿对培训需求分析工作来说很重要。培训管理者只有通过员工本人才能了解其在现有工作岗位上存在的不足、个人职业生涯规划、培训兴趣等信息。培训管理者主动、深入地了解员工的培训需求有助于提升他们对培训的关注度和参加员工培训的积极性。

（三）员工的上级

员工的上级可以保证培训需求分析工作更有针对性，更有效率。他们对员工的优点、缺点和工作绩效水平比较了解，能够帮助培训管理者明确具体的培训目标和培训内容。通常，一些紧急的培训项目都是由员工的上级直接提出需求并亲自督促执行的。

（四）员工的同事

在人际关系比较和谐的企业中，培训管理者可以征询员工的同事的意见。因为，一起共事的同事会了解彼此的工作内容、工作状态、工作绩效水平等信息，也会熟悉彼此在知识、技能等方面存在的优点与不足，在一定程度上能向培训管理者提出中肯的意见和建议。当然，在人际关系不太和谐的企业，或员工与同事有较大利益冲突的情况下，培训管理者尽量不要征询员工的同事的意见或建议，以避免信息不够公正、客观。

（五）员工的下属

员工的下属针对员工的管理工作有一定的发言权。培训管理者与员工的下属进行交流，主要是为了获取员工在管理工作方面的优点与不足，挖掘员工在管理技能、管理风格等方面存在的问题，进而深入分析是否可以通过培训手段来解决员工在管理工作上存在的问题。

（六）项目专家

项目专家是指企业内部资深的培训专家顾问或来自第三方专业培训机构的专家顾问。在培训管理方面，项目专家具有比较丰富的知识和经验，他们对培训需求的看法往往更全面、更深入。培训管理者向项目专家请教，可以在培训需求分析工作的重点和难点问题上得到有益的启示与指导。

（七）企业外相关人员

企业外相关人员包括企业的客户、供应商及政府相关部门等。俗话说："当局者迷，旁观者清"，如果企业外相关人员与企业的员工保持密切的工作往来，便可以对企业及其员工存在的问题做出清晰、客观的判断。这些判断对培训管理者进行培训需求分析是很有帮助的。

综上所述，为了能够全面、客观、准确地掌握企业的培训需求，培训管理者在确定培训需求分析的参与者时，应包括尽可能多的人员类型和人员数量。一方面，培训管理者可以从多角度获取培训需求信息；另一方面，因为培训项目是在很多企业员工的支持和帮助下确定的，所以这些企业员工将会在培训的实施过程中提供最大限度的支持和帮助。此外，培训管理者在确定培训需求时也要综合考虑企业的经费、时间等限制性条件。

二、培训需求分析的步骤

培训需求分析分为前期准备、制订培训需求调查计划、实施培训需求调查工作和分析培训需求调查结果四个步骤。

（一）前期准备

在进行培训需求分析之前，培训管理者需要做好以下准备工作：

1. 建立员工培训资料库

员工培训资料库应包括员工培训档案、员工工作岗位变动记录、员工绩效考核资料、员工职业生涯规划资料、员工业绩成果资料、员工奖惩记录以及其他相关资料等。通过员工培训资料库，培训管理者可以方便地查找员工的背景资料，可以为员工个人培训需求分析提供数据支持，还可以为整体培训管理工作提供数据支持。

2. 同各部门保持密切联系

培训管理者要同各部门保持密切联系，随时了解这些部门的发展战略、业务重点、人员配置等方面的关键信息和变动情况，及时对员工培训资料库进行更新和补充。培训管理者还要与各部门的管理者和企业的高层管理者进行有效的沟通，只有得到他们的支持和配合，培训需求分析工作才能顺利开展。

3. 建立培训需求信息收集渠道

培训需求信息收集渠道包括员工个人、领导层和企业外部。培训管理者可以通过设立电子邮箱等方式收集来自员工个人的信息，可以通过会议研讨的方式收集来自企业领导层的信息，还可以安排专门人员负责收集来自企业外部的信息。培训管理者应广开渠道收集培训需求信息。

4. 准备培训需求调查工作

培训管理者通过某种信息收集渠道发现企业有进行员工培训的必要时，在得到企业领导认可的情况下，就要开始制订具体的调查计划，然后开展调查工作。

（二）制订培训需求调查计划

1. 确定培训需求调查工作目标

培训需求分析有三个层面，即组织层面、任务层面和人员层面。培训管理者应明确培训需求分析在哪个层面上进行,要达到什么目标。一般来说,培训管理者在进行培训需求分析时都希望能准确地找到培训需求,为是否培训、培训谁和培训什么找到答案。但是,在实际工作中,受各种主观因素和客观因素的影响,培训管理者收集到的培训需求信息可能不够全面、准确,得出的培训需求结论也不可能绝对准确。因此,一方面,培训管理者应尽可能排除各种不利因素的影响,提高调查工作目标的准确性;另一方面,培训管理者也没有必要因为追求准确而过多地浪费成本。

2. 选择培训需求调查方法

常用的培训需求调查方法有观察法、访谈法、问卷调查法等。培训管理者在选择培训需求调查方法时应综合考虑工作岗位的特征、调查对象的特点、培训成本等因素。

3. 确定培训需求调查内容

培训管理者不要将培训需求调查内容确定得过于宽泛,以避免浪费大量的时间而不能聚焦培训需求。针对一项调查内容,培训管理者可以从多个角度进行调查,这样易于得到可靠的调查结果。

4. 制订调查工作行动计划

调查工作行动计划的内容主要包括调查的具体工作内容、时间进度、主要参与者、可能遇到的问题和应对方案、注意事项等。如果调查工作比较简单,该步骤可以被省略。对于重要的、大规模的培训需求分析,培训管理者有必要制订调查工作行动计划,以便培训管理者统筹、监控、评价整个调查工作,推动调查工作有条不紊地展开。

(三) 实施培训需求调查工作

1. 发出培训需求调查通知

培训部门发出培训需求调查通知,请各部门的负责人针对所在部门工作岗位的具体情况提出培训需求意向。

2. 调查、收集、整理、汇总培训需求

培训管理者调查、收集来自于不同部门和个人的各类培训需求,进行整理、汇总后上报培训部门的负责人。培训管理者在调查培训需求时,需了解员工个人所在的工作岗位、工作绩效水平、工作难题、培训经历等信息,同时也要了解员工希望通过培训达到的效果。如果员工的培训需求与企业的发展无关,那么培训管理者要委婉地告知员工该需求难以实现。

(四) 分析培训需求调查结果

1. 分类、归纳、整理培训需求信息

培训需求信息的来源和渠道不同,信息的表现形式也有所不同。培训管理者要对收集到的培训需求信息进行分类、归纳和整理,同时制作一些图表对这些信息进行加工处理。

2. 分析培训需求信息

培训管理者要对收集上来的培训需求信息仔细地进行分析,结合企业的实际状况,根据培训需求的重要程度、紧迫程度和普遍程度对各类培训需求进行排序。培训管理者在分析培训需求信息时应注意准确性、全面性和可操作性。

3. 撰写培训需求分析报告

培训需求分析报告是培训需求分析工作的成果表现,也是确定培训目标、制订培训计划的重要依据和前提。培训需求分析报告的主要内容包括培训需求调查目的、培训需求调查对象、培训需求调查时间、培训需求调查方法、培训需求调查过程、培训需求调查数据、培训需求分析结论、附录等(参见工具模板)。培训需求分析报告旨在对各部门汇总上来的培训需求做出解释和评估结论,并最终确定是否需要培训、培训谁和培训什么等。培训需求分析报告的结论要以调查的培训需求信息为依据,不可依培训管理者个人的主观看法就下结论。

工具模板

班组长培训需求分析报告

一、调查目的

为了了解生产车间班组长的培训需求,加强班组长培训管理工作,充分、有效地利用公司的培训资源,人力资源部组织相关人员开展了此次培训需求调查活动。

二、调查对象

调查对象为本公司 9 个生产车间的 75 位班组长。

三、调查时间

1. 调查问卷的发放日期为_____年_____月_____日。

2. 调查问卷的回收日期为_____年_____月_____日。

3. 调查报告的撰写日期为_____年_____月_____日。

四、调查方法

本次培训需求调查主要采用问卷调查的方法进行。

五、调查问卷回收情况

本次共发放 110 份调查问卷,实际收回 104 份,其中有效问卷为 100 份。

六、培训需求调查分析及结果

(一)培训内容需求信息分析

1. 您认为下列培训课程中的哪些课程类型对您胜任当前的工作或对您个人的发展

最重要？（参见表2-1）

表2-1 最重要课程类型的选择

课程类型	选择人数	所占比例	课程类型	选择人数	所占比例
沟通技巧类	9	9%	问题解决类	13	13%
团队合作类	4	4%	安全管理能力类	20	20%
辅导能力类	11	11%	生产组织能力类	17	17%
处理压力类	6	6%	生产技术类	19	19%
职业成长类	1	1%	其他	0	0%

2. 您认为下列课程中的哪些课程对您开展或胜任当前的工作最重要？（参见表2-2）

表2-2 最重要课程的选择

课程名称	选择人数	所占比例	课程名称	选择人数	所占比例
如何有效主持班前会议	9人	9%	设备维修与故障排除	13人	13%
团队组建与管理实务	6人	6%	安全管理实务与方法	19人	19%
下属培养与教练技术	7人	7%	高效生产的八大技巧	21人	21%
自我激励与压力管理	9人	9%	问题员工与管理办法	13人	13%
职业规划与职业管理	3人	3%	其他	0人	0%

（二）培训组织需求信息分析

1. 您认为最有效的培训方式是什么？（参见表2-3）

表2-3 培训方式的选择

方法类型	选择人数	所占比例	方法类型	选择人数	所占比例
讲授	10人	10%	情境模拟	19人	19%
游戏	16人	16%	案例分析	8人	8%
现场演示	29人	29%	问题探讨会	11人	1%
师带徒	7人	7%	其他	0人	0%

2. 您认为对于某一门课程来说讲多长时间比较合适？（参见表2-4）

表2-4 培训时长的选择

培训时间	选择人数	所占比例	培训时间	选择人数	所占比例
1个小时	1人	1%	6个小时	17人	17%
2个小时	9人	13%	8个小时	4人	4%
3个小时	13人	33%	10个小时	8人	8%
4个小时	24人	24%	10个小时以上	0人	0%

3. 您接受培训时倾向于选择哪种类型的培训师？（参见表2-5）

表 2-5 培训师类型的选择

培训师的类型	选择人数	所占比例	培训师的类型	选择人数	所占比例
实战派知名企业的高管	24人	24%	学院派知名教授或学者	14人	14%
职业培训师	20人	20%	咨询公司高级顾问	10人	10%
本企业优秀的员工或专家	32人	32%	其他	0人	0%

4. 在过去一年参加的培训课程中让您最满意的是下列哪一个？

（略）

5. 在过去一年参加的培训课程中让您最不满意的是下列哪一个？

（略）

6. 您认为培训时间安排在什么时候比较合适？

（略）

7. 您认为一个月参加培训累计时间为多长比较合适？

（略）

（三）培训需求分析结论

1. 从调查结果上可以看出，在对课程内容的选择上，安全管理能力类课程、生产组织能力类课程和生产技术类课程受到了生产车间班组长更多的关注。其中，生产车间班组长关注最多的课程包括"高效生产的八大技巧""安全管理实务与方法"和"设备维修与故障排除"等课程。

2. 在培训方式选择方面，生产车间班组长比较倾向于现场演示、情境模拟和游戏；在培训时长方面，生产车间班组长认为一门课程3～6个小时比较合适；在培训师的类型方面，生产车间班组长倾向于本企业优秀的员工或专家，或者是实战派知名企业的高管。

3. （略）

三、培训需求分析的内容

培训管理者有效地开展培训需求分析，需要全面、系统地了解企业和个人现在及未来的培训需求，从组织层面、任务层面和人员层面多角度进行分析。这三个层面相互关联、相互交叉，不可分割，每个层面都反映了企业不同的培训需求。

（一）组织层面培训需求分析

组织层面培训需求分析主要是指培训管理者对组织战略、组织文化、组织结构、组织氛围、组织资源、组织环境等进行分析，进而从整个组织的高度分析并确定培训的重点（参见表2-6）。

表2-6 组织层面培训需求分析

分析重点	主要内容	信息来源	对培训需求分析的意义
组织战略	组织战略目标，组织战略目标的实现方式、实现情况及未达成目标的原因，组织战略重点	高层管理者工作规划或述职报告、企业发展规划	组织战略决定培训计划的设计与执行，决定培训目标的设置，培训必须服从组织战略目标和组织战略重点
组织文化	组织文化的建设目标，组织文化的建设方式，组织文化的主要内容	组织文化手册，管理者的态度或管理者行为准则	组织文化影响组织的管理方式，影响培训的组织与管理，影响培训的现状等
组织结构	当前组织结构，组织结构与组织发展的适应性，组织结构变革的可能性	组织结构变化前后情况对比，人力资源的数量、结构及工作岗位现状	组织结构影响培训对象的分类、培训课程的设计，组织结构变革将带来大量的培训需求
组织氛围	员工的工作态度、工作表现，团队协作状况，同事关系，团队的业余生活等	员工的满意度、缺勤率、离职率、顾客投诉率、团队绩效水平达成率等指标	通过组织氛围分析，培训管理者既可以发现员工在工作过程中存在的问题，也可以发现工作结果存在的问题，帮助培训管理者分析实际工作绩效水平和理想工作绩效水平之间的差距；组织氛围会影响培训效果的转化
组织资源	组织资金、人力资源、课程资源、在线学习平台、培训时间、培训场地、培训设备等	组织预算、人力资源储备库、培训档案库、在线学习平台等	组织资源会限制培训工作的开展，影响各种培训需求的先后顺序
组织环境	政治、法律、经济、社会文化、科技等宏观环境	政府政策、行业分析报告、企业发展规划等	培训受外在宏观环境的影响和限制
组织问题	组织问题的类型、问题的主要解决办法、是否可以通过培训解决问题、涉及哪些部门及人员	组织绩效、成本构成、离职面谈、管理者研讨会议记录、员工和客户的投诉意见等	通过组织问题分析，培训管理者能够确定是否需要培训、培训的目标、培训对象的范围、培训的内容等要素
管理者和员工对培训的态度	管理者和员工对培训课程、培训师、培训的组织实施、培训效果转化的态度	访谈记录、问卷调查的记录、过往培训效果评估记录、员工满意度调查记录等	管理者的态度为培训活动提供精神支持和观念引导，员工的态度对培训效果转化的程度有重要影响

如果企业处于组织变革阶段，培训管理者应着重进行组织层面的培训需求分析，因为组织变革会引发员工一系列的能力需求，而员工的能力需求会引发培训需求。培训管理者应明确整个组织层面重要、关键的培训需求，进而帮助组织变革取得成功（参见表2-7）。

表 2-7 组织变革与培训需求分析

组织变革方向	组织变革的内容	组织变革引发的能力需求	能力需求引发的培训需求
业务变化	新业务增长		
	业务重组		
	业务转型		
	销量要求突破性增长		
	海外市场扩张		
	……		
机构变化	企业间并购重组		
	组织精简拆分		
	机构扩大		
	部门合并		
	……		
系统变化	ERP系统		
	集成产品开发系统		
	知识管理系统		
	……		
行业标准变化	质量体系		
	行业标准		
	……		

（二）任务层面培训需求分析

任务层面培训需求分析主要是指培训管理者基于工作岗位说明书或某一具体工作任务来确定员工需要在培训中加以强化的知识、技能、素质或关键绩效行为，以帮助员工寻找差距、弥补不足、完成任务。培训管理者进行任务层面培训需求分析，主要是为了确定与某种特别的活动或工作任务相关的培训目标和确切的培训内容。

任务层面培训需求分析的步骤包括以下六个方面：

（1）培训管理者根据企业的经营目标和部门职责选择具有代表性的工作岗位。这些具有代表性的工作岗位既可以是对企业非常重要的岗位，也可以是员工数量所占比例较大的岗位，还可以是企业新设置的岗位。

（2）培训管理者根据工作岗位说明书列出关键任务以及完成这些关键任务所需的知识、技能、素质清单。一方面，培训管理者需要对工作中的具体任务、规范、环境进行分析；另一方面，培训管理者还要对任务所需的知识、技能、素质进行分析。

（3）培训管理者核实并确认关键任务以及完成关键任务所需的知识、技能、素质清单。有些企业的工作岗位说明书存在不够详细、不够完整或者更新不及时的问题。培训管理者可以通过岗位观察、与专家访谈等方式来核实并确认工作岗位说明书列出的关键任务以及知识、技能、素质清单。

（4）培训管理者为该工作岗位设计以获得培训需求为目的的工作任务分析表。工作任务分析表包括工作岗位的基本信息、任务列表、任务评分标准、任务综合分值和培训需求要点等内容。工作任务分析表的举例参见表2-8。

表2-8 工作任务分析表

岗位名称		所在部门		调查时间	
一、评分标准					
重要性		频率		难度	
4＝任务至关重要		4＝每天执行一次		4＝需要以前有过丰富的工作经验或（和）培训经历（12～18个月或更长）	
3＝任务比较重要但非至关重要		3＝每周执行一次		3＝需要以前有过少量的工作经验或（和）培训经历（6～12个月）	
2＝任务比较重要		2＝几个月执行一次		2＝需要以前有过短期的工作经验或（和）培训经历（1～6个月）	
1＝不重要		1＝每一两年执行一次		1＝不需要以前有过特定的工作经验或（和）培训经历	
0＝没有执行过此任务		0＝没有执行过此任务		0＝没有执行过此任务	
二、任务调查					
任务		重要性	频率	难度	综合分值（重要性×频率×难度）
1. 制订销售计划，确定销售模式					
2. 营销人员的招聘、培训、调配					
3. 销售业绩考查评估					
4. 销售渠道的开拓与维护管理					
5. 账款回收					
6. 完成销售后总结与汇报					
7. 与各部门密切配合完成相关工作					
8. 解决部门内的难题					
9. 负责重要客户的开发与维系工作					
……					
三、培训需求要点					
1. 2. 3. ……					

（5）培训管理者请相关人员对工作任务分析表上的项目打分。相关人员包括岗位部门主管、岗位资深员工、企业中高层管理者、同行业专家等。

（6）培训管理者根据统计信息确定各项培训活动的先后次序。培训管理者应优先考虑综合分值排名靠前的任务和知识、技能和素质，同时注意各培训项目之间的平衡。

培训管理者在任务层面进行培训需求分析的过程中，需要获得有关工作岗位、任务的具体信息,而且信息越详细越好。表2-9列举了培训管理者可以参考的信息来源渠道。

表2-9 任务层面培训需求分析的信息来源渠道

信息来源渠道	对培训需求分析的意义
工作岗位说明书	描述此项工作的典型职责,有助于明确绩效标准
岗位规范	列举出工作的特定任务,明确任职者所需具备的知识、能力及素质特征
绩效标准	明确完成工作任务的目标和衡量标准
抽样观察记录	了解工作的实际情况,发现员工存在的问题
相关文献	有助于分析、比较不同的工作类型
访谈记录	通过向企业的员工询问与工作有关的问题,着重了解他们的培训需求
培训小组会议记录	可以提供一些关于培训需求的看法和要求
工作问题分析报告	明确影响工作绩效水平的阻碍因素和外在环境因素

(三)人员层面培训需求分析

人员层面培训需求分析主要是指培训管理者通过分析员工的实际工作绩效水平与理想工作绩效水平之间的差距来确定员工是否需要接受培训和培训什么内容。培训管理者可以通过上级评分、阶段工作绩效考核等方式获得实际工作绩效水平的数据,可以参考绩效标准获得理想工作绩效水平的数据。如果实际工作绩效水平与理想工作绩效水平之间出现差距的原因是人员的能力问题,那么员工培训是比较有效的;如果实际工作绩效水平与理想工作绩效水平之间出现差距是由于企业缺乏激励机制或无法控制的外界因素引起的,那么员工培训也许不是最佳的工具。培训管理者可以通过员工绩效差距分析表来明确员工的培训需求。员工绩效差距分析表的举例参见表2-10。

表2-10 员工绩效差距分析表——销售人员

岗位任务清单	绩效	标准	绩效与标准之差			产生差距的原因		差距大小	培训选择
			数量	质量	其他	不想做	不能做		
职责1:负责产品的销售工作	销售额为2万元/月	销售额为3万元/月	1万元				√	较大	销售技巧
职责2:扩大产品的市场占有率	开发新客户0个	至少开发新客户1个	1个				√	较小	消费者心理分析
职责3:控制产品的销售成本	销售成本为5000元/月	销售成本为4500元/月			500元		√	较小	成本管理
职责4:与客户进行良好的沟通,为客户提供满意的服务	客户满意度为60%	客户满意度为80%		20%		√		较大	客户沟通服务技巧
……									

通过人员层面培训需求分析,培训管理者可以避免派遣那些不需要进行员工培训

的员工去参加培训；也可以帮助培训管理者了解培训对象在参加培训前的优势和劣势，从而在设置培训课程时加强他们所欠缺的地方。

人员层面培训需求分析的内容包括员工的知识结构分析、员工的专业技能分析、员工的年龄和性别结构分析、员工的个性分析等。

1. 员工的知识结构分析

培训管理者对员工的知识结构进行分析，一般是从文化教育水平、职业教育培训和专项短期培训几个方面进行的。通过对员工的知识结构进行分析，培训管理者可以了解员工所掌握知识的深度和广度，确定员工知识结构的长板和短板，结合企业和工作任务的需要，更有针对性地制订培训方案，利用有限的资源使培训达到最佳效果。

2. 员工的专业技能分析

员工所在的工作岗位、所从事工作的性质、承担的责任、工作的类型不同，需要的专业技能也有所不同。这就要求培训管理者针对不同工作岗位的员工有不同的培训需求侧重点。

3. 员工的年龄和性别结构分析

员工的年龄和性别结构分析是一个比较简单的问题，但也是一个容易被培训管理者忽略的问题。不同年龄或性别的员工在某些特质方面存在较大的差异性，如年轻的员工与年老的员工相比在信息化技术学习方面更积极，他们的接受能力更强，男性员工一般比女性员工的机械操作技能更强。

4. 员工的个性分析

员工的个性分析是很重要的，但大多数企业在培训需求分析工作中都忽视了这个方面的因素。培训管理者有必要根据员工的个性特质制订培训方案，如销售部门的员工个性普遍比较外向、善于人际交往，在对他们进行员工培训时应选择互动性、参与性较强的培训方法。

人员层面培训需求分析信息主要与员工个人的实际情况相关，信息来源比较零散，培训管理者应尽可能收集全面的信息（参见表2-11）。

表2-11 人员层面培训需求分析信息来源渠道

信息来源渠道	对培训需求分析的意义
绩效评估结果和相关数据（生产率、缺勤率、事故率、合格品率、销售额、客户投诉等）	培训管理者可以了解员工在工作中的优势和不足，以及有待改进的地方，确认绩效差距。这些信息易量化、有针对性，对确定培训内容和培训方法有重要的帮助
抽样观察记录	这种方法具有一定的主观性，但是其优点在于不仅能观察员工的行为，而且还能观察员工的绩效结果
访谈记录	员工本人最了解自己的培训需求。通过访谈，让员工充分参与到培训需求分析中来，以增强他们的学习动机和积极性

续表

信息来源渠道	对培训需求分析的意义
培训需求调查问卷	利用培训需求调查问卷，培训管理者调查的人数可以很多，但是培训需求调查问卷缺少一定的针对性和可靠性
测验量表	培训管理者可以了解员工与工作岗位相关的知识、技能、工作绩效水平
态度调查问卷	有助于培训管理者了解员工的满意度、行为动机和士气
关键事件记录	培训管理者可以观察到导致工作成功或失败的关键行为表现，有针对性地找到影响工作绩效水平的关键行为
工作日志	可以了解与工作相关的详细信息
情境模拟（个案研究、角色扮演、培训会议）	员工的某些知识、技能和态度可以在情境模拟中表现出来，员工较难掩饰自己的不足
绩效跟踪记录	按照企业的规定和个人的承诺，定期提供绩效反馈，可以将实际工作绩效水平与理想工作绩效水平进行比较，看工作绩效水平是上升还是下降。这种工作绩效水平和潜能评价体系对实现企业的目标非常关键

案例2-1 A企业技术部培训需求分析

A企业的人力资源部针对技术部的员工能力欠缺、工作绩效不达标的问题，着手开展培训需求分析工作，具体流程如下：

1. 确定技术部主要工作岗位要求员工具备的知识和技能

培训管理者通过参考"工作岗位说明书"，与岗位员工及其直接上级进行沟通获得岗位知识和技能信息。

2. 区分员工的类型

根据员工的知识、技能和态度这两个维度，培训管理者将员工划分为以下四种类型（如图2-1所示）：

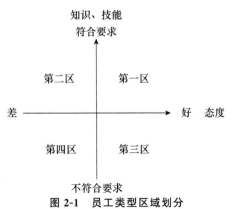

图2-1 员工类型区域划分

第一区的员工是骨干员工。培训管理者应结合骨干员工的职业生涯发展需求安排相关的员工培训。第一区的员工是员工培训的重点。

第二区的员工在工作态度方面存在问题。培训管理者应了解产生这个问题的原因，尽量改变员工的态度。第二区的员工主要参加常规性培训。

第三区的员工的知识、技能是他们的短板。培训管理者要让他们尽快适应工作岗位的要求。第三区的员工也是企业进行员工培训的重点对象。

第四区的员工在知识、技能和态度方面都存在问题。培训管理者可以要求这类员工在规定的时间里达到工作岗位的要求，否则要进行转岗或辞退处理。第四区的员工主要参加企业的常规性培训。

3. 明确员工的差距，确定培训需求

第一区和第三区的员工是企业进行员工培训的重点。其中，对于第一区的员工来说，职业目标与现有能力的差距是他们的培训需求。对于第三区的员工来说，实际工作绩效水平与工作岗位要求的差距是他们的培训需求。

4. 编写培训需求调查报告

培训需求调查报告主要包括技术部的岗位知识与技能要求、技术部的员工与技能要求的差距、技术部的员工和经理对员工培训的建议以及具体培训需求等内容。

案例 2-2　B 医药连锁公司培训需求分析

B 医药连锁公司是一家区域性医药连锁企业，面临当地市场饱和、业务量难以提高、新市场不断亏损的难题。专家从组织视角、岗位视角和员工视角帮助 B 医药连锁公司分析培训需求，以提升员工的整体素质，应对市场挑战。

1. 组织视角

（1）根据行业特点确定培训需求。

专家通过行业及标杆企业分析总结了医药连锁行业的特点：

① 行业整合趋势：大吃小，小小联合；成规模的企业不断涌现。

② 行业威胁：国家基本药物制度和基层医疗服务影响了医药连锁行业的利润空间。

③ 行业机会：医药连锁企业将盈利转向保健品、医疗器械等产品的销售。

基于以上三个方面，专家确定 B 医药连锁公司的培训需求为管理者进行管理技能培训、销售人员进行新产品培训。

（2）根据企业发展战略确定培训需求。

B 医药连锁公司的发展战略是"立足本地，面向全国"。专家通过高层访谈分析 B 医药连锁公司在管理水平方面存在的差距，确定中高层管理者必须由重业务向重管理转变。B 医药连锁公司需要培养一批既懂业务又懂管理的复合型人才。

2. 岗位视角

专家对 B 医药连锁公司的管理模式和组织结构进行梳理，建立岗位体系，开发岗位能力素质模型，评估员工的素质，找出被评估者与能力素质模型的差距，确定具体的培训需求。

3. 员工视角

专家发现 B 医药连锁公司的员工工作绩效水平低下的原因有：员工对公司的流程、制度不熟悉；员工的个人技能与素质不能满足工作岗位的需要。针对这两个方面，专家组确定了认知培训内容和技能培训内容。

在专家的帮助下，2020 年 B 医药连锁公司的销售业绩大幅增加，超额实现了销售目标。

实训任务

实训内容：学生每 5～6 人为一组，以小组为单位，结合身边某个企业的具体情况，讨论并通过思维导图绘制该企业员工培训需求分析的步骤与内容。

实训考核：培训需求分析步骤的完整性；培训需求分析内容的准确性；思维导图的逻辑性；团队的协作能力和创新能力。

任务 2　应用培训需求分析的方法

> **知识目标**：（1）列举培训需求分析的方法；
> 　　　　　　（2）说明每种培训需求分析方法的特点；
> 　　　　　　（3）描述每种培训需求分析方法的实施步骤。
> **能力目标**：（1）设计观察量表；
> 　　　　　　（2）撰写培训需求分析访谈提纲；
> 　　　　　　（3）设计培训需求调查问卷。

知识储备

培训管理者要想快速、有效地进行培训需求分析，得出分析结论，确定培训计划和培训方案，除了要了解上述培训需求分析的步骤和内容以外，选择培训需求分析的方法同样很重要。有效的培训需求分析方法能帮助培训管理者得到切合实际的培训需求分析结果，提高培训需求分析工作的效率以及结果的可信度和真实性。

培训需求分析的方法主要包括观察法、访谈法和问卷调查法等。

一、观察法

观察法是指培训管理者作为观察者，在一段时间内通过观察对象（即员工）的工作技能、工作态度和工作环境等内容，了解员工在工作中遇到的问题和困难，收集培训需求信息的一种调查方法。

观察法是最原始、最基本的培训需求分析方法。它比较适合调查工作内容简单、工作具有重复性、以体力劳动为主的一线工作岗位（如生产岗位、服务岗位等），而对于研发岗位、管理岗位则不太适用。

（一）观察法的特点

1. 观察法的优点

在应用观察法的过程中，培训管理者与员工近距离接触，员工在工作过程中遇到的问题会自然地表现出来，因此，培训管理者获得的资料具有真实性和及时性的特点。培训管理者不仅能获得员工工作表现的信息，而且还可以获得有关工作环境的信息。这些信息对培训管理者进行培训需求分析也是有帮助的。

2. 观察法的缺点

培训管理者要想获得全面的岗位信息，就需要花费大量的时间进行观察，在有限的、指定的时间内他们可能会遗漏一些重要的岗位信息。培训管理者的主观意识或主观偏见会影响他们对员工或事件的分析和判断。培训管理者难以观察到员工的思想意识和事件的本质层面。员工若意识到培训管理者的观察行为，可能会表现得与平时的工作状态截然不同，从而加大了培训需求分析的误差。

（二）观察法的实施步骤

观察法的实施步骤包括熟悉观察岗位、设计观察量表、执行观察工作、整理归纳信息和得出观察结论。

1. 熟悉观察岗位

培训管理者在应用观察法之前，需要熟悉即将观察的工作岗位的工作内容、工作程序和工作行为标准，只有这样才能把握观察重点，对员工及其工作行为做出正确的判断。

2. 设计观察量表

为了提高观察效果，培训管理者需要设计一份观察量表来检查需要观察的重点和细节，保证观察不会流于形式。观察量表包括观察的内容、起止时间、观察地点、观察对象等信息。观察量表的举例参见表2-12。

表 2-12 观察量表——服务岗位

观察对象		观察时间		观察地点	
岗位名称		所在部门		观察时长	共_____个小时
观察内容					
工作流程	1. 2. 3. 4. 5. ……				

观察项目的要点	等级评价				
	优秀	良好	一般	差	很差
1. 仪容仪表					
2. 商品（物品）的准备工作					
3. 清洁工作					
4. 物品摆放整理工作					
5. 服务的完整性					
6. 服务的专业性					
7. 服务技巧					
8. 沟通能力					
9. 促销能力					
10. 应变能力					
11. 团队协作能力					
12. 抗压能力					
13. 工作态度积极性					
……					
需要改善的内容	1. 2. 3. 4. 5. ……				
记录人			记录时间		

3. 执行观察工作

培训管理者在进行现场观察时，应尽量避免干扰到员工的正常工作，能够不让员工察觉到效果会更好。如果必须要进行近距离观察，培训管理者可以与员工一起工作，自然而不刻意的观察会减少由此给员工带来的压力，观察的结果也会更有效。在执行观察工作的过程中，培训管理者可以通过拍摄视频来帮助记录员工的工作过程。

4. 整理归纳信息

观察工作后,培训管理者需要检查、核实观察量表的信息,并对观察量表的信息进行总结归纳,合并同类培训需求信息。

5. 得出观察结论

培训管理者应用科学的方法对观察量表中的信息进行统计分析,确定员工的具体培训需求。

二、访谈法

访谈法是指培训管理者作为访谈者,通过与被访者(即员工)进行交谈,发现员工在工作中存在的问题,进而确定培训需求的一种调查方法。

(一)访谈法的类型

访谈法从不同的角度可以划分为不同的类型。

根据被访者的人数的不同,访谈法可以分为个别访谈与集体访谈。个别访谈是指培训管理者与员工进行的一对一的访谈方式。集体访谈是指培训管理者与员工进行的一对多的访谈方式。

根据访谈者与被访者接触方式的不同,访谈法可以分为直接访谈和间接访谈。直接访谈是指培训管理者与员工面对面直接进行沟通交流的访谈方式。间接访谈是指培训管理者借助电话、视频等手段开展的访谈方式。

根据访谈问题类型的不同,访谈法可以分为结构化访谈和非结构化访谈。结构化访谈是指培训管理者以标准的模式向所有的员工提出相同的问题以获取所需培训信息的访谈方式。非结构性访谈是指培训管理者针对不同的员工提出不同的问题以获取所需培训信息的访谈方式。

(二)访谈法的特点

1. 访谈法的优点

通过访谈法,培训管理者与员工直接沟通,获得相对可靠、有效的资料,可以对员工的工作态度和工作动机等较深层次的内容有一个比较详细的了解。培训管理者给员工机会解释其在工作中存在的问题和产生这些问题的原因,这样可以缓解员工的压力。培训管理者利用访谈法可以了解短期内观察法不容易获得的信息,弥补观察法的不足。

2. 访谈法的缺点

培训管理者利用访谈法需要耗费较多的人力、物力和时间。若员工的人数有限,即访谈样本较少,会导致培训需求信息不够全面。访谈过程难以控制,访谈法要求培训管理者具备较强的访谈技巧,否则容易造成员工紧张或心生警惕,出现不据实相告的情形,从而影响信息的可靠性。培训管理者通过访谈法收集的信息多为定性资料,后期对信息进行整理和归纳具有一定的难度。

(三)访谈法的实施步骤

访谈法的实施步骤包括前期准备、澄清问题、分析任务、深挖痛点、达成共识、赢得支持。

1. 前期准备

(1)了解业务现状。

培训管理者作为访谈者,需要了解即将开展访谈工作的职能部门或业务部门的近期状况,包括新的举措和运营中存在的问题等内容,以便在访谈过程中与员工展开深入、具体的交流。

(2)准备访谈提纲。

基于前期的了解,培训管理者要准备好访谈提纲。访谈提纲即问题清单。尽管培训管理者在进行访谈时可能不会完全按照访谈提纲的顺序与员工进行沟通和交流,但访谈提纲可以帮助培训管理者把控访谈的流程,提醒自己必须关注哪些问题。访谈提纲的举例参见表2-13。

表2-13 访谈提纲——基层员工

受访者		访谈时间	___—___	访谈地点	
岗位名称		在岗时间		所在部门	
访谈问题				记录内容	关键词
1. 描述一下您的工作流程(工作内容)					
2. 您所在的工作岗位需要掌握哪些专业知识					
3. 您所在的工作岗位需要掌握哪些技术、技能					
4. 您所在的工作岗位需要具备哪些职业素质					
5. 您现在在工作过程中遇到的最大的难题是什么					
6. 您认为您工作的不足之处是什么					
7. 您目前迫切需要提高的知识技能是什么					
8. 您过往参加的培训有哪些?哪些效果较好,哪些效果不好					
9. 您认为有效的培训方式是什么					
10. 您个人接受什么风格、什么类型的培训师					
11. 您认为培训时间、时长、频率怎样安排比较合适					
12. 对于人力资源部组织的培训,您还有什么建议或意见					
……					
记录人				记录时间	

(3) 确定被访者。

培训管理者选择员工时需要注意，不同层次的员工考虑问题的角度不同，不同工作绩效水平的员工需要提升的能力不同，不同年龄段的员工过往的培训经历不同。所以，培训管理者应尽可能选择具有代表性的、多元性的员工作为被访者，并提前熟悉每个员工的基本信息。

(4) 模拟访谈过程。

访谈过程是一次性的，为了保证访谈的效果，培训管理者可以分两组进行模拟访谈，一组模拟不同类型的员工，另一组针对不同类型的员工找到相应的访谈技巧。如果员工是沉默型的，那么培训管理者要考虑如何才能打开对方的话匣子；如果员工是滔滔不绝型的，那么培训管理者要考虑如何才能聚焦访谈问题。

(5) 确定访谈时间和访谈地点。

访谈时间最好安排在员工工作不紧张的时段，同时访谈工作应在不影响员工正常工作的情况下开展。访谈地点要求安静舒适，与工作环境隔离开，空间不宜过大，以便培训管理者与员工双方可以近距离地进行沟通和交流。

(6) 准备访谈工具。

访谈工具包括纸、笔、录音和录像设备等。培训管理者可以使用传统的纸、笔等工具边听边记，便于其梳理关键信息，也便于员工核实、确认信息。现代化的录音和录像设备大大提升了访谈的效率，但容易给员工带来压力，致使员工在沟通中有所保留。培训管理者应根据企业的实际情况，结合员工的特点，准备合适的访谈工具。

2. 澄清问题

这一步的关键目的是培训管理者与员工双方之间建立信任关系，让员工意识到培训管理者能帮助其解决工作中遇到的难题。

(1) 轻松开场。

为了营造一种愉快的气氛，培训管理者可以通过聊聊天气、谈谈最近企业发生的热门事件等轻松开场、切入话题，目的是让员工不要太拘束。如果员工对访谈已有了充足的准备，那么培训管理者可以省去这一步骤。

(2) 澄清访谈目的。

培训管理者要让员工意识到自己是来帮助他们的，而不仅仅是为了获取培训需求信息而来。也就是说，访谈管理者的最终目的不仅仅是为了获取培训需求信息，还要帮助员工提高技能、解决问题。

(3) 说明保密事宜。

培训管理者为了让员工打消顾虑、减少防备，在访谈前需向员工承诺访谈所获得的信息仅用于培训需求分析，仅培训管理者及相关人员可查看。

(4) 告知访谈时长。

一个完整的培训需求访谈一般需要 40 分钟左右的时间。培训管理者应提前告知员工访谈大约需要多长的时间，这样可以消除对方的疑虑，缓解对方的紧张情绪。

3. 分析任务

这是非常关键的一个步骤，培训管理者不能省略这个步骤。培训管理者在设计有关分析任务的访谈问题时应尽量具体、有针对性，并且要层层递进。

(1) 聚焦业务目标。

培训管理者聚焦业务目标是想让员工明白其所在的培训管理部门和业务部门的目的是一致的，培训管理部门开展员工培训的目的是为了帮助业务部门达成业绩目标，不是为了培训而培训。

(2) 分解业务举措。

培训管理者应将业务目标分解为业务举措。有些业务举措与员工有关，有些业务举措与员工无关，培训管理者与员工进行沟通的重点是关注那些与员工直接相关的业务举措。

(3) 问细工作任务。

工作任务是基于业务举措被分解到每名员工身上的。同一部门不同工作岗位的员工的工作任务有所不同。培训管理者应针对员工所处的不同工作岗位问细工作任务，并区分工作任务。培训管理者最终确定的工作任务一定是具体的，是能够看到工作行为的，难以继续分解的任务。

培训管理者如果略过这个步骤直接进入第四步，询问员工目前在工作中存在的问题，员工有可能会说出一些非员工培训能解决的问题，或者不是基于工作情境提出的需求，这会让培训管理者感到无从下手。

4. 深挖痛点

深挖痛点是指培训管理者在具体的工作岗位、具体的工作任务下深挖关键点，也就是重点关注员工在工作中不到位、易出错或有挑战的地方。

(1) 挖掘工作难题。

这个环节要求培训管理者围绕前面分析出的工作任务来挖掘工作难题，帮助员工确定工作难题的类型和难度的大小。

(2) 弄清难题情境。

培训管理者需要弄清工作难题存在的情境，也就是说在什么情况下某项工作任务会成为工作难题，在什么情况下某项工作任务不再成为工作难题。培训管理者要避免在没有事实和根据的情况下预设结论。

(3) 探讨工作难题产生的原因。

培训管理者要与员工深入探讨工作难题产生的原因。一般来说，其产生的原因来自于三个方面，即工作任务是否科学合理、员工是否有能力完成工作任务和员工是否有意愿完成工作任务。而后两个方面的问题则是企业可以通过员工培训来解决的。

5. 达成共识

（1）确认培训需求。

经过前边的步骤，培训管理者已经基本挖掘出员工的培训需求，并理清楚了哪些是可以通过员工培训加以解决的，培训管理者需要员工确认、核实这些信息。

（2）探究期望目标。

期望目标是指员工期望通过员工培训得到的具体改变。培训管理者需要探究员工对培训的期望，判断员工的期望目标。如果员工的期望目标过高，那么培训管理者可以将期望目标调整到培训活动可以实现的水平上。如果员工的期望目标过于模糊，那么培训管理者需要围绕培训需求，让员工细化期望目标。

（3）界定业务收益。

界定业务收益是指培训管理者进一步明确培训与具体业务指标的关联度，比如促进业绩达成率、提升客户满意度、缩短运营周期等。如果关联度很低，员工的培训参与度可能也会很低。

（4）征询建议。

有些员工对自己面临的工作难题、具体的培训需求有非常深刻的认知。培训管理者应该积极征求员工在培训内容、培训方法和培训效果转化等方面的建议。

6. 赢得支持

（1）寻找培训资源。

员工在某个行业里工作的时间比较长，很可能会掌握一些培训资源。培训管理者可以询问员工能否在讲师资源、案例资源等方面给予相应的支持。

（2）获得支持者。

培训管理者可以询问员工能否参加培训中的关键环节、能否担任经验分享者，或者能否帮助宣传培训项目等。如果员工愿意在培训项目中提供更多的帮助，那么他就是员工培训的支持者。

（3）确定行动计划。

评估培训需求访谈的有效性的一个重要标准就是最后培训管理者与员工双方对下一步的行动计划能够达成共识，即双方接下来具体都要做什么事、采取什么样的行动。

（四）访谈法的注意事项

1. 访谈准备阶段

培训管理者需要合理选择员工。在培训需求分析的实践中，全员访谈的可能性很小，所以培训管理者要认真地挑选参加访谈的员工，并且提前深入分析员工的特点，以便访谈活动有计划、分层次地进行。在访谈前,培训管理者要拟好访谈提纲。培训需求分析访谈多为结构化访谈,访谈问题最好以开放性问题为主,应由浅入深、由一般到具体,过渡自然。访谈提纲既便于培训管理者把握访谈要点,也便于统计、整理访谈信息。

2. 访谈开始阶段

培训管理者切忌直奔主题,最好先营造良好的访谈氛围。为了取得员工的积极配合,在访谈刚开始时培训管理者就要说明访谈目的、访谈程序及占用对方的时长。此外,培训管理者要承诺通过访谈所获得的信息仅用于培训管理部门进行培训需求分析,保证不会外泄。

3. 正式访谈阶段

培训管理者要善于应用访谈技巧。培训管理者要主导控制场面,不要被员工左右,也不能跑题;培训管理者要善于用探寻、好奇的语音、语调鼓励员工积极回答问题;培训管理者的态度应保持中立,不要介入和引导员工表述自己的观点,不要帮员工下结论;培训管理者要善于倾听,少批判、少建议,适时总结关键词,不要轻易打断员工。

4. 访谈即将结束阶段

培训管理者需要针对关键信息做最后一次确认,询问员工是否有需要补充的信息,最后对员工表示感谢。

(五)面对不同类型的员工的访谈技巧

面对不同类型的员工,培训管理者要善于应用不同的访谈技巧。

如果员工感到紧张焦虑,培训管理者应向员工明确阐述访谈的背景,解释访谈的目的及员工能从中获得的益处,打消员工的顾虑,建立相互信任的访谈关系。

如果员工在访谈中滔滔不绝,培训管理者应避免提开放式问题,要尽可能提一些具体、明确的问题,在必要的时候要提醒员工访谈的时间有限。

如果员工沉默不语,员工可以寻找双方的共同语言和共同经历,力求与员工建立相互信任的关系。培训管理者可以利用开放式问题来引导员工的思路,对员工的回应给予认可,鼓励对方充分表达自己的观点。

如果员工的态度不好、充满敌意,培训管理者应初步判断使员工产生不快的原因。如果原因来自于培训管理者自身,那么培训管理者应勇于承认错误或在可能时做出一些让步,同时最好向员工解释访谈的目的并努力消除他们的不快。若原因来自于其他人,那么培训管理者应不偏不倚,不要置疑员工的意见,也不能附和员工提供的错误的信息,应委婉巧妙地更正这些信息。

三、问卷调查法

问卷调查法是指培训管理者作为调查者,运用统一设计的调查问卷向被选取的调查对象(即员工)了解培训需求情况或征询意见的一种调查方法。

(一)问卷调查法的特点

1. 问卷调查法的优点

(1)问卷调查法的样本量很大,培训管理者能够在比较短的时间内收集到大量的员工信息。

(2)问卷调查法方便员工在方便的时间和地点填写调查问卷,不会影响他们的正常工作。

(3)所有的调查问卷的信息标准是统一的,便于培训管理者进行统计分析。

2. 问卷调查法的缺点

(1)调查问卷的设计难度大,对培训管理者的设计能力要求较高。

(2)培训管理者很难通过调查问卷收集到问题产生的原因和解决问题的方法等深层次的信息。

(3)培训管理者难以了解员工是否认真、如实地填写调查问卷。

(二)调查问卷的设计流程

1. 列出需要了解的调查事项清单

培训管理者通过调查问卷需要了解的事项包括:

(1)员工的基本信息;

(2)员工过去的培训经历;

(3)员工的工作内容;

(4)员工所在工作岗位需要的知识、技能和素质;

(5)员工在工作中遇到的难题;

(6)员工的职业生涯发展规划;

(7)员工对培训内容、培训方法、培训师、培训时间、培训地点等的建议;

(8)员工对培训管理部门的其他建议等。

2. 将调查事项清单转化为问题

培训管理者应针对调查事项清单逐一拟定调查问卷中的问题。调查问卷中的问题应尽量以封闭式问题为主,辅以个别开放式问题。问题的先后顺序要符合员工的认知逻辑,由简单到复杂,由一般到具体。培训管理者在设计封闭式问题时,要罗列出所有可能的问题选项,以方便员工进行选择。

3. 设计、编辑、检查调查问卷

调查问卷完整的结构包括标题、问卷说明或指导语、调查对象的信息、调查问题和选项、调查者的信息、结束语。其举例参见表 2-14。

表 2-14 培训需求分析调查问卷——中高层管理者

尊敬的女士/先生：				
您好！为了切实了解您的培训需求，使培训能够帮助您解决问题，请您完成该调查问卷，我们将以此作为培训方案制订的参考，谢谢您的合作！				
请在所选内容前的方框内打"√"，有特殊说明的除外。				
1. 基本情况				
岗位名称		所在部门		任现职时间
工龄		性别		
2. 对以往培训的感知				
(1) 以往培训的形式（可多选）	□课堂讲授 □案例分析	□小组讨论 □参观访问	□角色扮演 □其他_____	□管理游戏
(2) 以往培训的原因	□自己要求	□领导指派	□企业要求	
(3) 以往培训的效果	□效果明显	□有一定效果	□效果一般	□没有任何效果
(4) 以往培训与工作绩效考核的关联	□全部有关	□部分有关	□很少有关	□从来无关
3. 目前，您在工作中遇到的困难与挑战：				
4. 按照职务的要求，您个人觉得欠缺的知识及技能有：				
5. 您的职业生涯规划（目标可以是掌握某种技能、承担某种责任、担任某种职务、达到多少年薪等）				
(1) 近期目标				
(2) 中期目标				
(3) 长期目标				
6. 您感兴趣的培训方式				
(1) 内部培训	□课堂讲授 □实战演练	□小组讨论 □特殊任务	□案例分析 □其他_____	□角色扮演
(2) 外部培训	□专业机构培训 □全脱产学习	□相关单位交流 □其他_____	□院校合作	
7. 您对未来培训的建议和想法（可多选）				
(1) 您最喜欢、认为最理想的培训方式，请按自己喜欢的程度排序在左侧方框内	□课堂讲授 □头脑风暴 □案例分析	□小组讨论 □户外拓展训练 □管理游戏	□角色扮演 □军事训练 □观看视频	
(2) 您最能接受的培训时间	□上班时间 □经营淡季	□休息日 □固定例会时间	□下班后 □无所谓	

续表

(3) 最需要的培训内容	□专业技术知识　□沟通技巧　□销售技巧　□管理技能 □战略文化　　□团队管理　□行业前沿　□其他_____
(4) 合适的培训频率	□每月一次　　□每两月一次　□每季度一次 □每半年一次　□其他_____
8. 您迫切希望提高的技能和掌握的知识（至少列出 2 项）：	
9. 您对人力资源部组织的培训还有哪些建议或意见？ 再次感谢您的配合与支持，祝工作愉快！	

问卷说明或指导语是就调查目的、答题方式等内容做一个清晰、简洁的介绍。

调查问卷应尽量采用匿名的方式，调查对象信息中的岗位名称、工作年限等信息是必填项。

调查问卷中的问题不宜过多，要让员工能在 15 分钟内就可以答完；同类问题放在一起，既要方便员工回答，也要方便培训管理者进行统计分析；要以封闭式问题为主，开放式问题为辅；要尽量避免使用专业术语、英文缩写，要方便员工理解问题并做出有效回答；问题要语义明确，不能有歧义，不能有诱导倾向；问题要避免双重否定，要避免一个题目包含多个问题。问题的选项之间要有互斥性、穷尽性，为了避免考虑不周，培训管理者可以在选项里加上"其他……"，让员工根据自身的情况补充答案。

4．征求意见并修订、完善调查问卷

为了保险起见，培训管理者可以选取少量、具有代表性的员工预先填写调查问卷。员工可以针对调查问卷的内容、结构、长度等提出合理化建议。培训管理者也可以通过小组研讨的方式发现调查问卷中存在的问题，进而修订、完善调查问卷，从而让调查更加有效。

案例 2-3　C 服装公司应用观察法了解营业员的培训需求

C 服装公司在广州市开设了 30 多家专卖店，为了了解专卖店营业员的工作状态，为营业员提供具有针对性的员工培训项目，C 服装公司派出观察员对各专卖店的营业员进行暗中观察。

观察员根据营业员的工作内容提前设计了观察量表（参见表 2-15），以便观察工作更具有针对性。

表 2-15　C 公司营业员培训需求观察量表

观察要点	观察的具体内容	等级			
		优	良	中	差
1. 营业员的工作态度	(1) 顾客进店时，营业员主动打招呼				
	(2) 营业员的服装统一，佩带胸卡，发饰整洁，妆容自然				
	(3) 营业员面带微笑接待顾客，用语礼貌，态度热情而自然				
	(4) 营业员无倚靠、聊天、干私事的现象				
	(5) 顾客离店前，营业员说送别语				
2. 营业员的推销技巧	(6) 主动询问顾客的要求，恰到好处地推荐相关商品				
	(7) 鼓励顾客试穿，并将待试的服装准备好				
	(8) 如果顾客试穿不满意，主动、热情地介绍其他商品				
	(9) 如果顾客试穿满意，向顾客介绍、配搭其他的商品和饰品				
	(10) 告知顾客售后服务的内容				
	(11) 服饰配搭恰到好处，令顾客满意				
	(12) 陪同顾客到收银处付款，并说致谢语				
3. 营业员的店面管理	(13) 货架、橱窗、门面招牌、地面整洁				
	(14) 货架摆放整齐，货架不空置，货品及模特道具无污渍、无损坏				
	(15) 试衣间整洁，门锁安全，设施齐全（配备挂衣钩、拖鞋）				
	(16) 灯光明亮，音响适中，温度适宜，走道通畅				

案例 2-4　D 公司培训需求分析访谈记录

D 公司是一家建筑安装企业。面对日趋激烈的行业竞争环境，D 公司的高层管理者认为提高公司核心人才的专业技能是保障公司在行业内立于不败之地的关键。

D 公司的培训专员首先针对公司的工程技术部门开展了培训需求调查。D 公司的培训专员应用访谈法，主要围绕培训目的、培训对象、培训内容、培训方法、培训师、培训时间、培训地点、培训组织者、培训预算、培训评估等几个培训要素对工程技术部门的负责人进行培训需求分析访谈。

以下内容为培训专员提问，部门负责人回答：

问：您觉得部门员工需要进行哪些方面的培训？（What）

答：项目管理培训。

问：您觉得他们在项目管理的哪些环节做得不好？结果是什么？（Where、What）

答：主要是计划环节做得不好，导致产品开发进度会延期。

问：延期的比例有多大？（How Much）

答：一半的项目会延期。

问：一般延期多久呢？（How Much）

答：大概在一周到一个月之间。

问：哪些人在计划环节做得不好？（Who）

答：除了资深工程师以外，普通工程师都做得不好。

问：有多少普通工程师？（Who）

答：共 15 个人。

问：您觉得普通工程师在计划环节做得不好的主要原因是什么？（Why）

答：缺少预见性，容易被供应商左右，在合作中处于被动地位。

问：他们出现这种缺少预见性的问题的原因是什么？（Why）

答：主要是不愿思考和执行计划的能力不足。

问：这两种情况分别占的比例大概是多少呢？（How Much）

答：不愿思考占 1/3，执行计划的能力不足占 2/3。

…………

基于上面的访谈信息，培训管理者确定了进行员工培训需求的范围：解决 15 名普通工程师由于执行计划能力的不足和供应商管控能力的不足而导致的一半的项目进度延期一周至一个月的问题。

案例 2-5　E 公司销售人员培训需求分析

E 公司对销售人员进行培训是培训管理部门最重要的员工培训项目。为了准确地了解销售人员的培训需求，培训管理者综合应用以下方法进行培训需求分析：

1. 访谈直线经理

直线经理是销售团队的直接管理者，对销售团队的培训需求把握准确，能够明确培训的结果与目标，并且能够提供可量化的工具。因此，直线经理是培训管理者最重要的访谈对象。

2. 360 度问卷调查

E 公司采取 360 度问卷调查法，通过调查直线经理、销售人员、售后服务人员和消费者，从不同的角度发现销售人员的培训需求。

3. 现场观察

培训管理者通过观察销售人员的销售技巧、解说方法、对顾客的观察能力、整个团队的士气、对产品的熟悉程度、对公司销售政策的理解等，发现销售人员的不足，进而确定他们的培训需求。

4. 分析以往的培训信息

培训管理者通过分析以往培训的各项指标的满意度、培训考核情况,发现以往培训存在的问题以及销售人员存在的问题,为新的培训项目提供重要的参考依据。

实训内容:学生每5~6人为一组,以小组为单位,针对潜在培训对象设计培训需求分析访谈提纲并开展访谈,录制访谈视频。

实训考核:访谈问题的全面性和逻辑性;用语的准确性;访谈过程的完整性;访谈技巧的熟练度;团队的协作能力和创新能力。

项目三　培训计划制订

◆ 项目情境

培训工作为何吃力不讨好

老胡是国内某知名家电公司人力资源部的培训专员。这两年来，老胡觉得自己的工作压力越来越大，人力资源部只有他一个人负责员工培训管理工作，每天公司要进行好几场员工培训，他没有时间制订系统的员工培训计划，整天忙于联系培训师、安排培训地点、管理培训现场等工作。最近，让老胡感到郁闷的是领导狠狠地批评了他一顿，说公司在员工培训上投入了那么多的资源，却没有见到任何成效，他在员工培训管理工作方面存在很大的问题。

员工培训管理工作到底应该如何做？老胡百思不得其解。

【思考】如果你是老胡，你会从何处入手解决你在员工培训管理工作方面所面临的难题？

◆ 教师点评

培训管理者在掌握了员工的培训需求后不能立即组织员工培训，因为员工培训的开展还受到资源（如场地、资金）等条件的限制，如不同的培训师擅长不同的培训内容，不同的培训方法的培训效果也不一样，因此培训管理者要对员工培训项目进行设计和策划，制订详细的培训计划，为后期有效地开展员工培训和取得良好的培训效果奠定基础。

培训管理者在制订培训计划时应思考以下几个关键问题：培训目的是什么；培训对象是谁；培训师和培训管理者是谁；培训内容是什么；培训时间在何时；培训地点在何处；应采用什么培训方法；如何评估培训效果；培训预算有多少等。

培训计划可以为后续的员工培训的组织实施工作提供指导与参考，可以让培训组织实施工作有章可依，从而保证培训组织实施工作的系统性、科学性，并保证培训效果。

任务1　确定培训对象和培训内容

知识目标：（1）列举培训对象的分类；
（2）说明培训内容 ASK 模型；
（3）阐述新员工、管理者、营销人员等培训对象的特点。
能力目标：能结合培训对象的特点确定培训内容。

知识储备

员工培训是以培训对象为核心，以培训师为主导，通过传授知识、训练技能、提升素质进而达到提升工作绩效水平的活动。员工培训必不可少的四个要素是培训对象、培训内容、培训方法和培训师。培训对象处于培训要素的核心位置，培训管理者开展员工培训管理工作必须紧紧围绕培训对象这个核心，根据培训对象的特点，进一步选择合适的培训内容、培训方法和培训师。

一、培训对象的分类

从广义上来说，培训对象包括企业各个层次、各个类别的所有员工。由于不同层次、不同类别的员工在工作内容、工作性质和工作方式等方面存在差异，所以员工培训的侧重点也有所不同。为了便于分析培训对象的特点，培训管理者可以将培训对象划分为以下不同的类型：

（一）新员工和老员工

按员工进入企业的时间的不同，培训对象可以分为新员工和老员工。

新员工和老员工的划分标准一般以一年工作时间为分界线。在本企业工作时间少于一年的员工为新员工，在本企业工作时间在一年及一年以上的员工为老员工。

企业录用的新员工很难在一开始就具备完成规定工作所必需的知识和技能，也缺乏在特定集体中进行协作的工作态度和行为规范。为了使新员工能尽快地融入到企业中，尽快地掌握必要的知识、技能和应具备的态度，培训管理者必须对新员工进行系统的、循序渐进的员工培训。

企业是在一个不断变化的环境中生存和发展的，这就要求企业不断地进行调整以适应外部环境。员工的知识、技能和态度也必须同不断变化的外部环境、内部战略相适应，这样才能使企业保持较强的竞争力。因此，培训管理者也要经常不断地对老员工进行培训。

（二）基层员工和管理者

按员工在企业中所处的层次的不同，培训对象可以分为基层员工和管理者。

基层员工是指在企业中处于最基层，没有任何管理权力的员工。基层员工是企业各项工作的最终执行者。管理者是指在企业中行使管理职能，指挥或协调他人完成具体工作任务的人。管理者工作绩效水平的高低直接关系到企业的兴衰与成败。

基层员工培训主要是为了提高基层员工所必需的专业知识和技能水平。基层员工在企业中的数量比较多，工作内容的差异较大，所以基层员工培训管理工作的范围比较广，但是由于资源有限，企业不可能提供足够的资金、人力、时间进行所有的培训。因此，培训管理者应该根据企业战略发展目标的需求对基层员工进行分类、挑选，制订详尽的员工培训计划，有重点、有步骤地组织实施员工培训。

管理者在企业的经营管理活动中处于主导地位，管理者具备的管理技能所外化的管理行为决定着企业的绩效水平，也关系着企业的兴衰与成败。加强对管理者的培训，提升企业的市场竞争力和发展后劲，这已成为众多企业的共识。不同层次、不同部门的管理者在行使管理职能时的工作重点不同，其培训重点也有所不同。培训管理者应分阶段制订不同层次、不同部门的管理者的短期、中期和长期培训计划，以适应企业内外部发展的要求。

（三）研发部人员、生产部人员、营销部人员、客服部人员、财务部人员、人力资源部人员及行政部人员等

按员工所在部门的不同，培训对象可以分为研发部人员、生产部人员、营销部人员、客服部人员、财务部人员、人力资源部人员及行政部人员等。不同部门的工作性质、工作环境有较大的差异，按照员工所在部门划分培训对象有利于培训管理者针对员工所在工作岗位的特点确定专业知识与技能类培训的具体内容，使培训更具有针对性。

研发部人员的专业知识与技能类培训侧重于前沿产品知识，研发领域的新技术、新方法及研发工艺流程等内容。生产部人员的专业知识与技能类培训侧重于生产质量管理、生产设备操作与使用、生产现场管理及"6S"〔整理（Seiri）、整顿（Seiton）、清洁（Seiketsu）、规范（Standard）、素养（Shitsuke）、安全（Safety）〕管理等内容。营销部人员的专业知识与技能类培训侧重于产品知识、行业知识、顾客心理分析和销售谈判技巧等内容。客服部人员的专业知识与技能类培训侧重于客户满意与客户服务技巧、服务形象与服务礼仪等内容。财务部人员的专业知识与技能类培训侧重于财会专业知识、财会实务操作及办公软件应用等内容。人力资源部人员的专业知识与技能类培训侧重于

人力资源法律法规、人力资源管理技能等内容。行政部人员的专业知识与技能类培训侧重于沟通技巧、写作能力、会议组织与活动管理以及职业礼仪等内容。

考虑到培训对象的典型性,本任务重点分析新员工的培训内容、管理者的培训内容以及营销人员的培训内容。

二、培训内容 ASK 模型

培训内容 ASK 模型是指员工培训的内容主要包括三个方面,即态度(Attitude)、技能(Skill)和知识(Knowledge)(如图 3-1 所示)。

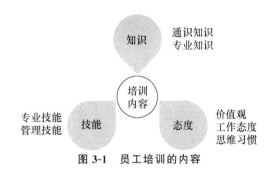

图 3-1　员工培训的内容

任何的员工培训无外乎都是为了实现员工的知识、技能和态度的改变。知识、技能和态度是员工培训内容的三大要素,三者缺一不可。就重要性来看,态度最重要,态度决定行为,有了良好的态度员工才能主动地学习知识,积极提升技能。从习得的顺序来看,知识是员工最容易获得的,技能需要持续提升,而态度是贯穿始终的。从培训的难度来看,态度培训是最难的,而知识培训是最容易的。

(一)知识培训

知识培训是员工的综合能力得以持续提升和发展的基础。员工只有具备一定的通识知识和专业知识,才能为其所在领域的进一步发展提供坚实的支撑。通识知识包括企业文化、企业产品等方面的知识,这些知识要求每名员工都要知晓。专业知识与员工所在的工作岗位息息相关,不同的工作岗位其专业知识的差别较大。

(二)技能培训

员工的工作技能是企业产生效益、获得发展的源泉。因此,技能培训是企业对员工进行培训的核心内容。员工的技能培训包括专业技能培训和管理技能培训两类。专业技能与员工所在的工作岗位直接对应,是员工所在工作岗位要求其具备的实践操作能力。管理技能是针对管理岗位而言的,是指企业内部各层次管理者运用流程、技术和知识完成管理任务的能力。

(三)态度培训

员工具备了扎实的知识和过硬的技能,但如果没有正确的价值观、积极的工作态度和良好的思维习惯，它们给企业带来的不一定是财富，很有可能是损失。员工的价值观在一定程度上决定了企业文化，对于企业而言，帮助员工树立正确的价值观是非常必要的。员工的工作态度可以影响其工作绩效水平，持有积极工作态度的员工即使在知识和技能上存在不足，他们依然愿意积极主动地提升自己，最终成为企业需要的人才。员工的思维习惯是指员工在长期的学习、生活和工作实践过程中所形成的相对稳定的、对其行为有较大影响的思维模式。正确的思维习惯不是天生的，需要后天的训练和个人有意的培养。总之，态度培训是企业必须持之以恒开展的培训内容。

在企业的员工培训活动中，知识、技能和态度三个方面的培训内容往往是紧密结合、相互渗透的，只不过这三个方面的培训内容的侧重点会依据培训目的而有所差别。

三、新员工培训内容的分析

企业不管属于何种类型，规模大小如何，采取何种经营管理方式，都会涉及新员工的培训工作。新员工培训是指培训管理者针对企业的新员工开展的培训，因此也可以称为入职培训、职前培训。新员工培训是企业员工正式入职的第一个环节。

（一）新员工的培训目的

与老员工相比，新员工具有以下特点：

（1）新员工对企业的管理制度、企业文化、工作环境等缺乏了解；

（2）新员工对陌生的环境和同事存在心理防范，担心自己是否能融入企业，担心现实与期望不符；

（3）新员工担心能否发挥自己的能力，关心企业提供的发展平台。

企业在录用一个新员工之后，首先要做的事就是在最短的时间内通过员工培训让新员工熟悉企业的各个方面，打消他们的疑虑，帮助他们尽快进入角色，以良好的状态开展工作。

从员工的角度来说，新员工通过接受入职培训，可以了解企业的发展、人事制度、岗位职责等基本信息以及周边环境，减少陌生感；可以掌握岗位基本技能，尽快适应工作岗位，提高工作效率；可以了解岗位发展路径，确立合理的职业发展目标；可以了解、感受并融入企业文化，提升组织认同感；可以树立良好的职业心态，提升职业素质。

从企业的角度来说，企业通过开展新员工入职培训，可以宣传、贯彻企业文化；可以展示企业对新员工的发展期望和为新员工提供的发展平台；可以减少新员工的疑虑，减轻他们的焦虑；可以增强组织的稳定度，降低员工的流失率；可以提高企业的运作效率，增加经济效益。

（二）新员工的培训内容

新员工的培训内容包括认知培训、技能培训、职业培训和意志培训。

1. 认知培训

企业对新员工进行认知培训的主要目的是帮助新员工全面、准确地认识企业、了解企业，减少陌生感。新员工认知培训的内容主要包括企业的发展历史、企业的组织结构、企业的制度规范、企业的产品信息、企业文化、工作岗位的职责和企业的周边环境等内容。

企业的组织结构、企业的人力资源制度等内容的培训可以采用集中讲授法，由企业的管理者和人力资源部门的相关人员主讲；企业的产品信息、工作岗位的职责等内容可以采用网络培训、让员工自学、发放员工手册等培训方式；企业的发展历史、企业文化等内容可以采用视听法进行培训；企业内部及周边环境的培训可以采用参观法。认知培训结束后，培训管理者最好进行认知性的测验，以强化企业的各项基本信息在新员工头脑中的记忆和理解。

2. 技能培训

新员工技能培训主要是培训管理者结合新员工即将上任的工作岗位的技能要求展开的。新员工的技能培训侧重于基本技能和初始技能，也就是说，新员工技能培训的内容只需满足员工在初始工作阶段的需求即可。新员工技能培训的内容不要太难、太复杂，培训管理者要让新员工对工作充满信心。

技能培训有两种模式：一种是集中培训，即培训管理者将岗位技能要求相同或相似的新员工集中起来进行培训。该模式可以扩大岗位技能的传播范围，节约培训成本；但在培训过程中培训师与新员工的沟通、交流难以深入，技能训练难以展开。另一种是分散式培训，即由岗位技能熟练的老员工对相应工作岗位的新员工进行一对一或一对多的指导，企业的"师徒制"就是分散式培训的表现形式之一。在实际的培训工作中，培训管理者常常将这两种模式结合起来使用，以便使技能培训工作做得更好。

3. 职业培训

企业对新员工进行职业培训的目的是帮助新员工，尤其是刚走出校门的学生在心理上完成角色转换，即由学生转变为职业化的员工。职业培训的内容主要包括职场礼仪、人际关系、沟通与谈判、科学的工作方法、职业生涯规划、压力管理与情绪控制和团队合作技能等。

职业培训的形式一定要多样化，培训管理者要尽可能采用互动式的培训方式，让新员工在互动的过程中领悟所学的知识，提高职业意识与职业素质。职业培训的考核方式最好是开放式的，如撰写论文、报告或者情境模拟等。

4. 意志培训

企业对新员工进行意志培训的目的是为了培养新员工吃苦耐劳的精神、勤俭朴素的作风、团队协作的意识和心理承受能力等。意志培训既包括体能训练，也包括心理训练。

军训是意志培训最常见的形式。军训的周期以最少一周、最多一个月为宜。时间太短，新员工还未进入培训状态；时间太长，新员工会产生厌烦心理，企业的培训成本也会大幅度增加。在军训期间，培训管理者最好利用晚上的时间开展多样化的团队活动，如演讲竞赛、辩论赛、小型联欢会等，以此丰富培训形式，淡化军训的枯燥感，同时也会加强新员工之间的交流，并能为企业发现一些具有特长的人才。

四、管理者培训内容的分析

管理者培训对员工个人和企业都具有重要意义。从员工个人的角度来说，管理者培训可以提高员工的技能和综合素质，从而提高其工作质量和工作效率，提升员工的竞争力，增强员工的工作信心。同时，作为一种激励手段，管理者培训可以使员工感觉到企业对自己的认同，从而增加员工的安全感与归属感。从企业的角度来说，管理者培训可以减少员工的工作失误，降低管理成本，提高客户满意度；可以为企业培养后备力量，不断地补充和更换新鲜血液；可以为企业提供了一个多向交流的机会与平台，有利于增强企业的凝聚力；有助于提高企业的社会竞争力，有助于企业树立良好的社会形象。

培训管理者要想做好管理者培训工作，首先要明确管理者的角色和职责，然后根据管理者的角色和职责来确定培训内容。

（一）管理者的角色和职责

管理者按照层级可以分为三层，即高层管理者、中层管理者和基层管理者。管理者的层级不同，其所扮演的角色不同，职责也就不同。

1. 高层管理者

高层管理者是对整个企业的管理负有全面责任的人，他们往往担任领导者、教练员、创新者、决策者、沟通协调者的角色。他们制定企业的战略目标，掌握企业的大政方针，发动有关企业发展方向的重大变革；按照任务给各部门分配资源；与政府、重要客户、股东等重要的利益相关者进行联系；确定企业管理的组织结构，确定企业的使命、愿景和价值观，并评价整个企业的绩效水平。

2. 中层管理者

中层管理者是企业内部的管理者和执行者、组织资源的整合者、核心能力的培育者。他们贯彻和执行高层领导者的决策，监督与协调基层管理者的活动，并在高层管理者和基层管理者之间扮演着沟通桥梁的角色，是企业中重要的中枢系统。

3. 基层管理者

基层管理者是企业的一线管理者。他们的主要职责是传达上级的计划、指示，直接给每位下属分配工作任务，随时协调下属的活动，控制工作进度，解答下属提出的问题，反映下属的要求，等等。企业对基层管理者的技术操作能力和驭下能力的要求较高，但并不要求他们拥有统筹全局的能力。

不同层次的管理者在行使管理职能时的侧重点是不同的：高层管理者侧重于战略决策，抓影响全局的大政方针；中层管理者侧重于管理决策，抓实现企业管理总目标的战术决策；基层管理者侧重于抓日常业务决策。

（二）管理者的培训内容

基于对管理者的角色和职责的认知，不同层次的管理者在培训方向和具体的培训内容上的重点是不同的（参见表 3-1）。

表 3-1　不同层次的管理者的培训内容

培训对象	培训方向	具体的培训内容
基层管理者	角色认知	1. 基层管理者的角色、地位与责任 2. 基层管理者的素质要求
	通用管理技能	3. 团队建设与管理方法 4. 计划与控制 5. 沟通与协调 6. 员工培训与激励 7. 员工安全管理 8. 人员工作调配 9. 改进员工的工作表现 10. 问题员工的管理
	专业管理实务	11. 生产计划的编制 12. 成本控制 13. 质量管理
中层管理者	企业环境	1. 企业战略和目标分析 2. 企业组织结构与决策流程
	业务管理能力	3. 专业技术知识 4. 目标管理 5. 项目管理 6. 时间管理 7. 会议管理 8. 组织管理 9. 冲突管理 10. 职业生涯规划与管理
	领导艺术	11. 沟通技巧 12. 授权方法 13. 激励方式 14. 指导和培养下属的方法 15. 高效领导力
	团队管理	16. 学习型组织的建立 17. 定编定员管理 18. 团队协作管理

续表

培训对象	培训方向	具体的培训内容
高层管理者	企业环境	1. 国际经济、政治、文化、科技环境 2. 企业所处的行业环境分析 3. 相关法律、法规、各项政策研究
	企业发展战略	4. 企业面临的机遇与挑战 5. 企业核心竞争力研究 6. 企业发展战略的制定
	现代企业管理技术	7. 人力资源管理 8. 生产管理 9. 财务管理 10. 质量管理 11. 信息管理
	领导艺术	12. 团队管理 13. 目标管理 14. 员工激励的方法 15. 高效沟通 16. 冲突管理 17. 员工潜能开发
	创新意识	18. 创新思维与创新方法 19. 创新与企业变革
	个人修养与魅力	20. 管理者的智商与情商 21. 管理者的修养 22. 商务礼仪与形象塑造

五、营销人员培训内容的分析

营销人员是为企业创造利润的重要人力资源，培养一支优秀的营销队伍对企业来说至关重要，所以企业必须高度重视营销人员的培训工作，建设一支高效的营销队伍。

（一）营销人员的工作特性

为了更好地认识营销人员需要具备的知识、能力和素质，并在此基础上确定营销人员的培训内容，培训管理者有必要了解营销人员的工作特性。概括而言，营销人员的工作特性包括以下六个方面：

1. 灵活性

营销是一门艺术，营销人员在不同的情境下面对不同的客户群体，这就要求营销人员巧妙地利用各种不同的沟通技巧和行为艺术，将产品或服务在最短、最合适的时间内介绍给客户，成功地让客户了解并购买其产品或服务。

2. 时效性

企业的产品和服务会随着市场需求的变化而变化,因此营销人员必须在一定的时间内完成产品或服务的推销任务。

3. 主动性

营销工作需要营销人员积极主动地去挖掘和开发潜在客户,制造与客户接触的机会,扩展客户群。

4. 复杂性

营销工作的对象是人,人本身是一个非常复杂的有机体,与人交往是一门学问,因此营销人员需要具体问题具体分析。

5. 延展性

营销人员要想做好营销工作,不仅需要对所推广的产品和服务了如指掌,同时也需要了解诸如说话技巧、行为艺术及心理学、法律等方面的知识。

6. 服务性

营销本身也是一种服务,现在的客户不仅会购买产品,而且更注重服务。营销人员需要深入分析客户的心理特征,为客户提供满意的服务。

(二)营销人员的培训内容

营销人员的培训目的是为了提高营销人员的营销技能和综合素质,进而提升企业的销售业绩。营销人员的培训内容主要包括以下四个方面:

1. 品德培训

品德培训的内容包括勤奋敬业、诚信守诺、公私分明、廉洁奉公和顾全大局等。

2. 知识培训

知识培训的内容包括营销知识、产品与服务知识、企业知识、行业知识和客户服务知识等。

3. 技能培训

技能培训的内容包括市场调查与预测、营销策划、营销渠道开发与管理、客户关系管理、推销技巧、公共关系管理以及沟通与谈判技巧等。

4. 心态培训

心态培训的内容包括积极主动的心态、空杯的心态、双赢的心态、包容的心态、给予的心态、自信的心态和学习的心态等。

培训管理者在确定营销人员的培训内容时应以营销岗位的工作要求为基础,营销人员所在工作岗位的特征不同,其侧重的能力及素质要求也不同。在企业内部,营销人员可以分三个层次:基层营销人员、中层营销人员和高层营销人员。营销人员的层次不同,其培训内容的侧重点也有所不同(参见表3-2)。

表 3-2　不同层次的营销人员的培训内容

培训内容	培训对象		
	高层营销人员	中层营销人员	基层营销人员
1. 企业知识（企业背景、企业文化、组织结构、规章制度等）	√	√	√
2. 行业知识（竞争对手、供应商、经销商的信息等）	√	√	√
3. 产品与服务知识（产品与服务的特点、价格、销售状况等）	√	√	√
4. 市场分析（市场调研、市场预测、竞争对手分析、信息管理）	√	√	√
5. 营销策划（产品策略、价格策略、渠道策略、促销策略）	√	√	
6. 营销渠道开发与管理（经销商管理、零售商管理）	√	√	
7. 促销策略管理（广告营销、人员推销、营业推广、公共关系、网络营销与推广等）		√	
8. 客户关系管理（客户类型及心理分析、挖掘潜在客户、开发新客户、维护客户关系的技巧、客户服务的技巧）		√	√
9. 推销技巧与方法（销售前准备、电话销售技巧、客户约见与拜访管理、突发事件管理、网络营销技巧、销售合同的起草与订立）		√	√
10. 危机公关管理	√		
11. 品牌营销与管理	√	√	
12. 沟通与谈判艺术	√	√	√
13. 营销人员的团队协作能力		√	√
14. 提升销售业绩的方法	√	√	√
15. 大客户销售艺术	√	√	
16. 营销人员的项目管理能力（时间管理、目标管理、计划管理、团队管理等）	√	√	
17. 营销人员的素质、品德与态度要求	√	√	√
18. 营销人员的仪表和礼仪规范	√	√	√
19. 营销人员的潜能开发		√	√
20. 营销人员的心理素质训练		√	√

案例 3-1　华为公司的新员工入职培训

华为公司将新员工培训周期分为八个阶段。

第一阶段：让新员工知道做什么（3—7 天）。

部门管理者为新员工安排好办公空间，组织欢迎会或聚餐，介绍同事与他们认识，让新员工了解企业文化等。人力资源主管向新员工说明工作职责、工作发展空间和工作价值。新员工的直接上司安排他们第一周的具体工作任务，并随时关注他们的工作。

老员工帮助新员工融入团队。

第二阶段：让新员工知道如何能做好（8—30天）。

部门管理者告知新员工写电子邮件、发传真等工作的正确方式。老员工向新员工传授工作经验，帮助新员工在实战中成长。

第三阶段：让新员工接受挑战性任务（31—60天）。

部门管理者告知新员工考核指标要求，通过具有挑战性的工作任务来分析新员工在逆境时的行为和心态。如果新员工无法胜任当前的工作岗位，人力资源主管要看其是否适合其他的部门。

第四阶段：与新员工建立互信关系（61—90天）。

部门管理者通过表扬与鼓励，与新员工建立信任关系，在表扬新员工时要遵循及时性、多样性和开放性的原则。

第五阶段：让新员工融入团队，主动完成工作（91—120天）。

部门管理者鼓励新员工在团队会议中发言，并分享团队建设的好经验，与新员工探讨工作任务处理的方法，肯定他们提出的好建议。

第六阶段：赋予新员工使命，适度授权（121—179天）。

新员工转正后，部门管理者帮助新员工重新进行定位，让他们重新认识工作的价值与责任，并赋予企业的使命、愿景和文化价值等。管理者适度放权让新员工独自完成工作。

第七阶段：帮助新员工制订发展计划（180天）。

部门管理者与新员工每个季度至少进行1或2次、每次1个小时以上的正式绩效面谈，为新员工争取培训和发展、提升的机会。

第八阶段：全方位关注员工的成长（每一天）。

部门管理者关注员工的成长，通过举办形式多样的团队活动来增加团队的凝聚力。

案例3-2　通用电气公司的管理者培训

通用电气公司于1956年在纽约建立了美国第一所企业大学——克劳顿管理学院。克劳顿管理学院根据通用电气公司培养对象的不同将培训分为两类：初级班人才开发和高级班人才开发。

1. 初级班人才开发

初级班人才开发主要以作为培养对象的普通公司职员为主。

（1）领导者基本素质的培训与开发。

其培训对象是在通用电气公司工作6个月以上3年以下，经过考查被认为具有潜在领导素质的20岁左右的年轻公司职员。本级培训班每年举办16次，参加者有800多人,培训时间一般为1周,培训的主要内容包括领导者应具备的基本知识(包括跨文化协作、沟通技巧、财务分析方法等)。

(2)未来经理培训与开发。

其培训对象是在通用电气公司内得到过A级评价的25~30岁的公司职员(获得A级评价的员工占评比范围人数的10%~15%)。培训的主要内容包括如何制订计划方案、成功经营管理案例学习与研究、如何评价下属、财务知识等。

2. 高级班人才开发

高级班人才开发以董事、担任经理以上职务的管理人员为培养对象。

(1)经理人员的培训与开发。

其培训对象是平均在通用电气公司工作8~10年,并具备持有本公司股票资格的经理人。本级培训班每年举办7次,每次有60~70人,培训时间一般为3周。培训的主要内容包括经营战略制定方法、如何管理跨国公司、对当前公司面临的问题如何提出解决方案等。

(2)全球经营者的培训与开发。

其培训对象是通用电气公司至少有8年以上工作经验,制造、销售、日常运营、人事等部门的现任管理者。本级培训班每年举办3次,每次有40人,培训时间为3周。培训的主要内容包括领导者行为、通用电气公司所面临的竞争环境、机构的变更、企业家所应具备的伦理道德、财务分析、战略合作的推进方法等。学员需要分赴通用电气公司的海外分公司完成实践课培训。

(3)高级董事的培训与开发。

最高一级的培训对象是在通用电气公司至少工作10年的高级董事。本级培训班每年举办1次,每次有40人,培训时间一般为3周。培训的主要内容包括跨国经营领导者所应具备的政治、经济、社会知识,最新形势动态,公司的经营发展前景等。培训对象需独立承担由各事业部负责人提出的课题,完成培训实践课。

综上所述,通用电气公司根据培养对象的不同细分了初级2层、高级3层共5个层次的管理者培训体系,形成了阶梯式自下而上的长期培训规划和培训目标。

案例3-3 K饮料公司营销人员的培训内容

K饮料公司在国内市场处于行业领先地位,良好的发展势头与公司对营销人员开展的大规模的卓有成效的培训密不可分。K饮料公司确定营销人员的培训内容包括以下三个步骤:

1. 梳理营销人员任务清单

培训专员首先对遍布全国乡镇,二线、三线城市的一线营销人员全天的工作进行详细梳理。

任务一：参加营销人员任务布置及激励会议。

任务二：收集、整理一天要用的工作清单、产品手册等。

任务三：按照布置的路线出访。

任务四：走访客户，主要是餐馆、小型市场、零售店等。

任务五：协助零售商整理货架、清点产品。

任务六：协助零售商促销产品、记录新订单。

任务七：返回区域销售中心。

任务八：下订单并跟踪订单，确保货物送达零售商。

2．客户调查

在营销人员的任务清单的基础上，培训专员了解营销人员面对的客户的特点：收入水平较低，没有良好的教育背景，缺少最基本的财务管理和营销知识，经营没有长期规划；对营销人员有抵触情绪，不愿存货，不愿先付款，接受新产品比较困难。

3．定制培训内容

了解了这些客户的特点以后，培训专员为营销人员定制培训内容，包括基本的产品知识、沟通知识、小店经营常识、货架知识、账务知识、时间管理知识、消费者购买习惯知识，积极的人生态度，强烈的责任心，细致耐心等。

实训任务：学生每5～6人为一组，以小组为单位，结合自己已收集的培训需求信息，针对培训对象的特点，确定具体的培训内容（培训内容可以用思维导图的形式来呈现）。

实训考核：培训对象的特点分析全面、准确；培训内容具体、有针对性、有吸引力；思维导图清晰明了；团队的协作能力和创新能力。

任务2　选择培训方法

知识目标：(1) 说明各种培训方法的优点和缺点、适用范围和操作要点；
　　　　　　(2) 阐述选择培训方法的依据。
能力目标：(1) 根据培训内容、培训对象和培训资源选择合适的培训方法；
　　　　　　(2) 应用培训方法开展员工培训。

知识储备

企业对员工进行培训的方法多种多样，不同的培训方法所适用的培训对象和培训范围不同，对员工的知识、技能、态度等方面的培训效果也大相径庭。根据培训内容的不同，现有的培训方法大致可以分为知识传授类培训方法、技能训练类培训方法和素质拓展类培训方法。现代科学技术的发展为员工培训提供了方便快捷、低成本、高效率的培训方法，因此，培训管理者还有必要了解常见的科技新型培训方法。

一、知识传授类培训方法

知识传授类培训方法是指培训师通过某种信息传递方式让培训对象了解企业、部门、工作岗位的信息和专业领域的知识的一种培训方法。知识传授类培训方法包括讲授法、研讨法、视听法、自学法和参观访问法等。

（一）讲授法

讲授法属于传统的培训方法，是指培训师通过语言表达，系统地向培训对象传授知识，期望培训对象能记住其中的重要观念与特定知识的一种培训方法。这种培训方法因执行简单、针对性较强，因而在企业员工培训中最为常用。讲授法是其他多种培训方法应用时的重要辅助手段，无论今后新的培训方法或培训技术如何发展，讲授法都是不可取代的重要培训方法。讲授法的应用要点、优点、缺点和适用情形参见表 3-3。

表 3-3 讲授法的应用要点、优点、缺点和适用情形

应用要点	1. 培训师讲授的内容要科学，这是保证培训质量的首要条件 2. 培训师讲授的逻辑要有系统性，条理清晰，重点和难点突出 3. 培训师讲授的语言要清晰、准确、生动 4. 必要时，培训师在讲授的过程中要辅以板书 5. 如果配备多媒体设备，讲授法的效果会更好 6. 培训师讲授完后最好留出适当的时间与培训对象进行沟通和交流，获得反馈信息
优点	1. 讲授法的成本低，对培训环境的要求不高，方便培训管理者组织、实施 2. 培训师通过讲授法能在短时间内同时向大批的培训对象传递大量的信息 3. 讲授法有利于培训对象系统地接收新知识 4. 讲授法有利于培训对象理解难度大的知识 5. 讲授法方便培训师控制培训进度
缺点	1. 培训师讲授的内容具有固定性、强制性，很难考虑培训对象的个性化需求 2. 培训对象的学习效果易受培训师讲授水平的影响 3. 信息单向传递，培训师与培训对象之间缺乏交流和反馈，学过的知识不易被巩固 4. 培训对象相互之间缺少交流和讨论，不利于知识的理解
适用情形	1. 讲授法适用于内容为理念性知识、政策制度、前沿技术与方法的培训 2. 讲授法适用于培训对象面广人多的培训 3. 讲授法适用于培训时间、培训成本有限的培训

（二）研讨法

研讨法是指在培训师的指导下，培训对象围绕某个或某几个研讨主题相互交流、相互启发的一种培训方法。研讨法的目的是培训师为了帮助培训对象提高能力、培养意识、交流信息、产生新知。研讨法的具体形式包括专题演讲、小组讨论等。其中，专题演讲是指培训管理者邀请某个领域的专家进行演讲，专家在演讲后针对演讲的内容与培训对象进行沟通和交流，一般来说成本相对较高。小组讨论主要是培训对象围绕培训师给出的研讨主题自由地进行讨论，一般来说成本相对较低。研讨法的应用要点、优点、缺点和适用情形参见表3-4。

表3-4 研讨法的应用要点、优点、缺点和适用情形

应用要点	1. 培训师要明确研讨的目标，并让培训对象了解研讨的目标 2. 培训师要善于激发培训对象对研讨主题产生兴趣，并启发他们积极进行思考 3. 由培训师担任主持人，参与研讨的全过程，并控制研讨的流程和气氛 4. 在结束阶段，培训师要对研讨进行归纳和总结 5. 参加研讨的培训对象以10人左右为宜，如果人数较多可分为若干个小组进行研讨
优点	1. 信息多向传递，有利于培训对象和培训师交流知识和经验，相互学习，取长补短 2. 培训师会鼓励培训对象积极进行思考，有助于培训对象提高分析能力、思考能力 3. 培训对象能够主动提出问题，表达个人的感受，有助于激发他们的学习兴趣 4. 培训对象集思广益，共享集体智慧的成果，有助于团队建设 5. 对提高培训对象的责任感和改变他们的工作态度有效
缺点	1. 研讨法的培训效果受制于研讨主题，受制于培训师的组织和协调能力，也受制于培训对象自身的水平 2. 研讨法不利于培训对象系统地掌握知识和技能
适用情形	1. 研讨法适用于在内容上有较大的自由发挥空间或解决某些有难度的管理问题的培训 2. 研讨法适用于对管理人员进行培训 3. 研讨法适用于自信心、自主能力和自控能力比较强的培训对象

（三）视听法

视听法又称多媒体教学法，是指培训师利用现代多媒体技术（如计算机、投影仪等设备）播放视听素材，充分地调动培训对象的视觉感知和听觉感知的一种培训方法。随着现代多媒体技术和信息化手段越来越丰富，企业应用视听法进行员工培训取得了越来越好的培训效果。视听法的应用要点、优点、缺点和适用情形参见表3-5。

表3-5 视听法的应用要点、优点、缺点和适用情形

应用要点	1. 培训师根据培训主题选择合适的视听素材 2. 培训师在播放视听素材前要向培训对象清楚地说明培训目的 3. 培训对象观看视听素材最好与讨论相结合，边看边讨论，以便加强理解 4. 培训师在培训对象讨论后必须针对重点内容进行总结

续表

优点	1. 视听法利用人体的视觉和听觉的感知方式，调动培训对象的多种感官，给培训对象留下深刻的印象 2. 视听素材生动形象，会给培训对象一种亲近感，比较容易引起培训对象的兴趣 3. 视听素材让培训对象对现实难以接触的先进设备、难题和事件有所了解 4. 视听素材可以重播、慢放或快放，能更好地适应培训对象的个体差异
缺点	1. 视听设备和视听素材的成本较高，内容易过时 2. 培训师选择合适的视听素材难度较大 3. 培训对象被动地接受培训内容，反馈性和实践性较差
适用情形	1. 视听法适用于企业文化、工作流程、操作方法和礼仪规范等内容的员工培训 2. 视听法适用于新晋员工和基层员工的培训

（四）自学法

自学法是指培训师为培训对象指定学习内容或学习素材，鼓励培训对象利用工作之余的时间自主学习的一种高度灵活的培训方法。通过自学法，培训对象可以自主安排学习时间、学习地点。自学法鼓励培训对象积极主动地参与学习，是一种十分有效的培训方法。自学法的应用要点、优点、缺点和适用情形参见表3-6。

表3-6 自学法的应用要点、优点、缺点和适用情形

应用要点	1. 培训师提供丰富的、有价值的自学资源 2. 培训师要给予明确的学习内容、学习方法及训练的指导 3. 培训师要提供师生交流的渠道，这样可以解答培训对象在学习过程中遇到的疑难问题 4. 企业要建立完善的内部学习网络平台 5. 培训对象进行自学需与测试相结合，测试结果与绩效考核相结合
优点	1. 培训成本低，培训师和培训管理者的需求数量少 2. 自学法不需要培训管理者统一安排培训时间和培训地点，培训对象学习的时间和地点灵活、有弹性 3. 自学法有利于提升培训对象的学习能力及学习兴趣，打造学习型组织
缺点	1. 自学的过程难以监控，有些培训对象会放弃自学 2. 培训对象自学一门培训课程持续的时间较长
适用情形	1. 自学法适用于基础性、通识性知识的员工培训 2. 自学法适用于员工自主学习能力和学习意愿较强的学习型组织 3. 自学法适用于有完善的内部学习网络平台的企业

（五）参观访问法

参观访问法是指培训管理者组织培训对象到优秀的企业或者本企业内的成功部门参观访问，学习、借鉴优秀的企业或成功部门好的做法，让培训对象在感悟中学习的一种培训方法。参观访问法的应用要点、优点、缺点和适用情形参见表3-7。

表 3-7　参观访问法的应用要点、优点、缺点和适用情形

应用要点	1. 培训管理者事先应做好详细的计划并联系参观的地点及有关人员 2. 培训管理者准备好详细的行程表、地图和参观企业的简介等材料 3. 参观访问前，培训管理者要让培训对象了解参观访问的目的和学习目标，提高其学习兴趣 4. 参观访问法的访问环节至关重要，可以参观的企业或部门最好能安排专人讲解相关情况并解答培训对象的疑问 5. 参观访问行程结束后，培训管理者要组织培训对象进行必要的讨论以强化学习效果
优点	1. 参观访问法能激发培训对象对实际问题的关注 2. 参观访问法可以加强培训对象与外界的联系 3. 培训管理者使用参观访问法可以使学习气氛变得比较轻松
缺点	1. 参观访问法的成本较高，主要是交通和食宿费用 2. 培训管理者安排与计划行程比较费时 3. 实际行程的安排可能不合乎学习的目标 4. 培训对象的实际参与程度可能比较低 5. 培训对象有可能把参观当作游玩而忽略了学习，培训效果可能不好
适用情形	1. 参观访问法适用于某些无法或不易于在课堂上讲授的主题 2. 参观访问法适用于对培训对象进行行业或企业先进经验的培训 3. 参观访问法适用于对管理者和技术骨干进行的培训

二、技能训练类培训方法

技能训练类培训方法是指培训师让培训对象在实际工作岗位或仿真工作环境中亲自操作实践，进而体验工作流程、工作行为的一种培训方法。技能训练类培训方法将培训内容与实际工作直接结合，具有很强的实用性，在员工培训中应用的最为普遍，适用于岗位技能类和管理实务类培训。技能训练类培训方法包括演示法、师徒制、工作轮换法、案例研究法和头脑风暴法等。

（一）演示法

演示法也称示范法，是指培训师向培训对象示范关键工作行为，然后让培训对象反复实践进而掌握操作要点的一种培训方法。这种培训方法一般由技术能手担任培训师，现场向培训对象讲授操作理论与技术规范，然后进行标准化的操作示范；培训对象经过一段时间的反复模仿练习，操作逐渐熟练直至符合技术规范的程序和要求，最终达到运用自如的程度。演示法的应用要点、优点、缺点和适用情形参见表 3-8。

表 3-8　演示法的应用要点、优点、缺点和适用情形

应用要点	1. 培训师在演示前需要准备好必要的用具并将其放置整齐，要保证每个培训对象都能看清用具和培训师的演示动作 2. 培训师事先要说明演示的目的和希望达成的目标 3. 培训师在演示的过程中要配合讲解 4. 培训师可以借助音频、视频等素材辅助演示 5. 培训师演示完毕后，要让每个培训对象都有机会模仿练习 6. 培训师对每个培训对象的模仿给予及时的反馈

续表

优点	1. 培训对象通过多种感官获取信息，有助于激发学习兴趣 2. 演示法有利于培训对象获得感性知识，加深对所学内容的印象 3. 演示过程具体、可重复，培训对象可以"做中学"，见效快
缺点	1. 演示法对场地、设备、材料、灯光和温度等有一定的要求 2. 演示法需要耗费较多的时间和经费
适用情形	1. 演示法适用于特殊工作技能或程序的员工培训 2. 演示法适用于培训对象人数较少的员工培训 3. 演示法适用于对技术类和服务类的员工进行培训

（二）师徒制

师徒制在现代企业员工培训中也称教练制、导师制，是指由一位有经验的技术能手或直接主管人员在工作岗位上对培训对象进行"一对一"或"一对多"的指导和训练的一种培训方法。目前，我国很多企业在实行这种"传帮带"式的培训方法，这种培训方法既可以使基层员工较快地掌握岗位技能，也可以使新员工较快地融入企业的环境。师徒制的应用要点、优点、缺点和适用情形参见表3-9。

表3-9 师徒制的应用要点、优点、缺点和适用情形

应用要点	1. 培训管理者要选择技术过硬、价值观与企业相吻合的老员工担任"师傅"的角色 2. "师傅"指导"徒弟"的要点包括关键工作环节的要求、做好工作的原则和技巧以及必须避免出现的问题和错误 3. 为了保证培训效果，企业的考核办法可以将对"师傅"的考核与对"徒弟"的考核相结合
优点	1. 师徒制可以避免新员工盲目摸索，消除新员工的紧张感，有利于新员工尽快地融入团队 2. 师徒制有利于"徒弟"传承"师傅"高超的工作技能、优良的工作作风 3. 良好的师徒关系有助于部门工作的开展 4. 师徒制有助于企业培养后备人选，推动企业有序运行
缺点	1. 受"教会徒弟，饿死师傅"传统观念影响，"师傅"可能会有所保留，不愿倾尽全力 2. "师傅"本身的水平对徒弟的学习效果有极大的影响，"师傅"不良的工作习惯也会影响"徒弟" 3. 师徒制不利于"徒弟"的工作创新 4. 师徒制容易滋生小团体主义
适用情形	1. 师徒制适用于新员工和基层员工的培训 2. 师徒制适用于各级管理人员的培训，主要目的是为管理岗位培养后备力量

（三）工作轮换法

工作轮换法也称岗位轮换法，是指培训对象在预定时期内变换工作岗位，进而获得不同岗位工作经验的一种在职培训方法。工作轮换法既可以用于对新员工进行培训，也可以用于直线管理者后备人选培训。直线管理者是相对职能管理者而言的，他们需要具备比较综合的管理知识和管理技能。新员工通过工作轮换法可以明确自己适合的

工作岗位，提升人岗匹配度；直线管理者后备人选有计划地到各个部门学习，参与各个部门的工作，对各个部门的工作有全面、深入的了解，以便未来有能力担任直线管理者。工作轮换法的应用要点、优点、缺点和适用情形参见表 3-10。

表 3-10 工作轮换法的应用要点、优点、缺点和适用情形

应用要点	1. 培训管理者要考虑培训对象的能力、需要、兴趣、态度和职业偏好，选择合适的轮换岗位 2. 工作轮换的时间长短取决于培训对象的学习能力和学习效果，不应机械规定时间 3. 工作轮换涉及多个部门，需要得到高层管理者的支持方可执行
优点	1. 工作轮换法能丰富培训对象的工作经验，增加他们对企业各个部门工作的了解 2. 工作轮换法可以使培训对象明确自己的优势和劣势，找到适合自己的位置 3. 工作轮换法可以使培训对象更好地理解部门之间协作的问题，进而改善部门之间的合作
缺点	1. 工作轮换的时间短，导致培训对象走马观花，所学技能不精 2. 培训对象对轮换岗位的归属感不强，参与度不够 3. 工作轮换法可能会给轮换岗位所在部门的正常工作和管理带来不便
适用情形	1. 工作轮换法适用于新员工培训 2. 工作轮换法适用于对直线管理者的培训，而不适用于职能管理者

（四）案例研究法

案例研究法是指培训师围绕一定的培训目的，把现实中的场景加以典型化处理，形成供培训对象进行分析和决断的案例，培训对象通过独立研究或相互讨论的方式来提高自身分析问题和解决问题能力的一种培训方法。案例有两种类型：描述评价型案例和分析决策型案例。描述评价型案例的内容是介绍解决某个问题的全过程，包括其实际结果，培训对象对案例中的做法进行分析评价并提出相应的建议。分析决策型案例的内容是只介绍某个有待解决的问题，培训对象针对该问题进行分析并提出对策，进而提高其分析问题、解决问题的能力。案例研究法的应用要点、优点、缺点和适用情形参见表 3-11。

表 3-11 案例研究法的应用要点、优点、缺点和适用情形

应用要点	1. 培训师要结合培训目标的要求和培训对象的特点来选择案例 2. 案例要尽量真实、具体，包含必要的关键信息，所提出的问题无标准答案 3. 培训师在培训前将案例分享给培训对象，让培训对象提前熟悉案例的内容 4. 培训师要引导培训对象以案例中的人物身份去理解案例情境，去思考和解决问题 5. 案例研究可以遵循四个步骤，即确定问题、分析原因、寻找方法、权衡利弊
优点	1. 培训对象的参与性强，学习主动性强 2. 案例研究法有利于培训对象增长管理方面的新知识 3. 案例研究法有利于培训对象分析问题、解决问题能力的提升 4. 案例研究法有利于培训对象沟通协调能力、团队合作意识的提升 5. 案例研究法能够集思广益，找到问题的最佳解决办法

续表

缺点	1. 现有案例往往不能满足培训的需要，案例的编写要求比较高 2. 案例研究法对培训师和培训对象的能力要求都比较高 3. 案例研究法花费的培训时间比较长
适用情形	1. 案例研究法适用于管理者及专业人员的高级智力技能的开发，如分析、决策、判断和评估能力等 2. 案例研究法适用于对管理者、律师及医生等专业人员进行的培训

（五）头脑风暴法

头脑风暴法是指培训师明确提出一个要解决的问题，鼓励培训对象在规定的时间内提出所有能想到的解决问题的方案或建议的一种培训方法。在头脑风暴的过程中，培训师和培训对象都不能评议他人的方案或建议；事后，培训师再组织全体培训对象对各个方案或建议逐一进行评价，选出最优方案。培训师应用头脑风暴法的关键是要消除培训对象的思维障碍和心理压力，鼓励培训对象各抒己见，启发培训对象的创造力与想象力。头脑风暴法的应用要点、优点、缺点和适用情形参见表3-12。

表3-12 头脑风暴法的应用要点、优点、缺点和适用情形

应用要点	1. 培训师要提前准备一个既舒适又无干扰的场地 2. 培训师只确定一个要解决的问题 3. 培训师要求在规定的时间内每个培训对象都要发表自己的方案或建议，要尽可能多地收集方案或建议 4. 培训对象中的一人专门负责记录所有的方案或建议 5. 在讨论环节前培训管理者要禁止培训对象评价任何的方案或建议 6. 在培训对象充分发表自己的方案或建议后，培训师组织培训对象集中对大家提出的的方案或建议展开讨论和评价
优点	1. 培训管理者使用头脑风暴法能最大限度地鼓励培训对象发表意见，培训对象的参与性强 2. 头脑风暴法有利于启发培训对象的创造力和想象力 3. 头脑风暴法集中了集体的智慧，可以达到使培训对象相互启发的目的 4. 头脑风暴法可以帮助培训对象解决实际工作难题，提高培训效果
缺点	1. 头脑风暴法对培训师的要求比较高，培训师要善于激励培训对象和引导讨论 2. 培训管理者选择问题的难度比较大 3. 培训管理者提出的问题能否得到解决受培训对象的水平限制 4. 培训对象可能将大量的时间浪费在无用的方案或建议上
适用情形	1. 头脑风暴法适用于创造性思维训练和想象力训练 2. 头脑风暴法适用于对管理者、设计人员及营销人员进行培训

三、素质拓展类培训方法

素质拓展类培训方法是指以情境为载体，培训师要求培训对象完成某一任务，进而获得实践感悟，以提高其心理素质为主要目的，兼具体能和实践训练的一种培训方

法。这种培训方法与知识传授类培训方法和技能训练类培训方法相比,少了一些说教和灌输,多了一些体验和感悟。素质拓展类培训方法包括角色扮演法、管理游戏法、敏感性训练法和户外拓展训练法等。

(一)角色扮演法

角色扮演法是指培训师设定一个模拟的工作环境,指定培训对象扮演某种角色,感受所扮演角色的心理,模拟处理相关工作事务的一种培训方法。角色扮演的主要目的是使培训对象能够切实体验到所扮演的角色的心理感受,以改进自己原有的工作态度与工作行为。这种培训方法多用于人际关系改进培训中。角色扮演法的应用要点、优点、缺点和适用情形参见表3-13。

表3-13 角色扮演法的应用要点、优点、缺点和适用情形

应用要点	1. 培训师要为角色扮演准备好脚本、相关材料和必要的场景、工具 2. 在角色扮演前,培训师和观摩者要用鼓掌的方式鼓励角色扮演者,演出后要对角色扮演者表示感谢 3. 角色扮演后,培训师和观摩者一定要对每个角色扮演者进行分析和评价
优点	1. 培训对象的兴趣浓厚,参与性强 2. 角色扮演法具有高度的灵活性,角色、内容和时间均可调整 3. 角色扮演法可以增加培训对象之间的情感交流,培养他们的社会交往能力 4. 角色扮演法能够提高培训对象的观察能力和解决问题的能力 5. 角色扮演法可以帮助培训对象避免在实际工作中因决策失误带来的风险
缺点	1. 培训师在角色或情境设计上可能存在简单化、表面化和虚假化等问题 2. 角色扮演者受个性的影响,或者不能真实充分地表现自己,或者过度地表现自己,从而影响了团队合作 3. 角色扮演中的行为表现仅限于个人,不具有普遍意义
适用情形	1. 角色扮演法适用于人际关系改进培训 2. 角色扮演法适用于新员工、岗位轮换和职位晋级员工的培训 3. 角色扮演法适用于培训对象人数比较少的培训

(二)管理游戏法

管理游戏法也称商务游戏法,是指培训师向培训对象提供企业经营的背景资料,要求培训对象通过竞争或合作的方式对企业做出模拟性经营决策的一种培训方法。培训对象在做模拟性经营决策时如能借助计算机软件系统,将会增加管理游戏法的仿真性和趣味性。管理游戏法不仅可以训练培训对象的团队合作精神,同时也可以锻炼他们适应行业的竞争氛围。当前,这种培训方法在企业高层管理者培训中经常使用。管理游戏法的应用要点、优点、缺点和适用情形参见表3-14。

表3-14 管理游戏法的应用要点、优点、缺点和适用情形

应用要点	1. 培训师提供的企业经营的背景资料要尽量真实,最好与团队竞争联系到一起 2. 管理游戏法必须有一定的规则,并且要有一定的结束条件和评判方法

续表

优点	1. 管理游戏法的真实性、竞争性可以激发培训对象的参与性、积极性 2. 管理游戏法可以发挥培训对象的想象力，在改变自我认知、改变态度和改变行为方面具有很好的效果 3. 管理游戏法有助于提升团队成员之间的信任感和团队的凝聚力 4. 管理游戏法可以使培训对象联想到现实的决策结果，学到的知识容易迁移
缺点	1. 企业经营的背景资料的设计和相关物品的准备都比较费时 2. 企业经营的背景资料可能简单化，影响了培训对象对企业现实的理解 3. 培训对象在决策的过程中可能会比较随意，缺少责任心 4. 培训对象可能把注意力着眼于如何战胜竞争对手而忽略了对其他潜在内容的学习 5. 管理游戏的有效性难以得到证实
适用情形	1. 管理游戏法适用于以沟通、人际关系、工作协调和管理决策为主题的培训 2. 管理游戏法适用于中层以上管理人员的培训 3. 管理游戏法适用于培训对象人数较少的培训

（三）敏感性训练法

敏感性训练法又称 ST（Sensitivity Training）法，是指培训师把不同企业、不同级别、互不相识的管理人员组成不超过 15 个人的小组，进行 1~2 周的集中训练。在训练中，培训对象可以自由地讨论自己感兴趣的问题，自由地发表意见，分析自己的行为特点和心理特点，并接受他人对自己的行为和心理的反馈意见，从而提高对人际关系的敏感性。敏感性训练法的目的是通过培训对象在共同的学习环境中的相互影响，提高培训对象对自己的心理和情感、自己在企业中所扮演的角色、自己与他人人际关系的敏感性，进而改变个人和团体的行为，达到提高工作效率和满足个人需求的目标。敏感性训练法的应用要点、优点、缺点和适用情形参见表 3-15。

表 3-15 敏感性训练法的应用要点、优点、缺点和适用情形

应用要点	1. 培训师准备一个舒适的场地，以免给培训对象带来压力 2. 培训师需事先说明敏感性训练法的程序、规则和目的 3. 培训师先安排培训对象共同完成一项任务 4. 任务完成后，培训对象结合自己在任务中所见、所闻和所想轮流发言 5. 培训师进行评价、总结并鼓励培训对象
优点	1. 敏感性训练法可以使培训对象重新认识自己，重新建构自己 2. 敏感性训练法可以提高培训对象对自己的行为和他人的行为的洞察力 3. 敏感性训练法可以让培训对象更加关注与他人沟通的方式，提升人际关系
缺点	1. 敏感性训练法所需的培训时间较长 2. 敏感性训练法需要一名受过专业训练的培训师与数名具有一定心理学知识的培训助手，对人员的专业性和数量都有较高的要求 3. 敏感性训练法有可能对培训对象的心理造成伤害 4. 培训对象可能因不愿泄露内心深处的秘密而影响培训程序及培训效果
适用情形	1. 敏感性训练法适用于中青年管理者的人格塑造、晋升前的人际关系训练 2. 敏感性训练法适用于外派工作人员的异国文化训练

（四）户外拓展训练法

户外拓展训练法是指培训对象通过完成户外探险活动达到心理训练、人格训练和管理训练效果的一种培训方法。户外拓展训练法包括场地拓展训练和野外拓展训练两种类型。场地拓展训练是指培训师利用人工场地和设施开展拓展训练，可控性比较强。野外拓展训练是指培训师借助自然地域及环境开展拓展训练，风险比较大。户外拓展训练法的应用要点、优点、缺点和适用情形参见表3-16。

表3-16 户外拓展训练法的应用要点、优点、缺点和适用情形

应用要点	1. 培训管理者与培训师要做好户外安全保障工作 2. 培训师最好在户外拓展训练中融入团队竞技，以提升团队成员的责任感与参与度 3. 培训对象可以分享、总结训练体验，将训练中的收获迁移到工作情境中
优点	1. 户外拓展训练法简便、容易实施 2. 户外拓展训练法有助于提升和强化培训对象的心理素质 3. 户外拓展训练法有助于培养培训对象积极进取的人生态度 4. 户外拓展训练法有助于增强团队合作精神
缺点	1. 户外拓展训练法具有安全风险 2. 如果培训师组织不当，户外拓展训练可能变成简单的游戏，失去了培训效果
适用情形	1. 户外拓展训练法适用于团队建设、观念转变和思维创新、环境适应能力提升的培训 2. 户外拓展训练法适用于工作压力比较大的工作岗位的培训

四、科技新型培训方法

当今社会，新技术革命为企业的员工培训的发展创造了良好的物质条件和技术条件。计算机、互联网等技术的应用催生了科技新型培训方法。科技新型培训方法具有低成本、无边界、自主学习、资源共享等特点。

（一）网络培训

网络培训又称 E-Learning、在线培训、网络教育和在线学习等，是指培训师通过应用互联网技术，以网络培训为载体，进行培训内容的传播，方便培训对象快速学习的一种培训方法。网络的发展促进了员工培训的发展，培训师应用网络进行培训辅导为培训对象提供了便利的学习条件，尤其是许多时间不充裕或喜欢自主学习的培训对象可以较多地选择网络培训进行学习。网络培训的应用要点、优点、缺点和适用情形参见表3-17。

表3-17 网络培训的应用要点、优点、缺点和适用情形

应用要点	1. 培训管理者和培训师以网络培训平台为载体构建资源库或网络课程 2. 培训管理者要建设网络师生互动平台、网络考核考试系统 3. 平台管理人员要及时更新、维护信息

续表

优点	1. 网络培训有利于教学资源利用最大化，企业通过网络可以共享优秀的培训课程和培训师等资源 2. 网络培训方便培训对象自主学习，培训对象不受时间、地点和学习进程的影响 3. 网络培训增加了培训师与培训对象互动交流的机会 4. 网络培训平台能够记录每个培训对象的学习情况，并为培训对象提供个性化的学习建议 5. 网络培训有助于培训管理工作的系统化、信息化
缺点	1. 网络培训平台的建设成本较高 2. 培训师与培训对象之间缺乏面对面的互动和交流，缺乏必要的情感交流 3. 网络学习资源容易涉及知识产权问题
适用情形	1. 网络培训适用于知识方面的培训，不适用于人际交流和实践操作技能的培训 2. 网络培训适用于年轻的、对互联网技术应用比较熟练的培训对象

（二）虚拟现实技术

虚拟现实（Virtual Reality，VR）技术是近年来出现的高新技术，也称人工环境。虚拟现实技术是设计者以虚拟现实设备为载体，利用计算机模拟产生一个三维空间的虚拟世界，为使用者提供关于视觉、听觉和触觉等感官的模拟，让使用者身临其境，可以及时、没有限制地体验三维空间内的事物。虚拟现实技术具有多感知性、沉浸感、交互性和自主性等特点，为企业进行员工培训提供了一种全新的培训方法。虚拟现实技术的应用要点、优点、缺点和适用情形参见表 3-18。

表 3-18 虚拟现实技术的应用要点、优点、缺点和适用情形

应用要点	1. 要有专业人员负责虚拟现实设备使用的指导 2. 虚拟现实设备的功能可能有限，还需要培训师做补充指导
优点	1. 虚拟现实技术提供的培训场景直观生动，可以使培训对象产生浓厚的兴趣 2. 培训对象在虚拟环境中可以反复、连续地进行实验操作，以便增强记忆，提高实际操作能力 3. 虚拟现实技术为培训对象提供了与真实环境一致的虚拟环境，方便培训对象在没有危险的情况下进行危险性操作，降低了企业的培训成本和安全风险管理成本 4. 虚拟现实技术颠覆了原有相对死板的培训方法
缺点	1. 虚拟现实技术的成本高昂 2. 劣质的虚拟现实设备会影响真实感，甚至给培训对象带来恶心、晕眩和头痛等身体上的不适
适用情形	1. 虚拟现实技术适用于设计、工艺及技术类的培训 2. 虚拟现实技术适用于高危行业或岗位的培训

五、选择培训方法的依据

员工培训的效果在很大程度上取决于培训方法的选择。培训方法有很多种，每种培训方法都有各自的应用要点、优点、缺点和适用情形。培训管理者或培训师要想选择合适有效的培训方法，就需要考虑到培训内容、培训对象和培训资源等因素。

（一）培训内容

内容决定形式，形式展示内容。知识传授类培训方法、技能训练类培训方法和素质拓展类培训方法正是依据培训内容的不同来划分的。一般情况下，知识传授类培训方法可供选择的有讲授法、研讨法、视听法、自学法和参观访问法等；技能训练类培训方法可供选择的有演示法、师徒制、工作轮换法、案例研究法和头脑风暴法等；素质拓展类培训方法可供选择的有角色扮演法、管理游戏法、敏感性训练法和户外拓展训练法等。每种培训方法能达成的培训效果也各有侧重（参见表3-19）。培训师可以根据获得专业知识、获得通识知识、提高专业技能、提高管理技能、改善人际关系和改变个人态度六个方面的效果来选择相应的培训方法。

表 3-19 不同培训方法的培训效果

培训方法		培训效果					
		获得专业知识	获得通识知识	提高专业技能	提高管理技能	改善人际关系	改变个人态度
知识传授类培训方法	讲授法	优	良	中	中	差	差
	研讨法	优	良	中	中	中	差
	视听法	良	优	中	中	差	中
	自学法	良	优	中	中	差	中
	参观访问法	良	良	差	差	差	中
技能训练类培训方法	演示法	良	中	优	中	差	差
	师徒制	中	中	优	良	良	良
	工作轮换法	良	中	良	优	良	良
	案例研究法	良	中	良	优	差	差
	头脑风暴法	中	差	中	良	中	良
素质拓展类培训方法	角色扮演法	中	差	良	良	优	优
	管理游戏法	中	中	中	优	优	良
	敏感性训练法	差	差	中	良	优	优
	户外拓展训练法	差	差	差	中	良	优
科技新型培训方法	网络培训	优	优	良	中	差	差
	虚拟现实技术	良	差	优	差	差	差

（二）培训对象

培训对象所具备的知识技能水平会影响培训管理者或培训师对培训方法的选择。例如，当培训对象的计算机知识欠缺时，网络培训就不太适用；当培训对象的教育水平较低时，自学法的效果就不会很好；当培训对象的分析能力欠佳并不善于表达时，研讨法、头脑风暴法将难以取得预期的效果。

培训对象人数的多少也会影响培训管理者或培训师对培训方法的选择。当培训对象的人数较少时，研讨法或角色扮演法是不错的培训方法；当培训对象的人数较多时，讲授法、视听法就比较合适。

(三) 培训资源

培训资源包括培训经费、培训时间、培训场地和培训技术条件等。

不同的培训方法所需的经费多少也不相同。例如，头脑风暴法、研讨法等所需的经费一般不会太高；而视听法、虚拟现实技术等则等所需的经费较高，因为企业购买各种配套设备需要投入相当数量的资金。因此，培训管理者或培训师在选择培训方法时需要考虑企业的经济承受能力。

不同的培训方法所需的时间长短不同。有的培训方法需要较长的准备时间，如视听法、案例研究法；有的培训方法需要较长的实施时间，如自学法、敏感性训练法。这就需要培训管理者或培训师根据企业、培训对象以及培训师个人所能投入的时间来选择适当的培训方法。

不同的培训方法所需要的场地的大小不同。如管理游戏法、户外拓展训练法所需要的场地比讲授法、研讨法所需要的场地要大得多，是否具备合适的场地会影响培训管理者或培训师对培训方法的选择。

不同的培训方法对培训技术条件的要求也不同。如网络培训自然需要计算机、互联网及网络培训平台的支持；视听法需要成套的多媒体设备的支持。因此，企业是否具备相关的技术和器材，将会直接影响培训方法，特别是高科技培训方法的选择。

案例 3-4　F 公司应用导师制培养新工程师

F 公司是互联网领域的知名企业，该公司的创始人和高层管理者都非常重视应用导师制培养新人。

1. 导师资格

F 公司对导师候选人有三个方面的要求：(1) 候选人喜欢做导师，有清晰的职业规划目标；(2) 候选人在 F 公司工作一年以上，认同企业的价值观与文化；(3) 候选人乐于分享，是某个技术领域的专家。

2. 导师制培养新工程师的业务流程

步骤 1：导师见面会。

第一周，新工程师被安排在公司自助餐厅与导师见面并共进午餐，导师负责回答新工程师感兴趣的各类问题并介绍公司的文化。

步骤 2：工作安排。

F 公司发给新工程师的第一封电子邮件是欢迎信，接下来的 5 封电子邮件分别对应培训期间的具体工作：

（1）了解 F 公司的开发环境；

（2）开展工作的基本流程；

（3）需要与哪些人开展合作；

（4）遇到困难时应该找谁；

（5）提高企业和工作的认同感。

步骤 3：提供相关培训。

F 公司的导师制并非把所有的培训任务都交给导师。第一周，各部门的总监给新工程师介绍各部门的概况。第二周，技术精英为新工程师介绍重要产品、技术框架和技术工具。第三周，项目经理为新工程师介绍商业模式，并鼓励他们参与实际项目讨论。

步骤 4：一对一辅导。

F 公司有一个简单的原则：新工程师至少要在相关的代码里花了半个小时的时间而没有任何头绪，这时候才适合去寻找导师或者去咨询相关的工程师。不懂就问，而不是自己先钻研的人，在 F 公司是不受欢迎的。导师针对新工程师的技术性问题也不会直接提供深入的帮助，而是教给新工程师方法、理念或文化。

步骤 5：每周评估与导师碰头会。

导师每周都会对自己所指导的新工程师进行评估，分为明星（Rockstar）、扎实（Solid）和摇摆（Shaky）3 个级别。同时，导师每周都要参加导师碰头会，重点讨论表现特别出色或特别逊色的新工程师。

步骤 6：指导新工程师参与实际项目。

两周后，F 公司会给新工程师提供参与实际项目的机会。第三周的周末，新工程师要选出不多于 3 个组作为他们感兴趣的备选组。接下来，新工程师要不断地缩小备选组的范围。第六周，新工程师确定最终要加入的目标组。

步骤 7：系统面谈。

在新工程师培训结束前，导师与新工程师会进行一次系统的面谈，导师要了解新工程师对导师制的评价、工作适应性等内容，并对新工程师存在的困难提供帮助。

案例 3-5　丰田汽车公司的轮岗

丰田汽车公司的成功被很多人归结于它在管理上的创新，比如精益生产、5S 管理、看板管理、准时制等。丰田汽车公司在员工培训上也有独特的做法，它独特的培训方法是在组织结构的每一层级进行岗位轮换，即轮岗。

丰田汽车公司每年有明确的轮岗统计，且有非常严格的轮岗要求：员工在一个岗位工作 2 年，就要在小部门之间轮岗；员工在一个岗位工作超过 5 年，则建议在大部门间轮岗。在丰田汽车公司，员工工作了5年只承担一种职务的现象非常少见。

丰田汽车公司的轮岗制度包括经理层在内。轮岗被认为是训练经理人的技术技能和人际领导技能的有效方式。丰田汽车公司高度重视经理轮岗，几乎所有被晋升为总经理的人都至少轮换过2个不同的管理岗位。

通过轮岗，丰田汽车公司在管理上实现了一人多能，在尊重个人能力的同时让员工保持对工作的热情和新鲜感；轮岗有利于部门之间的沟通与协作，员工能站在对方的角度想问题，减少本位主义；轮岗可以打破固有思维定势，带来创新思维，新老员工不同工作方法的交流可以带来新启发；轮岗让员工养成从岗位现实出发考虑问题的思维习惯。

案例3-6　深圳供电局应用VR技术进行新员工培训[①]

2018年，南方电网深圳供电局有限公司（以下简称深圳供电局）研究开发了"基于虚拟现实（VR）技术的新员工培训研究与应用"科技项目。深圳供电局将VR技术应用在以下五个典型的电力知识学习场景中，提升了培训效率与培训效果。

1. 太空舱虚拟主场景

太空舱虚拟主场景为新员工培训系统的主场景。该场景模拟太空舱的操作室，新员工在这里被定义为电力能源宇宙的探索者。它的设计目的是将新员工带入不同于现实物理教学环境的新环境中，激发新员工的学习兴趣和探索动力。

2. 发电站场景

发电站场景主要模拟水利发电站厂房，主要介绍的设备为涡轮发电机。该场景的主要作用是为新员工学习发电相关知识提供一个仿真环境，以便新员工产生更真实的临场感和沉浸感。

3. 配电场景

由于大多数配电设备位于户外，且周围分布着不同类型的用电区域，因此配电场景主要用沙盘模拟一个完整的配电系统，以便新员工从整体上认知与配电相关的知识。

4. 变电场景

变电场景包括VR实拍变电站和变电设备虚拟操作空间两个部分。新员工在VR实拍变电站中认识现实中的变电工作环境，在虚拟操作空间中进行变电设备的操作。

5. 用电政策学习场景

用电政策中的部分专业术语对初入电力行业的新员工而言晦涩难懂，且用电政策经常变化更新，因此用电政策学习场景采用VR视频拍摄的形式，由用电领域的专家

[①] 余航，张兰，等.基于虚拟现实技术（VR）的新员工电力培训应用研究——以深圳供电局为例[J].通信电源技术，2019，36(09)：224-226，有删改。

向新员工解读政策的内容，并在线为新员工答疑解惑。

案例 3-7　Y 培训师应用案例研讨法的经验

Y 培训师是国内知名实战派培训专家，主要做中高层管理者培训，他在培训中应用最多、效果最好的培训方法是案例研讨法。Y 培训师应用案例研讨法主要关注以下四个方面：

1. 案例的采集

案例主要来源于生活与工作。培训对象都愿意听与自己相关的、密切度高的案例。培训师采集案例时的思路是：分析龙头企业找差距、分析企业自身找问题、分析问题找方法、分析冲突找根源。行业龙头企业的案例有助于拓宽培训对象的视野，行业相关度高的案例会引发培训对象的共鸣。

2. 案例的精选

培训师所选择的案例要有一个明确的中心主题。培训师具备对精选案例进行评价的能力。培训师要对精选后的案例在形式、内容和培训流程等方面做细致的设计，让培训对象有话可讲、有空间可讨论，引发培训对象对问题的深入思考。

3. 案例的点评

案例的点评是精华，培训师所有的点评应该围绕培训中的核心观点进行。案例的点评并不是告诉培训对象最终答案，而是要启发培训对象进行思考，调动培训对象参加分析与互动。案例点评注重的是培训对象举一反三、深入思考的能力。

4. 案例的运用

培训师在应用案例研讨法时将案例分成评价式案例、讨论式案例和体验式案例等不同的类型。不同的案例，其培训目的不同、应用场景不同。评价式案例通过培训对象对案例的总结与分析，使培训对象掌握方法、继承经验，适合技能类、流程类、工具类的培训课程；讨论式案例的重点在于培训对象的互动参与、交流分享，培训对象因年龄、学历、经历等方面的背景差异，对案例背景有不同的思考，培训师在总结的基础上进行点评，以达到理论的提升；体验式案例可以结合情境模拟、角色扮演等方式，增加冲突的体验和感悟，从而提高培训对象潜在的问题解决能力。

实训任务

实训内容：学生每 5～6 人为一组，以小组为单位，根据任务 1 的实训内容，结合已分析的培训对象的特点和培训内容，选择具体的培训方法。

考核标准：培训方法与培训对象相匹配，培训方法与培训内容相匹配，培训方法的可操作性和多样性，团队的协作和创新思维能力。

任务3　培养与选择培训师

知识目标：（1）比较内部培训师和外部培训师的优点、缺点；
（2）阐述内部培训师选拔的标准及过程；
（3）列举TTT的主要内容；
（4）分析成人学习特点；
（5）列举外部培训师的类型；
（6）说明外部培训师选择的依据与过程。

能力目标：（1）设计课程大纲及课程单元；
（2）制作微课；
（3）针对培训主题设计开场白和结尾。

知识储备

伴随着市场经济的发展，企业之间的竞争已经成为企业员工的素质和技能水平的竞争。员工的知识、技能必须适应快速发展的市场环境，这就推动了企业员工培训管理工作逐步制度化、标准化和系统化。但是，随之而来的师资力量不足成为制约企业员工培训管理工作的首要问题。培训师是培训管理工作的重要主体，培训师的素质会直接影响培训项目的实施效果，建立一支综合实力强大的内部培训师队伍已经成为企业员工培训的关键。当企业内部培训师不能满足员工的培训需求时，培训管理者就要考虑如何利用外部优秀的培训师资源帮助企业实现培训目标。因此，企业要从内部培训师的培养和外部培训师的选择两个角度加强培训师队伍的建设和管理。

一、培训师的含义和类型

《企业培训师国家职业标准（2007年修订）》对企业培训师有明确的定义：企业培训师是指能够结合经济、技术发展和就业要求，研究开发针对新职业（工种）的培训项目，以及根据企业生产、经营的需要，掌握并运用现代培训理念和手段，策划、开发培训项目，制订、实施培训计划，并从事培训咨询和教学活动的人员。

培训师的主要工作内容有以下三个方面：

（1）在特定、专业领域内不断学习研究，并根据市场需要设计与开发培训课程；

（2）根据不同行业、不同企业的培训需求，有针对性地调整培训课程；

（3）运用多种不同的培训方法和培训工具，讲授培训课程，实现培训目标。

按照培训师的来源渠道不同，培训师可以分为内部培训师和外部培训师。

（一）内部培训师

内部培训师是指企业内部除履行本岗位工作职责外，还兼职承担培训课程开发、培训教学及培训效果评估等任务的人员。内部培训师主要负责企业的常规培训项目（如新员工培训项目）和不需要由外部培训师承担的培训课程（如产品知识培训课程、企业管理制度培训课程、企业文化培训课程）等。

（二）外部培训师

外部培训师是指来自企业的外部，为企业开发并讲授培训课程的人员。外部培训师可以是专职培训师，也可以是大学教授、其他企业的高级管理人员等。外部培训师主要培训的内容包括专业领域前沿理论和前沿技术问题、先进的管理理念、素质拓展训练等。

内部培训师和外部培训师有各自的优点和缺点（参见表3-20），培训管理者应根据企业的实际需要选择合适的培训师。

表3-20 内部培训师和外部培训师的优点和缺点

培训师的类型	优点	缺点
内部培训师	1. 内部培训师对企业比较熟悉，培训内容的针对性和适用性比较强 2. 内部培训师了解培训对象的需求，与培训对象交流顺畅 3. 内部培训师的后续培训跟踪比较强，培训结束后依然能够为培训对象提供专业技能的指导与帮助 4. 培训管理者方便管控内部培训师 5. 内部培训师的培训费用比较低 6. 内部培训师队伍的建设有利于充分利用企业内部优秀的人力资源，挖掘员工的潜能，提升员工的成就感，达到激励员工的目的	1. 内部培训师的选择范围比较小，有的时候培训管理者难以找到符合要求的内部培训师 2. 内部培训师容易受企业现状的影响，思维有局限性，缺少新理念、新思维、新方法，创新性不足 3. 内部培训师与培训对象彼此熟悉，因此缺少权威性和新鲜感，难以激发培训对象的热情
外部培训师	1. 外部培训师的选择范围比较广，培训管理者可以找到高质量的培训师 2. 外部培训师能够给企业带来新理念、新思维、新方法，创新性较强 3. 外部培训师一般具有丰富的培训经验，培训技巧比较丰富，能够营造良好的培训气氛，对培训对象来说更具有吸引力 4. 外部培训师的培训档次比较高，方便企业进行宣传，扩大培训的影响力	1. 外部培训师对企业不熟悉，培训内容的针对性和适用性比较差 2. 外部培训师可能缺乏实践经验，可能导致培训变成纸上谈兵 3. 外部培训师的后续培训跟踪不强 4. 培训管理者不便于管控外部培训师 5. 外部培训师的培训费用比较高

二、内部培训师的选拔

(一) 内部培训师的选拔标准

内部培训师一般是企业进行员工培训管理工作的首选。培训管理者在选拔内部培训师时,需要明确本企业内部培训师的选拔标准,一般来说,内部培训师的选拔标准应体现在知识经验、培训技能和个人素养三个方面。

1. 知识经验

内部培训师应该具备丰富、扎实的专业理论知识,具有娴熟的专业操作技能,拥有专业领域多年工作经验,储备了比较丰富的专业案例和培训资料,了解专业或行业的前沿问题,具有较强的专业知识和专业技能的学习及更新能力。

2. 培训技能

内部培训师应该能够设计开发培训课程,具有较强的观察分析能力,具备较好的沟通表达能力,具有启发、引导和激励培训对象学习的能力,能够及时发现培训对象存在的问题并加以解决,能够熟练应用培训工具和信息化手段等。

3. 个人素养

内部培训师应该有认真的培训态度,有责任心,有培训的热情和愿望,有自信、幽默的性格特征,有健康的身体和健全的心理等。

(二) 内部培训师的选拔流程

内部培训师的选拔流程包括发布广告、提出申请、初步筛选、进行培训、试讲与评估、确定人选六个环节。

1. 发布广告

培训管理部门根据企业员工的培训需求,发布针对某门课程或某个培训项目的内部培训师选拔广告,并附上《内部培训师选拔标准》《内部培训师管理办法》等文件,其举例参见工具模板 3-1。

> **工具模板 3-1**

内部培训师管理办法

第一章 总则

第 1 条 目的

为构建公司内部培训师队伍,实现内部培训师管理的正规化,帮助员工改善工作、提高绩效,有效传承公司相关技术和企业文化,特制定内部培训师管理办法。

第 2 条 适用范围

本办法适用于公司所有内部培训师的管理工作。

第二章 管理职责

第 3 条 培训部为内部培训师的归口管理部门,负责培训师的等级评聘、评审和日常管理。

第 4 条 各部门负责人协助培训部管理内部培训师。各部门应积极协助与支持内部培训师的授课管理与培养工作。

第 5 条 内部培训师的工作职责

1. 根据公司培训部的安排,开展相关内部培训课程的开发与设计工作。

2. 根据公司培训课程设计的要求,负责所属模块的培训授课工作。

3. 负责编写或提供教材、教案。

4. 负责培训对象的考勤和考核。

5. 负责制作培训对象测试试卷及考后阅卷工作。

6. 辅导培训对象制订培训后的工作改进计划。

7. 参与公司年度培训效果工作总结,对培训方法、课程内容等提出改进建议,协助公司培训部完善公司的培训体系。

8. 积极学习,努力提高自身的文化素质和综合能力。

第三章 内部培训师的资格评审与评聘程序

第 6 条 内部培训师的类别

1. 内部培训师分为储备培训师和正式培训师两类。

2. 内部培训师除可以获得授课薪酬外,还可以获得公司组织的"培训师培训"机会。

3. 正式培训师等级资格证书由培训部颁发审核,总经理审批。

第 7 条 内部培训师评聘条件

1. 具有认真负责的工作态度和高度的敬业精神,能在不影响工作的前提下积极配合培训工作的开展。

2. 在某一岗位专业技能上具有较高的理论知识和实践工作经验。

3. 形象良好,具有较好的语言表达能力。

4. 具备编写讲义、教材、测试题的能力。

第 8 条 等级评聘

为保证培训效果并激励培训师自我提升授课水平,对培训师进行按级付酬。正式培训师分为3个等级,等级按培训效果调查表的得分标准来确定。

第 9 条 内部培训师的评聘程序

1. 由各部门推荐或个人自荐,由部门经理审核、培训部审批,审批后的培训师将获得储备培训师的资格。

2. 培训部应适当安排储备培训师授课。

3. 培训部对储备培训师的授课效果进行抽查，对连续2次考查得分低于60分的培训师，暂停安排其授课。

4. 各级培训师均可以提出晋级申请，人力资源部受理申请并组织晋级评聘，聘期为1年。满足以下标准的（参见表3-21），可申请晋级评聘。

表 3-21　内部培训师晋级评聘标准

级别	连续2次考查授课均达到的评分标准	授课时数
三级培训师	70～80分	8小时/年
二级培训师	80～90分	10小时/年
一级培训师	90～100分	15小时/年

5. 培训部负责对正式培训师的授课效果进行抽查，连续2次抽查得分低于本级标准得分下限的培训师降一级，经再次考核得分高于本级标准得分上限方可恢复原级别。

第10条　公司鼓励广大员工积极参与内部培训师的评聘与晋级，内部培训师的业绩作为其工作绩效考核的参考依据之一。

第四章　内部培训师考核

第11条　所有被列入正式培训师名单的内部培训师必须在3个月内完成一门正式培训课程的授课任务，包括课题确定、教材开发、教案准备、正式授课等，并由培训对象对其进行授课效果的评估，填写《内部培训师授课现场效果评估表》。

第12条　内部培训师应严格按培训规范操作流程开展授课，同时对课程需有相应的记录，包括《培训前需求调查表》《内部培训师授课现场效果评估表》等课程相应的记录，并以此作为考核内部培训师的标准之一。

第13条　公司培训部每年对内部培训师进行2次考核，采用内部培训师年中考核与年终考核的方式进行考核。

第14条　正式的内部培训师如在1年之内有3次课程的现场效果评估低于60分，即被降为储备培训师。

第15条　每年对表现优秀的内部培训师，如年度授课时数完成公司的规定且课程效果评估平均在85分以上者，由公司培训部提名报总经理批准后予以晋级和奖励。

第五章　内部培训师的培训与激励

第16条　内部培训师的培训

为提高培训的成效，凡申请担任正式的内部培训师的人员，经过资格初审后，需接受以下TTT培训课程：

1. 学习原理；

2．成人学习理论；

3．企业培训与员工发展；

4．教材设计与制作；

5．专业培训技巧；

6．培训技能训练。

第17条　内部培训师的激励

1．内部培训师的授课可享受授课津贴或带薪调休的奖励方式（不同时享受），如周六、周日授课可直接领取培训师课酬。授课津贴和讲义编制费的标准参见表3-22。

表3-22　内部培训师的授课津贴和讲义编制费的标准

级别	授课津贴	讲义编制费
一级培训师	400元/课时	500元/门
二级培训师	350元/课时	400元/门
三级培训师	200元/课时	300元/门
储备培训师	100元/课时	200元/门

2．发放授课津贴的课程必须为培训部统一安排并经考核合格的课程，津贴以现金的形式发放。

3．津贴发放的时间为课程后期跟踪、总结完成后1个月内，由培训部复核报公司总经理审批后支付。

第六章　其他规定

第18条　内部培训师出现下列情况之一的，取消其培训师资格：

1．除遇不可抗力原因外，内部培训师无故不参加授课1次者；

2．故意制造不良事件或工作不负责任，以致培训成效受到明显不良影响；

3．年度综合考核分数最后一名者；

4．内部培训师泄露公司的机密，将培训资料等对外泄露，或未经公司许可参与同行业的培训交流活动；

5．申请离职或辞职者。

第19条　培训师档案管理

1．通过公司综合评审的培训师候选人将由总经理亲自颁发内部培训师聘任证书，并在公司的网站、OA系统进行公布，树立内部培训师的个人形象和品牌，增加内部培训师的荣誉感。

2．正式聘任的内部培训师将被纳入内部培训师资料库，享受相关待遇。

第七章　附则

第20条　本办法经总经理批准后生效，自颁布之日起执行。

第 21 条 本办法最终解释权归培训部。

2. 提出申请

符合条件的申请人,既可以自荐,也可以由所在部门推荐,相应地填写《内部培训师自荐表》或《内部培训师推荐表》(参见表 3-23)。

表 3-23 内部培训师推荐表

填表日期:＿＿＿年＿＿＿月＿＿＿日

姓名		部门		岗位	
学历		专业		授课方向	
工作经历					
特长描述					
培训经历					
企业咨询经历					
个人自荐理由					
部门推荐意见					
个人签名		部门经理签名		培训部审核意见	

3. 初步筛选

培训管理部门依据内部培训师选拔标准和培训工作实际需求,筛选并确定符合条件的候选人。

4. 进行培训

培训管理部门组织符合条件的候选人参加相关培训,使其获得基本的课程设计、语言表达和现场控制等方面的专业知识和专业技巧。

5. 试讲与评估

培训管理部门安排符合条件的候选人进行试讲,并组织内部培训师评审小组对参加试讲的人员进行评估。为了保证评估的科学性,培训管理者应制定《内部培训师试讲评估表》(参见表 3-24)。

表 3-24 内部培训师试讲评估表

培训师候选人姓名		培训经验(年限)				
讲授课程		所属部门				
评估项目	评估要点	评估标准与分数				
		5分(优)	4分(良)	3分(中)	2分(较差)	1分(差)
培训内容	实用性、针对性强,对工作帮助大					
培训方法	培训方法灵活多样					

续表

培训师候选人姓名			培训经验（年限）			
讲授课程			所属部门			
评估项目	评估要点	评估标准与分数				
		5分（优）	4分（良）	3分（中）	2分（较差）	1分（差）
培训技巧	表达能力、控场能力较强					
教具运用	灵活运用多种教学工具进行教学					
问题解答	及时解答且效果满意					
兴趣激发	学员的学习兴趣浓厚，课堂气氛活跃					
培训资料	PPT、讲义的内容完整，有条理					
培训态度	积极性高，敬业，严谨					
仪容仪表	着装整洁、大方					
综合得分						
综合评价						

6. 确定人选

培训管理部门将候选人的综合评估意见上报相关领导审核，经审核后，培训管理部门向合格人员颁发内部培训师证书。

三、TTT 概述

同在其他工作岗位的员工一样，培训管理部门也需要对内部培训师进行培训以提升其知识和技能。

培训师的培训是指企业内部培训管理者或第三方专业机构为了提升培训师的培训能力而进行的具有针对性的培训。它在国际上称为"TTT"，即 Training the Trainer to Train 的缩写，意为"培训培训师做培训"。

TTT 的主要目的包括以下四个方面：

（1）帮助培训师树立正确的心态，不断强化优秀培训师的各种行为；

（2）确保培训师对企业培训有正确的认知，应用科学的方法提升培训的效率和效果；

（3）提升培训师教材、教案、PPT 和微课的开发与设计技巧，以及培训器材的应用技巧；

（4）训练培训师掌握高超的表达技巧，高效的授课技巧，使课堂生动、气氛热烈、培训对象参与度高，同时能够灵活应对突发状况等。

TTT 的主要内容包括成人学习理论、培训课程开发的技能、微课设计与制作和授课技巧等方面。

四、成人学习理论

成人学习理论是指以成人的生理、心理特征，成人的学习需求和习惯为基础而总结的专门针对成人培训的教育理论。

（一）成人的学习特点

由于生理、心理等方面的差异，成人学习者具有与儿童和青少年不同的学习特征。例如，在生理层面，成人学习者在40岁后神经系统中信息的传导速度放慢，疲劳恢复的时间加长，感知器官的功能下降，造成成人学习者的学习速度减慢；在心理层面，成人学习者在机械记忆能力、感知能力方面与儿童、青少年相比有所下降，但成人学习者在意义记忆、抽象逻辑思维能力方面却有儿童、青少年无法比拟的优越性。成人学习者学习的特殊性吸引了许多学者对成人学习理论的研究。美国成人教育家马尔科姆·诺尔斯的成人教育思想是西方成人学习理论的主要代表。基于马尔科姆·诺尔斯的成人教育思想，成人的学习特点可以总结为以下四个方面：

1. 成人学习的自主性比较强

成人学习者和儿童、青少年在学习的自主性上存在显著差别。在儿童和青少年的学习活动中，教师决定学习目的、学习内容、学习计划和教学方法，学生对教师具有较强的依赖性。而成人学习者具有较强的自主性和独立性，对培训师的依赖性比较低，成人学习者具有较强的个人意识和个人责任感，能够自己选择学习内容、制订学习计划，甚至期望培训师与他们协商后做出相关的培训决定。

2. 成人学习受个体经验的影响比较大

个体经验的差异使得儿童和青少年的学习活动与成人学习者的学习活动存在较大差异。对于儿童和青少年而言，个体经验主要来自间接经验，并且不够丰富和全面，他们的学习活动中能够对学习产生影响的直接经验非常少。成人学习者在学习活动中更多地借助自己的经验来理解和掌握知识，而不是被动地接受培训师传授的内容。成人学习者的已有经验与新知识、新经验的有机结合使得成人的学习更加有效和有意义。成人学习者本身就是很有价值的培训资源，培训师如果能善加利用，就可以大幅提升培训效果。需要注意的是，成人学习者的经验也可能会形成某种思维定势，对他们接受新知识产生消极影响，进而影响培训效果。

3. 成人的学习任务与社会责任密切相关

成人学习者的学习任务已经由儿童、青少年时期的以身心发展为主转变为以完成特定的社会责任、达到一定的社会期望为主。对于成人学习者而言，学习任务可以促使其更有效地完成自己所承担的社会责任，提高自己的社会威望，往往学习成为他们职业生涯或生活状态的一个转折点。因此，成人学习者在学习方面具有较强的针对性和动机性。由此可见，培训师了解成人的各种学习需要在员工培训中是非常重要的。

4. 成人喜欢以问题中心或任务中心为主的学习方式

儿童和青少年的学习目的指向未来的生活，而成人学习者的学习目的则在于直接运用所学知识解决当前工作和生活中的问题。培训活动对于成人学习者来说是一个学以致用的过程，他们能够结合工作和生活中的具体问题进行学习，并有通过学习解决实际问题的强烈愿望。因此，成人学习者更喜欢以问题中心或任务中心为主的学习方式。

（二）成人的学习需求

成人学习者的学习需求可以分为内部需求和外部需求两类。成人学习者的内部学习需求包括发展与进步的需求、满足认知和兴趣的需求、社会交往的需求和调剂生活的需求等。成人学习者的外部学习需求包括满足外部期望的需求及服务组织的需求等。

1. 成人学习者的内部学习需求

（1）发展与进步的需求。

成人学习者为了满足个人的发展与进步，需要持续地更新自己的专业知识和专业技能。尤其是在知识爆炸的信息社会，各个行业的专业知识和专业技能更新得非常迅速，成人学习者要具备终身学习的能力才能在专业领域立于不败之地。求得个人职业发展与进步是成人学习者最根本的学习需求。

（2）满足认知和兴趣的需求。

有些成人学习者学习是为了培养素质、陶冶情操，满足自己的认知和兴趣的需求。这类成人学习者通过学习来充实自己的精神生活，他们非常享受学习的过程。

（3）社会交往的需求。

很多成人学习者将学习作为一种社会交往的渠道，他们在学习的过程中主动与其他的学习者和培训师进行沟通和交流，建立友谊。对于这类成人学习者而言，学习在某种程度上可以扩大人际交往、增进彼此之间的友谊，得到他人的尊重与认同。

（4）调剂生活的需求。

部分成人学习者借助学习这种社会群体活动来摆脱生活的单调、乏味。这些成人学习者希望从与他人的共同学习中获得愉悦、惊喜，分享彼此的经验和体会。对于他们而言，学习使得他们原本单调乏味的生活变得丰富生动起来。

2. 成人学习者的外部学习需求

（1）外部期望的需求。

有些成人学习者学习的主要动机是满足其所在的社会群体对他们的外部期望，从而具有一定的社会威望或享受特殊的待遇。

（2）服务组织的需求。

有些成人学习者希望通过学习来提升自己的某些能力，增加自己的某些知识，以便更多、更好地为所在的组织服务，同时得到人们的理解。

（三）成人培训的原则

成人的学习特征和学习需求为企业开展员工培训管理工作提供了指导方向。培训师在企业开展员工培训活动时要遵守以下原则：

1. 目标可达原则

目标可达原则体现在培训师设置的培训目标要保障成人学习者经过努力可以实现。培训目标不能设置得过高或过低。如果培训目标设置得过高，那么成人学习者会产生不自信的心理，对培训环境失去安全感，在生理上和心理上会排斥培训课程，进而影响培训效果。如果培训目标设置得过低，那么成人学习者会对培训失去兴趣和动力。培训师要与成人学习者一起分析培训目标的价值和可实现性，要让成人学习者相信只要付出一定的努力就能达到这些目标，而且这些目标是灵活的，是可以根据成人学习者的具体情况做出调整的。

2. 内容有效原则

内容有效原则体现在培训师的培训内容要真实、不落伍，并且要符合企业的现状。

第一，培训师选取的培训内容要真实，讲授的理论内容要经过实践验证，选择的案例最好是真实的案例，而不是模仿、杜撰的案例。

第二，培训师要选择符合时代发展趋势的培训内容，分享先进的、前沿的理论或技术，而不是已经被淘汰的理论或技术。

第三，培训师选取的培训内容要符合企业发展的实际现状，所选择的案例要尽量与企业所属的行业、规模的大小、企业的性质具有相似性。

3. 方法多样原则

方法多样原则体现在培训师应通过多种培训方法或培训手段调动成人学习者学习的积极性和参与性。培训师在选择培训方法时应突出成人学习者的主体地位。比如，培训师可以创设问题情境，引发成人学习者独立思考；也可以让成人学习者展示、汇报作业成果，分享自己的工作经验和工作技巧；还可以让成人学习者边做边学，在"做中学"。总而言之，培训师应该让成人学习者参与到学习活动中来。同时，培训师还要利用最新的培训技术为培训服务，以提高培训效率和培训效果。

4. 态度平等原则

态度平等原则体现在培训师要充分尊重成人学习者，并且愿意聆听他们的分享。一方面，培训师尊重、平等的态度有利于双方建立良好的师生互动关系，为成人学习者创造一个支持性的学习氛围，使其感到被接受和被尊重，进而提升学习效率和学习效果。另一方面，成人学习者的分享也可以丰富培训课堂的内容，给培训师和其他的成人学习者带来有价值的思考与启发。

五、培训师课程开发的技能

培训课程开发是指培训师通过培训需求分析确定培训课程目标，再根据培训课程目标对某个学科（或多个学科）的教学内容和教学活动进行计划、组织、实施、评价和修订，以最终达成课程目标的整个工作过程。

培训课程开发是培训师的核心工作。培训管理者对内部培训师进行培训，首先要做的就是课程开发培训。通过课程开发培训，内部培训师可以熟知课程开发的模型、流程。

（一）培训课程开发的模型

1. ADDIE 模型

ADDIE 模型是一套系统地开发培训课程的方法。该模型是目前企业培训课程开发领域最为经典一个理论模型。

在 ADDIE 模型中，A、D、D、I、E 这五个字母分别代表培训课程开发的五个环节，分别为：

（1）Analysis（分析），即培训师分析培训对象要学什么，确定培训课程目标与指引方向。

（2）Design（设计），即培训师结合培训对象的特点和培训目标，设计培训课程大纲、培训策略等。

（3）Development（发展），即培训师将前面设计的课程制作成学员手册、讲师手册等。

（4）Implementation（执行），即培训师根据培训目标的要求对培训对象实施培训。

（5）Evaluation（评估），即培训师对课程内容、培训效果等进行评估。

在 ADDIE 模型的这五个阶段中，分析与设计是前提，发展与执行是核心，评估是保证，它们互相关联、密不可分。

ADDIE 模型为培训师确定培训需求、设计和开发培训课程，实施和评估培训提供了一种系统化流程。ADDIE 模型的基础是培训师对工作岗位和员工所做的科学分析。ADDIE 模型的目标是提高培训效率，确保培训对象获得工作岗位所需的知识和技能，满足企业的发展需求。ADDIE 模型最大的特点是系统性和针对性，培训师将以上五个步骤综合起来考虑，避免了培训的片面性；培训师针对培训需求来设计和开发培训课程，避免了培训的盲目性。ADDIE 模型的质量保障是培训师对培训的各个环节进行及时有效的评估。

2. CBET模型

CBET的英文全称是Competency Based Education and Training Model，即能力本位教育与培训模型。能力是员工履行职务或完成工作任务所需的素质准备。CBET模型将员工的能力细分为若干项综合能力，每一项综合能力又由若干专项能力构成，各专项能力又由知识、态度和经验构成。CBET模型的核心思想是培训师通过培训活动可以将员工的潜能转化为能力。

CBET模型以某一工作岗位所需的能力作为培训师开发培训课程的标准，并将培训对象获得相关能力作为培训的宗旨。CBET模型的操作步骤如图3-2所示。

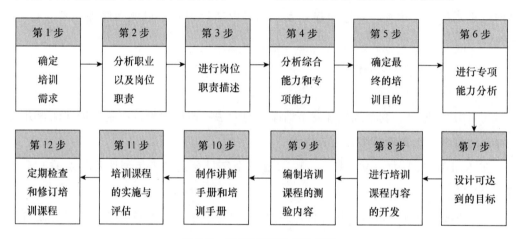

图3-2　CBET模型的操作步骤

（二）培训课程开发的流程

培训课程开发的流程包括进行培训需求分析、明确培训课程的目的和目标、进行课程整体设计、进行课程单元设计、阶段性评价与修订、实施培训课程和课程总体评价七个环节。

1. 进行培训需求分析

培训需求分析是指培训管理者以满足企业、任务和人员的需要为出发点，从组织层面、任务层面和人员层面上进行调查和分析，进而判断企业和个人是否存在培训需求以及存在哪些培训需求的过程。

2. 确定培训课程的目的和目标

培训课程的目的说明员工为什么要进行培训。培训课程的目的主要从增加知识、提升技能和改变态度三个角度来分析。只有明确培训课程的目的，培训师才能进一步明确培训课程的目标。培训课程的目标是说明员工经过培训应达到的程度或标准。培训师根据培训课程的目的，结合上述培训需求分析的情况来设置培训课程的目标。培训课程的目标描述要适度、具体、数量化、可衡量。

3. 进行课程整体设计

课程整体设计是指培训师针对某一专题或某一类培训对象的培训需求所开发的课程架构。课程整体设计的任务包括确定课程基本信息、划分课程单元、安排课程进度、设计课程内容和选定培训场所等。课程整体设计的呈现文本为课程大纲。课程大纲的主要内容包括课程名称、课程目标、培训对象、培训方法、课程特点、课程内容、培训时间和培训地点等。例如，"高效沟通"课程大纲参见表3-25。

表 3-25 "高效沟通"课程大纲

课程名称	高效沟通		培训对象	公司各职能部门的负责人	
课程目标	1. 了解沟通的方式、沟通的心理和沟通的礼仪 2. 熟练掌握沟通中必要的技巧，具有良好的沟通心态 3. 针对培训师设置的沟通情境，提出相应的沟通技巧				
课程特点	1. 培训师的角色是教练和促进者 2. 培训师以大量的现实生活和工作中存在的问题为主线进行讲授				
课程内容		单元	培训内容	培训方法	培训时长
		第一单元 沟通概述	1.1 错误沟通的影响 1.2 沟通能力的诊断 1.3 沟通是什么 1.4 听/说体验活动 1.5 阻碍沟通的因素	讲授 案例分析 研讨 团队训练	2学时
		第二单元 沟通心理和沟通礼仪	2.1 性格与沟通方式的关系 2.2 沟通心理 2.3 沟通礼仪	讲授 案例分析 情境模拟	4学时
		第三单元 积极倾听的技巧	3.1 确认事实 3.2 换一种对话方式 3.3 共鸣三阶段 3.4 感情（感觉）确认练习	讲授 案例分析 角色扮演 管理游戏	4学时
		第四单元 有效表达的技巧	4.1 有效的表达方法 4.2 我的信息/你的信息 4.3 有效提问的要领 4.4 封闭型/开发型提问	讲授 案例分析 角色扮演 观看视频	6学时
培训时间	培训时间为3天，2021年6月7—9日，课时为16学时				
培训地点	公司培训教室A－903				

4. 进行课程单元设计

课程单元设计是指培训师在课程整体设计的基础上，具体确定每个单元的培训目标、培训内容、培训方法和培训材料的过程。单元培训内容设计是课程单元设计的重中之重，它要解决两个问题：培训师应选择哪些内容进行培训；培训师应按照什么样的顺序进行培训。课程单元设计的优劣会直接影响培训效果的好坏和培训对象对培训课程的评估。课程单元设计可以通过课程单元设计表来呈现，其举例参见表3-26。

表 3-26　课程单元设计表

培训课程名称	高效沟通		培训师	王××
单元名称	第三单元　积极倾听的技巧		单元学时	4学时
培训对象	公司各职能部门的负责人		培训人数	30人
培训目标	知识目标：了解倾听过程中确认事实的方法 技能目标：培训对象能够应用倾听技巧修正不良的倾听习惯 态度目标：愿意倾听，具有同理心			
培训资源	培训资料：PPT、管理游戏、测试表 培训用具：电脑、投影仪、白板笔、挂图			
培训过程	培训内容	培训活动	培训方法	时间分配
第三单元　积极倾听的技巧	3.1　确认事实	游戏：小林家有多少只羊？ 确认事实的概念和意义 确认事实的方法	管理游戏 讲授	60分钟
	3.2　换一种对话方式	（略）	研讨 角色扮演	60分钟
	3.3　产生共鸣的3个阶段	（略）	案例分析	60分钟
	3.4　感情（感觉）确认的练习	（略）	角色扮演 研讨	30分钟

5．阶段性评价与修订

在完成课程单元设计后，培训师需要对培训需求分析、培训课程的目的和目标、整体设计和单元设计进行阶段性评价与修订，以便为培训课程的实施奠定基础。课程阶段性评价与修订的重点在于分析、比较、诊断和改进。

6．实施培训课程

培训效果的好坏既受培训课程的影响，也受培训师的影响。培训师是培训课程实施的主体。如果培训师在培训课程实施阶段准备得不够充分，将难以达成培训目标。培训师实施培训课程阶段的工作主要包括制作培训课件和培训师手册、编制学员手册、布置培训场所、应用培训技巧以及控制课程进程等内容。在实施培训课程的过程中，培训师必须要掌握必要的培训技巧，这样才能取得事半功倍的效果。

7．课程总体评价

课程总体评价是指在课程实施完毕后培训师对课程的全过程进行的总结和判断，其目的在于确定培训是否达到了预期的目标，以及培训对象对培训效果的满意程度。

六、内部培训师微课制作的技能

科技的发展和进步对内部培训师提出了更高的要求，内部培训师要顺应时代发展的潮流，善于利用信息化手段、软件技术、网络平台为培训对象提供更快、更好、更具有针对性、更具有吸引力的培训。微课制作技能就是互联网时代对内部培训师提出的新要求。

微课是微型视频网络课的简称，是指以微型视频为载体，针对某个知识技能点（如重点、难点、疑点）或培训环节（如研讨、练习、成果展示）而设计开发的简短的、支持多种学习方式的新型在线视频课程。微课最早应用于教育领域，然后逐渐向企业培训领域拓展。微课既是一种新的培训资源的表现形式，也是一种新的培训模式和学习方式。

（一）微课的特点

与传统的课堂形式相比，微课的特点可以概括为形式短小、内容精练、应用灵活。

1. 形式短小

微课的时间短，一般为5～10分钟。微课要符合培训对象的认知特点和视觉规律，为培训对象提供适度的认知负荷，让培训对象在注意力保持高度集中的时段内完成学习，以便提高学习效率和学习效果。微课在一定程度上满足了培训对象在微时代无处不在的学习需要，即培训对象可以发挥个人的主动性，随时随地进行学习。

微课的内容少，内部培训师容易把握培训的重点和主线，培训目标容易实现。微课技术的开发难度小，而且制作成本低，内部培训师可以独立完成选题、设计、制作、拍摄、合成、发布等环节，资源制作效率较高。微课资源的容量小，易于在网络上进行传输、交流和共享，适合培训对象在智能手机、平板电脑等移动设备上进行自主性、碎片化的学习。

2. 内容精练

微课的内容精炼。微课只聚焦于某个重点、难点、疑点或培训环节中有价值的内容，培训主题突出，针对性和有效性较强。微课的设计精细。微课对某个知识技能点或培训环节进行精准、细致的划分，恰当地运用各种培训方法，合理地安排每个小环节的培训时间，形成一个"脚本式"的结构化的培训过程设计。结构化的过程设计有利于培训达到最佳效果。微课的活动精彩。微课采用案例导入、任务驱动、讲授与演示同步展现等培训策略，培训过程（主要以视频拍摄或录屏的方式记录和表现）精彩生动，简短且完整。

3. 应用灵活

微课的应用灵活。微课可应用于课堂教学，也可应用于课外自学；可应用于正式学习，也可应用于非正式学习；可应用于学校教育，也可以应用于企业培训。由此可见，微课可以应用于多种学习情境，适合不同的培训对象，具有广泛的适用性。

（二）微课的分类

微课可以根据培训环节、培训方法和制作技术划分为不同的类型。

1. 课前导入类微课、课堂演练类微课和课后拓展类微课

根据微课应用的培训环节的不同，微课可以分为课前导入类微课、课堂演练类微课和课后拓展类微课。

（1）课前导入类微课。

课前导入类微课是指内部培训师利用各种方法（如故事、案例、设问、对比等）导入新课的内容来激发培训对象进行思考，以此引起培训对象对新知识或新技能浓厚的学习兴趣的微课。

（2）课堂演练类微课。

课堂演练类微课是指内部培训师针对某一关键知识技能点进行操作演示，或者培训对象针对某一关键知识技能点进行练习的微课。

课堂演练类微课有助于培训对象深入细致地掌握关键知识技能点的操作过程、原理或方法。它包括培训师演示和培训对象练习两种方式。

（3）课后拓展类微课。

课后拓展类微课是指内部培训师将知识技能点的内容拓展到工作、生活实际中，进而开拓培训对象的思维，提升培训对象解决实际问题能力的微课。它有利于内部培训师提升培训的深度和广度。

2. 问题探究类微课、案例研讨类微课、演示实验类微课和表演展示类微课

根据微课应用的培训方法的不同，微课可以分为问题探究类微课、案例研讨类微课、演示实验类微课和表演展示类微课。

（1）问题探究类微课。

问题探究类微课是指以提出问题、分析问题、解决问题为线索，即内部培训师首先提出问题，培训对象带着问题进行讨论，并在内部培训师的指导下找到解决问题的方法的微课。问题探究类微课全程以培训对象为主导。

（2）案例研讨类微课。

案例研讨类微课是指内部培训师提供具有代表性的案例背景，引导培训对象分析案例，找到解决问题的方法或归纳出某种理论的微课。

（3）演示实验类微课。

演示实验类微课是指内部培训师把知识技能点中的某个操作流程或行为规范通过示范或实验的方式展示给培训对象，以便培训对象通过观察获得感性知识的微课。

（4）表演展示类微课。

表演展示类微课是指培训对象在内部培训师的指导下，对可操作性的实践内容进

行个人或团队的模拟训练或展示汇报的微课。

3. PPT 录屏类微课、动画制作类微课和录像类微课

根据微课制作技术的不同，微课可以划分为 PPT 录屏类微课、动画制作类微课和录像类微课。

（1）PPT 录屏类微课。

PPT 录屏类微课是指微课的制作者借助 PPT 的录屏功能或专业录屏软件，将内部培训师讲解 PPT、操作软件等过程进行全程录制的微课。

（2）动画制作类微课。

动画制作类微课是指微课的制作者借助图像、动画或视频制作软件，通过脚本设计、技术合成输出的微课。

（3）录像类微课。

录像类微课是指摄像师通过外部录像设备，对内部培训师及其讲解的内容、操作演示，培训对象的实训过程等真实情境进行录制的微课。

（三）微课开发的流程

微课开发的流程包括选题、设计、准备资源、录制、后期加工、反思与修改和上传平台七个步骤。

1. 选题

内部培训师为微课所选择的主题为培训内容中的重点和难点。培训对象可以通过反复观看微课来强化培训内容的重点和难点，以提升培训效果。比如，一个工厂出现安全事故的原因分析、一个有效的设备操作方法、一个减少浪费的技能、一个营销人员的谈判心得、一个客服人员与客户沟通的技巧等表现。

微课以视频为载体，所以微课的选题要适合视频的特性。培训内容如果借由声音、图片和动画等能达到更好的表现效果，便可以选择视频这种呈现形式。培训对象通过观看视频的内容或参与视频互动，进而掌握知识技能点。对于不适合使用视频来表达的内容，内部培训师可以将其制作成微课。有些培训内容也许通过作业练习或实践活动的形式，培训效果会更佳。此外，微课的选题以 5 分钟内能讲完的知识技能点为准。

2. 设计

设计是微课开发过程中最关键的一个环节，它是形成微课总体思路的过程，是微课开发的蓝图。微课的设计包括教学设计、结构设计和界面设计。

（1）教学设计。

教学设计是指内部培训师运用系统、科学的方法分析培训内容和培训对象，确定培训目标，建立培训内容知识结构，选择恰当的素材资源，制定培训策略和设计学习评价的过程。

(2)结构设计。

结构设计是教学设计的延续和具体反映。结构设计是指内部培训师根据培训内容和培训目标，依照特定的培训思想、学习理论组织培训内容的顺序和培训策略来设计微课的结构。微课的结构设计可以通过微课结构设计表（参见表3-27）的形式呈现。

表3-27 微课结构设计表

微课的名称			微课的作者		微课的总时长	
基本信息	培训课程的名称					
	对应的知识点/技能点					
	微课的类型	□导入型　□问题型　□案例型　□实验型　□表演型 □拓展型　□习题型　□其他_____				
	微课的设计思路					
	培训目标					
	培训对象					
	培训重点					
	培训难点					
培训过程	培训环节	培训内容		培训方法	所需素材	时间分配
	导入					
	讲解					
	示范					
	总结					

(3)界面设计。

界面设计是指微课的制作者对微课的界面布局、动画呈现效果及微课与培训对象的互动形式所做的设计。界面设计应遵循三个基本原则：趣味性原则、简明性原则和统一性原则。趣味性原则是指微课的制作者应善于运用视听手段和剪辑技术将某些枯燥复杂的学习内容做艺术化、趣味化的处理。简明性原则是指微课界面的内容要简洁，没有无关的修饰。统一性原则是指微课界面的格式和风格要统一，如文字的字体、字号，图片的大小等。

3. 准备资源

微课开发所需的资源包括内部培训师进行培训所用的资源包和相关设备资源。内部培训师培训所用的资源包主要包括PPT、教案、测验题和案例等。相关设备资源主要包括拍摄器材、模型、道具、实验器材和相关软件等。

4. 录制

微课的录制主要有两种方式，一种是录屏，另一种是拍摄。录屏是指内部培训师使用录屏软件对培训过程进行录制。录屏对软件和硬件的要求比较简单，只要一台装有录屏软件的电脑即可。录屏时，内部培训师只需要将精心准备的课件在屏幕上演示出来，选择好要录制的视频的格式，软件就会全程录制内部培训师的屏幕操作和讲解，整个过程操作简单、方便易行。拍摄是指摄像师用摄像机对培训过程进行录制。拍摄对环境及设备的要求较高。内部培训师应该提前进行试讲，摄像师应该熟练地使用摄像设备。另外，由于内部培训师的形象要出现在屏幕上，因此内部培训师要仪表端庄、衣着整洁得体、举止得当。

5. 后期加工

后期加工包括片头、片尾、提示性画面或音频的插入。片头主要显示微课的名称、微课的制作者、微课的使用对象、培训课程的名称等信息。片尾主要显示制作单位和鸣谢等信息。提示性画面或音频的插入主要是为了提高培训对象的注意力。培训对象通过电脑或移动设备进行微课学习，由于外界环境的干扰和学习时的随意心理，往往参与度不是很高。所以，微课的制作者在后期加工时要加入督导环节，借用鲜明的提示性画面或警示性音频素材来吸引培训对象的注意力，强化其学习效果。

6. 反思与修改

反思应贯穿微课开发的整个过程。反思既包括设计过程中的反思，也包括实践过程中的反思，还应包括实践后的反思。内部培训师不断地进行思考、总结，为以后制作微课积累经验。内部培训师通过重新审视、回顾培训过程，增加新的想法或修改自己认为不满意的部分，达到精益求精的效果。

7. 上传平台

微课制作完成后，内部培训师可以登录到企业内部网络学习平台进行上传。这里的学习平台可以是企业内部的 E-Learning 平台，也可以是部门或单位认可的公共平台，如微信群、QQ 群等。

(四) 微课设计的技巧

1. 标题要有吸引力

好的微课标题会让人眼前一亮，先声夺人，能吸引培训对象的好奇心，激发他们的求知欲。微课的标题的基本要求是简明扼要、内容聚焦、定位精准。微课的标题更高的要求是有新意、有特色，能吸引人的眼球，微课的制作者要想做到这一点可以把握两个方向：一是突出实用性；二是突出趣味性。微课的标题的表述方式应尽量多样化，除最常见的陈述句式外，可以适当采用疑问句标题、"大标题+小标题"或"主标题+副标题"的形式，或结合当前的时事热点，适当引入网络新名词作为微课的标题。总之，微课的标题要做到准确表达、就实避虚、浓缩精华、抓住要点、生动传神、抓住视线。

2. 资源构成要完整

微课是由简短而又相对完整的教学活动所需的多种资源有机构成的整体。微课主要以微视频为核心载体，还包括与微课主题配套的辅助学习资源，如微课学习指南（任务单）、微教案、微课件、微练习（思考题）等。这些资源把微课的开发环节与应用环节有机联系起来，既提升了微课开发的品质，又保障了培训对象利用微课进行学习的效果。

3. 交互设计最关键

为了给培训对象提供反馈平台，调动培训对象学习的积极性，满足培训对象进行线上学习的需要，微课的制作者在制作微课时应重视交互设计。交互设计简单的理解就是在原有微课的视频资源的基础上，微课的制作者利用技术手段增加交互功能，培训对象能够通过输入设备对视频资源中的内容进行操作，使培训成为一种信息双向交流的过程，从而实现对微课最有效的利用。微课的制作者可以在培训内容中加入问答、游戏、测试、互动等环节以实现交互功能。

4. 情境创设不可少

微课中的情境是内部培训师有效提升微课可视化学习效果的重要组成部分。微课中的情境一般聚焦培训对象感兴趣的问题或工作中的重点、难点问题，达到引发培训对象思考、吸引培训对象关注培训内容的目的。微课中的情境创设要注意以下事项：

（1）情境要简短，一般就是几十秒钟，最多两分钟，情境拖沓冗长会破坏微课的整体结构，使微课显得头重脚轻、主次不分；

（2）情境要与培训主题紧密相关，起到画龙点睛的作用；

（3）情境呈现的类型要尽量多样化，可以是故事、案例、问题、实验、诗歌及活动等；

（4）情境要有一定的新颖性与趣味性，让培训对象产生好奇心；

（5）情境出现的时机要灵活，内部培训师要根据培训的需要灵活创设情境，而不应拘泥于仅在开始或导入环节出现。

5. "一对一"服务很重要

微课不同于班级课堂培训。微课的简短性、多样性、层次性与个性化学习理念非常吻合。因此，微课如何精准地服务于每个培训对象的学习需求与学习体验更为重要。内部培训师可以从以下三个方面强化微课对培训对象的学习需求与学习体验的服务：

（1）微课教学语言的表达方式要"一对一"，如内部培训师多用"你"而不是"你们"，多用"咱们"而不是"大家"；

（2）内部培训师的语速要适当偏快些，快语速常常伴随着激情和感染力，这样更能打动培训对象，让他们更加专注；

（3）时间分配要精确，内部培训师不要讲废话，不添加无效的教学环节，尽量缩短微课的时间。

(五) 微课制作常用的方法

1. 录播室录制法

内部培训师通过录播室录制微课需要的工具与软件包括多机位摄像机、黑板（电子白板）、粉笔（白板笔）、其他的培训演示工具等。

录播室录制法的过程如下：

（1）内部培训师针对微课的主题，进行详细的微课设计，形成微课设计文本；

（2）内部培训师利用黑板（电子白板）开展培训活动，摄像师利用多机位摄像机将整个培训过程拍摄下来；

（3）内部培训师对视频进行后期编辑和美化。

内部培训师通过录播室录制微课，可以录制完整的培训画面和过程。内部培训师按照日常的培训方式授课即可，无须改变习惯，且黑板（电子白板）上的内容与内部培训师的个人画面可以同步。该方法对录播环境的要求较高，需要有专业的录播场所，所需设备的造价也比较高。此外，该方法需要多人合力才能完成微课视频的拍摄和后期制作工作，所以效率比较低。

2. 便携录像工具拍摄法

内部培训师可以使用便携录像工具并结合纸笔工具，对演算、书写的教学过程进行录制。该方法所需的工具包括智能手机（或相机、DV 等）、白纸、不同颜色的笔等。

便携录像工具拍摄法的过程如下：

（1）内部培训师针对微课的主题，进行详细的微课设计，形成微课设计文本。

（2）内部培训师用笔在白纸上展现出教学过程，可以进行画图、书写、标记，并在他人的帮助下用智能手机（或相机、DV 等）将教学过程拍摄下来。在拍摄过程中，内部培训师应做到演算过程逻辑性强，讲授及解答明了易懂；拍摄人员应尽量保证声音清晰、画面稳定。

（3）内部培训师在后期对视频进行必要的编辑和美化。

便携录像工具拍摄法的优势是便携录像工具随手可得，但存在录制效果粗糙、声音和画面的效果较差、视频只能表现手写内容等不足之处。

3. 屏幕录制法

屏幕录制法需要的工具与软件包括电脑、耳麦（附带话筒）、喀秋莎录屏软件（Camtasia Studio）和 PPT 软件等。

屏幕录制法的过程如下：

（1）内部培训师针对微课的主题，收集培训材料和媒体素材，制作 PPT 课件。

（2）内部培训师在电脑屏幕上同时打开 Camtasia Studio 录屏软件、授课 PPT，带好耳麦，调整好话筒的位置和音量，并调整好 PPT 界面和录屏界面的位置，单击"录制"按钮后开始录制。内部培训师一边演示一边讲解，可以配合标记工具或其他多媒体软件及素材。

（3）内部培训师对录制的屏幕视频进行必要的处理和美化。

屏幕录制法快捷方便，内部培训师在个人电脑上即可实现。但录屏软件的应用较复杂，内部培训师的学习成本比较高。

4. 动画制作法

动画制作法主要是指内部培训师利用动画制作软件制作微课。该方法需要的工具与软件包括电脑及动画制作软件。

动画制作法的过程如下：

（1）内部培训师针对所选的微课的主题，进行动画脚本设计，形成剧本文档。

（2）内部培训师按照动画制作软件的提示，通过简单的拖、拉、拽即可快速制作情境动画。

动画制作法的优势在于动画形象生动、多样有趣，比较受培训对象的欢迎。但是，动画制作软件比较复杂、专业，内部培训师的学习成本较高。

七、内部培训师的授课技巧

企业的内部培训师一般包括企业各部门的管理者和资深、优秀的员工，尽管他们掌握了各自部门或工作岗位的专业知识和专业技能，但是未必具备专业的授课技巧。基于此，培训管理者有必要对内部培训师开展授课技巧的培训。内部培训师的授课技巧主要包括开场技巧、控场技巧和结尾技巧三个方面。

（一）开场技巧

开场的好坏往往会影响整个培训课程的成败。内部培训师一段好的开场白能起到拉近距离、建立信任、创造氛围、激发兴趣、稳定情绪、讲明目的、唤起求知欲、激发思考等作用。

内部培训师应结合培训对象的特点、培训内容和个人风格特色等设计开场白。开场白的方法非常多，只要运用得当，都能发挥很好的作用。具体的内部培训师开场白的方法和应用要点参见表3-28。

表3-28 内部培训师开场白的方法和应用要点

开场白的方法	应用要点
赞美法	1. 内部培训师赞美培训对象必须真诚、真实 2. 内部培训师可以借助当地的风土人情、历史或人物来间接赞美培训对象 3. 培训师不要用负面的、有争议的信息作为赞美的素材

续表

开场白的方法	应用要点
提问法	1. 提问法较多地被应用于理论知识的培训，它可以激发培训对象的好奇心 2. 内部培训师提出的问题必须与培训主题相关 3. 内部培训师提出的问题要有趣，不要难度太大
故事法	1. 内部培训师讲的故事要与培训主题相关 2. 内部培训师要避免讲那些耳熟能详、没有任何新意的故事 3. 内部培训师在讲自己的故事，分享自己成功的经历时也不能忽略失败的经验 4. 内部培训师讲他人的故事时要真实，要经得起推敲
数据法	1. 内部培训师讲专业技术、产品知识、行业趋势等内容时，较多使用数据法开场 2. 内部培训师引用的数据一定要真实、有效 3. 内部培训师引用的数据最好具有震撼力，借此引发培训对象对培训主题的关注
引用法	1. 内部培训师可以通过引用权威人士的言论、理论等来开场，帮助自己树立威信 2. 内部培训师选择的权威人士最好不要有争议，以免给培训带来阻力 3. 内部培训师引用的言论或理论要确保真实、没有漏洞和争议
幽默法	1. 幽默不是滑稽，幽默不是低俗笑话，内部培训师应用幽默法开场时要注意适度 2. 幽默法需与内部培训师的个性相符，要求内部培训师具有较强的驾驭能力，否则会弄巧成拙 3. 内部培训师在应用幽默法开场，营造愉快、轻松的培训气氛的同时要让培训对象有所思考
游戏法	1. 内部培训师应根据培训主题精心设计游戏，熟悉游戏的流程，准备好游戏的道具 2. 内部培训师选择游戏要考虑培训对象的年龄、工作岗位等特点 3. 游戏要有新意 4. 内部培训师应用游戏法开场的时间不要过长，否则会冲淡培训主题
创意法	1. 内部培训师可以借助音乐、舞蹈和视频等形式开场 2. 内部培训师选择的形式和素材一定要符合培训主题和培训对象的特点

内部培训师除要了解开场白的方法以外，还要了解开场白的禁忌。了解开场白的禁忌可以帮助内部培训师规避开场时容易出现的错误。开场白的禁忌主要包括以下七个方面：

1. 不要直奔主题

培训开始阶段，培训对象的注意力和思维可能还没有完全转到内部培训师的身上或培训中来，而这时如果内部培训师在开场时就直奔主题，那么培训效果会受到一定的影响。企业的员工培训和学校教育不一样，在校学生习惯并适应了每天的教室学习，他们的思维习惯是进入教室就意味着即将开始学习，并且其学习内容是系统、连贯的，所以学校老师不需要太多的开场白，有时直奔主题也是有效的。但是，企业的员工培训的对象是成年人，他们已离开校园多年，集中注意力是需要时间的，因此，内部培训师要通过开场白给培训对象适应和过渡的时间。

2. 不要没完没了

与"直奔主题"相反，内部培训师容易犯的另一个错误是开场白没完没了。这样做的原因有以下两个方面：一是性格的原因，有些内部培训师的表现欲很强，或者喜欢讲笑话，或者喜欢分享自己的成功故事，有时会忘了进入培训主题；二是内部培训师准备得不充分，培训内容不够丰富，过长的开场白是为了凑够课时。开场白就是开场白，培训师应该分清主次，不要舍本逐末。

3．不要反复强调培训主题和培训的重要性

反复强调培训主题和培训的重要性是内部培训师在开场白中易犯的错误之一。内部培训师的本意是希望通过强调培训主题和培训的重要性，制造一个"师出有名"的感觉，引起培训对象的重视和配合。适当的强调是应该的，也是必须的，但如果内部培训师反复强调这两点就会过犹不及：一方面，培训对象可能因为内部培训师的过度强调反而对培训失去了兴趣；另一方面，反复强调培训主题和培训的重要性也是内部培训师不自信的一种表现。

4．不要示弱

示弱是内部培训师的开场白禁忌之一。首先，内部培训师要相信自己在所讲授课程领域的专业性和权威性，正是因为这个原因，内部培训师才有资格站在讲台上。如果内部培训师在开场白时在培训对象的面前示弱，就会让培训对象对其产生怀疑，再好的培训内容都无法正常地传递和沟通，内部培训师还可能会受到培训对象的质疑和挑衅。其次，内部培训师不要过分地谦虚。谦虚既是一种心态和胸怀，也是一种美德。但是，谦虚并不是否定自己。内部培训师应遵循"如果自己没有把握就不要讲"的原则来选择培训内容。

5．不要找借口

内部培训师在讲开场白的时候常犯的一个错误就是找借口。内部培训师尤其不应为自己没有提前了解培训对象的特点，没有做充分的准备找借口。比如，"我今天讲的内容专业性比较强，更适合经验丰富的管理人员，对在座的新晋管理人员可能有一定的难度""我最近一直在忙新产品研发的工作，所以没有时间认真准备此次培训，还望大家理解"。内部培训师找借口实际上是为可能不理想的培训效果做铺垫，这样会给培训对象带来内部培训师不可靠、不可信、不能承担责任的感觉。

6．不要过度吹嘘自己

有些内部培训师为了树立自己的权威，在培训开场时大肆吹嘘自己的成功经历、骄人业绩、行业地位，或者炫耀自己为哪些知名企业做过员工培训，培训取得了多么好的效果。内部培训师为了让培训对象了解自己，拉进和培训对象的距离，树立专业威信，介绍个人的经历和成绩是必要的。但是，如果内部培训师的自我介绍是夸大的，甚至是虚假的，就会大大影响培训对象对其印象。

7．不要乞求掌声

内部培训师不是娱乐明星，在开场时最好不要说诸如"掌声在哪里"之类的话。

内部培训师的本意是活跃现场气氛，但有可能变成哗众取宠，有损自己的专业形象。

(二) 结尾技巧

除开场的方式外，内部培训师也要精心设计培训结尾的方式，切忌虎头蛇尾。有效的结尾可以达到让培训对象印象深刻、意犹未尽、发人深省的效果。常见的结尾方式有以下五种：

1. 总结提炼法

培训即将结束的时候，内部培训师一般会总结、提炼前面所讲的内容，强化重点，或者补充一下重要的但是前面没有涉及的内容，将所讲的内容前后连接成一个整体，然后有效地结束此次培训。总结提炼法是内部培训师应用最多的一种结尾方式。

2. 问题或故事法

内部培训师通过发人深省的问题或故事，让培训对象感到意犹未尽。内部培训师在培训的最后设计一个值得深思的问题或讲述一个发人深省的故事，以此与培训主题相呼应，常常能起到很好的效果。问题和故事带给培训对象的印象常常比简单的叙述更深刻。

3. 下期预告法

本次的培训课程即将结束时，内部培训师可以预告一下后续的培训内容或培训师，以此引起培训对象对接下来的培训的期待，吸引培训对象积极参加后续的培训。该方法适用于系列培训课程。

4. 诗文或口号法

内部培训师可以使用感人的诗文、高亢的口号作为培训的结尾。内部培训师通过诗文来结尾，让培训对象感到意犹未尽。内部培训师通过慷慨激昂的口号来结尾，目的是激起培训对象情绪的波动和行动的愿望，带给培训对象一种蓬勃向上的精神。内部培训师也可以通过诗文或口号带领培训对象展望未来，产生强烈的情感共鸣。

5. 感谢祝福法

内部培训师在培训结束时通过真诚的感谢和祝福可以打动培训对象的心，让培训对象带着美好的希望走出培训教室。为了避免这种方式落入俗套，缺乏新意，培训师的感谢和祝福必须诚恳、发自内心，这样才能达到好的效果。

(三) 控场技巧

控场是指内部培训师对培训现场的控制，包括对个人状态、突发事件、现场气氛和不同类型培训对象的应对。内部培训师控场的目的是妥善处理并解决培训现场出现的问题，保障精心准备的培训内容和培训策略能够有效实施，以便达到理想的培训效果。控场既是一门艺术，也是一种能力。内部培训师有必要掌握一些控场技巧以应对培训现场可能出现的问题。

1. 内部培训师忘记培训内容

内部培训师由于紧张忘记培训内容是一种正常的现象。为了避免出现这种情况，在培训前，内部培训师可以做超量准备，也就是说准备超出培训时间的培训内容。如果内部培训师没有进行充分的准备，忘记培训内容时不要慌张，可以边讲边想，或者使用过渡语言、重复刚刚讲过的话等帮助自己回忆培训内容。如果采用了前述的方法内部培训师依然想不起培训内容，那么内部培训师应该继续下边的培训环节，而不要在这个培训内容上停顿太久，也千万不要说"对不起，我太紧张了"等之类的话。内部培训师在培训过程中可以通过保持自然的肢体动作和深呼吸来缓解自己的紧张情绪。此外，内部培训师回忆起忘记的培训内容后，可以在课中小结部分补充这部分内容。

2. 内部培训师讲错培训内容

内部培训师在培训过程中可能由于口误或认知错误而讲错某个培训内容。如果不是关键信息，那么内部培训师应保持镇定自若，巧妙更正即可，培训对象会对此表示理解。如果是关键信息，内部培训师发现自己的错误后，一定要主动地承认自己的失误，向培训对象作出必要的解释，并更正信息，以防误导培训对象。内部培训师实事求是的态度是一种难能可贵的品质，不愿承认错误或者不断地为自己辩解往往会适得其反，让培训对象对内部培训师的人品和专业性都产生怀疑。

3. 内部培训师面对无法回答的问题

如果内部培训师遇到自己一时无法回答的问题时，首先可以让培训对象重复一遍问题，内部培训师可以借此机会认真地分析问题，并确认该问题是否属于培训内容的范畴。如果培训对象的问题与培训主题无关，那么内部培训师可以承认这不在自己的专业范围内。如果培训对象的问题属于培训内容的范畴，内部培训师一时无法回答，可以引导其他培训对象一起来思考或研讨这个问题。集体参与可以为内部培训师赢得思考的时间，集思广益也可以帮助内部培训师找到最佳答案。如果课堂时间有限，那么内部培训师也可以回复提问的培训对象自己将在课后给予回答。内部培训师要避免在无法回答的问题上花费太多时间。当然，内部培训师更不应该为了快速给予回答而不懂装懂、胡乱回答。

4. 内部培训师无法掌控时间

内部培训师无法很好地掌控时间分为两种情况：一种是时间不够，培训即将结束，内部培训师发现自己还有很多的培训内容没有讲，这时内部培训师不要追求面面俱到，应该挑重点来讲。内部培训师最好在规定的时间内完成培训，不要拖延课堂时间。另一种是时间充裕，但是培训内容准备得不足。这时内部培训师可以设置问题引导培训对象进行讨论，或者将剩余的时间安排为答疑时间，与培训对象进行互动交流。

5. 培训对象出勤率不足或中途离开

内部培训师发现培训对象的出勤率与培训计划的差距很大时，应该及时了解出勤率不足的原因。如果因为培训时间与培训对象的工作相冲突，那么内部培训师可以与培训管理者进行沟通，根据实际情况决定是否推迟培训。在不能推迟培训的情况下，内部培训师可以根据培训对象的人数随机调整培训方法，减少培训内容的讲授，增加互动环节，提升培训效果。

内部培训师遇到培训过程中有培训对象离开的情况时，应该尽早控制局面，比如强调培训纪律或者休息几分钟，了解培训对象离开的原因。培训对象中途离开，如果不是因为要忙于其他的工作，那么最主要的原因就是对培训内容失去了兴趣。此时，内部培训师应该及时调整培训内容和培训方法。需要注意的是，内部培训师面对这种状况时一定要镇定自若，即使心中不安或失望都不要表现出来。

6. 培训课堂纪律混乱

内部培训师可以在培训前明确培训课堂的纪律，比如培训对象不能随便走动，不能在教室内接打电话，不能扰乱课堂秩序等。内部培训师遇到培训课堂混乱的情况，应寻找原因或判断造成混乱的原因。内部培训师可以通过沉默达到以静制动的效果；也可以提高音量，放慢语速，用眼神示意扰乱课堂秩序的培训对象，提醒其注意；还可以通过提问的方式，集中培训对象的注意力。

7. 培训课堂气氛沉闷

内部培训师解决课堂气氛沉闷的有效方式包括应用多种多样的培训方法和增加互动环节，调动培训对象参与培训的积极性。比如，内部培训师可以让培训对象分享个人的工作经验；也可以划分团队，通过团队竞争来激发培训对象的活力与热情；还可以让培训对象边做边学，参与到培训的实践环节中。内部培训师在调动培训对象的热情与活力的同时也要调整自己的状态，首先要做到有激情、有感染力，才能进一步调动培训对象的热情与活力。

(四) 内部培训师的培训禁忌

企业员工培训的重要性决定了内部培训师的重要性。内部培训师的水平会直接影响培训对象的接受程度和培训效果。精彩的培训，内部培训师功不可没；糟糕的培训，内部培训师也有不可推卸的责任。内部培训师应了解培训基本的、原则性的要求，避免触碰培训禁忌，保障培训效果。

1. 内容禁忌

(1) 忌高深莫测。

有的内部培训师故意将培训内容讲得很高深，似乎这样才能体现出自己的水平，而对于很多培训对象来说这等于在"听天书"，华而不实。培训对象听不懂，觉得望而生畏，学习积极性受到打击，培训效果自然难以保障。

(2) 忌照本宣科。

培训教材只是培训中的参考资料。在培训中，内部培训师照本宣科、平铺直述，中心不突出、目地不明确、脱离实际地讲完培训内容并没有多大的实际意义。培训的关键是讲解，通过内部培训师的"讲"，达到培训对象的"解"，培训对象听懂、理解才是目的。

(3) 忌离题太远。

有的内部培训师总是不自觉地按自己的思路任意发挥甚至有可能离题万里，培训主题被冲淡或被忽略。内部培训师应围绕培训主题进行发挥，让培训对象牢牢地把握培训要点。

2. 方法禁忌

(1) 忌满堂灌。

有的内部培训师在培训的全程一讲到底，不给培训对象思考、讨论和交流的时间，培训对象的脑子装不下，本子记不完。内部培训师的培训方法单一且枯燥无趣，自己讲得累，培训对象听得更累，培训效果自然不理想。

(2) 忌游戏贯穿始终。

内部培训师在培训中合理地穿插游戏，可以提高培训对象的参与度，调动培训现场的气氛，达到寓教于乐的效果。但是，内部培训师应用游戏法要适度，员工培训的大忌是游戏贯穿始终，员工参加培训的目的是期待获得有效的解决问题的方法或提升个人的某种技能，而不是通过培训获得单纯的放松娱乐或快乐体验。

(3) 忌用故事和笑话撑场。

有的内部培训师喜欢讲故事和笑话，虽然课堂热闹，培训对象的笑声不断，但却忽略了培训内容的重点，未免喧宾夺主。内部培训师活跃课堂气氛是为了使培训对象集中注意力，提高学习兴趣，因此内部培训师所讲的故事和笑话要适量，要与培训课程的内容有关，低级趣味的故事和笑话不宜搬到培训课堂上来。

3. 语言禁忌

(1) 忌不当言论。

内部培训师的培训主题、培训内容要力求专业、严谨，除此以外，内部培训师在授课中的言论观点也要谨慎、恰当。内部培训师既不要讲没有科学依据的话，也不要讲损害他人情感的话。

(2) 忌口头禅。

内部培训师除了应当用流利的普通话讲课以外，还应尽量避免使用口头禅或过多地使用语气词，如"是不是""然后""你们了解吧""呢""啦""吧""啊"等。内部培训师在培训的过程中频繁使用这些口头禅会让培训对象感到听觉疲劳，大大降低了培训效果。

（3）忌一味煽情。

内部培训师可以通过精彩的讲解来感染培训对象、打动培训对象，但切勿为了做到这一点而一味煽情。比如，有些内部培训师借助感人的背景音乐，采用煽情的演讲方式，把培训对象弄得一把鼻涕一把眼泪。类似这样的煽情内部培训师不可运用过多。内部培训师与培训对象互动的目的是为培训内容服务的，因此内部培训师不可一味煽情，否则就是哗众取宠了。

4．态度禁忌

（1）忌讨好培训对象。

培训不是为了让培训对象开心，而是为了让培训对象有所收获。内部培训师不是为了让培训对象喜欢，而是为了"传道、授业、解惑"。所以，内部培训师应牢记自己的使命，不要忘记根本。为了获得培训对象的好感，不客观、不公正、不严格，这绝对不是一名专业的内部培训师的素养。

（2）忌居高临下。

有些内部培训师对个人的专业性和权威性无比自信，喜欢用居高临下的态度对待培训对象，这在员工培训中是行不通的。培训对象有自己的经历和感受，不喜欢被说教，不希望被灌输，他们喜欢接受平等的、相互交流式的培训方式。

（3）忌当众批评。

员工培训的对象不同于在校学生，他们的生活阅历、社会地位和个性特征都有很大的区别，加之成年人的自尊心都很强，所以，内部培训师不宜当众提出批评，否则容易造成尴尬局面，使培训对象产生抵触情绪和逆反心理。

5．仪容仪表禁忌

（1）忌服装不得体。

内部培训师的衣着和饰物是"为人师表"的一种重要体现。男性培训师不可以不系上衣扣、领带歪斜、皮鞋脏兮兮的；女性培训师的饰物不宜过多、过大或者过艳，以淡妆为宜。内部培训师的服装要求稳重简洁、儒雅得体、恰到好处。

（2）忌肢体动作不当。

肢体动作是内部培训师培训时的一种重要的辅助语言。但肢体语言不可以太夸张，也不可以太随意。比如，内部培训师在讲课时两手插兜、倒背两手、两手交叉抱臂、两手叉腰或者用手指指向某位培训对象等，这些都是不当肢体动作的表现。

6．时间禁忌

善于掌控时间是一名优秀的内部培训师的必备技能之一。在有限的课时里，内部培训师必须严格掌握自我介绍、课程导入、内容展开、问题讨论和课程结尾等各环节的时间，不可以在某个自己感兴趣的环节上任意发挥，造成课时的拖延；或者挤掉课间休息时间，造成培训对象听课后非常疲惫，给下节课的内部培训师造成不便。严重时这样会打乱整体培训计划，造成整个培训环节的失调。

八、外部培训师的分类

当企业内部没有合适的培训师人选时，培训管理者就会选择外部培训师帮助企业完成员工培训任务。培训管理者有必要对外部培训师进行分类，明确每种类型培训师的特点，以便更好地选择外部培训师。

（一）学院派培训师和实战派培训师

根据培训师的来源背景，外部培训师可以分为学院派培训师和实战派培训师。

1. 学院派培训师

学院派培训师是指具备系统的理论知识，但缺乏实战经验的培训师。学院派培训师拥有扎实的专业知识功底，从属于各大高校或研究院所。他们的授课经验丰富，但由于职业的原因，更多侧重于理论研究。大多数学院派培训师没有企业实战经验，在钻研专业理论的同时往往忽视了与企业的实际相结合。因此，学院派培训师给企业带来的大多为理论上的收获，他们的实战经验还有待加强。对于那些希望通过员工培训来解决实际问题的企业而言，学院派培训师可能不太适用。

2. 实战派培训师

实战派培训师是指具备企业实战经验的培训师。实战派培训师在企业担任过或正在担任管理职务，他们的实践经历丰富，了解企业工作的要点和员工培训的需求，善于解决企业或部门存在的实际问题，是目前最受欢迎的一类培训师。实战派培训师可能存在的不足是缺乏系统的理论知识，导致培训内容片面、零散；缺乏高超的授课技巧，不能将好的培训内容有效地传递给培训对象。

（二）兼职培训师和专职培训师

根据培训师的工作性质划分，外部培训师可以分为兼职培训师和专职培训师。

1. 兼职培训师

兼职培训师是指不以培训为本职工作的培训师。兼职培训师一般在企业担任高层管理者或在高校任教，他们通常利用自己工作之余的时间为企业提供培训。兼职培训师往往在主要工作岗位上取得了较大的成绩或积累了丰富的经验，基于工作需要或个人兴趣兼职做培训工作，所传授的知识技能是真正对员工的工作有帮助的，因此兼职培训师很受企业的欢迎。兼职培训师在现有培训师行业中占有相当大的比例。但是，兼职培训师一般没有接受过专业的培训师培训，可能缺乏一定的授课技巧，有些知识技能不能很好地分享给培训对象，这是兼职培训师的软肋。

2. 专职培训师

专职培训师是指以培训为本职工作的培训师。专职培训师一般具有企业管理岗位的工作经验，由于乐于分享，他们逐渐走上培训师的岗位，随着影响力的提高，从兼职培训师发展成专职培训师，或者成立自己的培训公司。这类培训师很受企业的青睐，他们既有丰富的实战经验，也有娴熟的授课技巧。他们转变为专职培训师后会把更多的时间和精力放在授课方面，而不是企业的实际经营管理上，所以他们以前的经验可能会慢慢地被淘汰。

(三) 其他分类

知识经验、培训技能和个人魅力是决定培训师水平高低的三个因素。根据这三个因素，外部培训师可以分为卓越型培训师、专业型培训师、演讲型培训师、讲师型培训师、技巧型培训师、肤浅型培训师、敏感型培训师和弱型培训师。

知识经验、培训技能和个人魅力从不同的角度对外部培训师提出了要求。外部培训师只有在自己擅长的专业领域中具备丰富的理论知识与实践经验，才能传道、授业、解惑。行之有效的培训方法和培训技巧是提高培训效率的有效途径，外部培训师不仅要知道"教什么"，而且还要知道"怎么教"。外部培训师的人格魅力是其综合素质的集中体现，他们的道德观、行为规范、个人修养、兴趣和礼仪等都将在培训过程中一览无遗，外部培训师的人格魅力是决定其在事业上能否取得成功的关键因素。

根据知识经验、培训技能和个人魅力这三个因素，外部培训师可以分为八种类型（参见表 3-29）。

表 3-29 外部培训师的八种类型

知识经验	培训技能	个人魅力	类型	培训效果
丰富	熟练	富有	卓越型	培训效果极佳
		欠缺	专业型	培训效果较好
	不足	富有	演讲型	口若悬河，妙趣横生，善于营造现场气氛，但培训效果欠佳
		欠缺	讲师型	培训方法单一，培训内容枯燥，常常使培训对象处于睡眠状态，对于培训内容前听后忘，培训效果欠佳
缺乏	熟练	富有	技巧型	培训对象培训现场的感觉不错，但实际的培训效果不一定好
		欠缺	肤浅型	培训流于形式，不能达到培训的既定目的
	不足	富有	敏感型	在培训中不断地提问，让培训对象回答但又不做任何指导，培训对象会不知所措，培训效果很不理想
		欠缺	弱型	培训对象浪费时间、精力，培训效果极差

培训管理者在聘请外部培训师时最好聘请卓越型培训师，如果聘请不到也可以聘

请专业型培训师、演讲型培训师和技巧型培训师。培训管理者要防止聘请肤浅型培训师、讲师型培训师和敏感型培训师，千万不要聘请弱型培训师。

九、外部培训师的选择

（一）外部培训师的选择依据

1. 培训管理者应明确企业的培训需求，确定合适的外部培训师

培训需求分析是培训管理者选择外部培训师的重要依据，培训管理者应根据企业的培训需求选择外部培训师。在现实的工作情境中，有些培训管理者本末倒置，因为熟悉某位外部培训师，就根据该外部培训师擅长的领域为本企业的员工安排培训课程。培训不是员工需要的，针对性不强，其培训效果自然不理想。培训管理者应调查、分析员工的知识、技能存在哪些方面的欠缺，确定培训方向，再选择能够胜任的外部培训师。如若不然，哪怕外部培训师讲得再精彩，最终也达不到预期的培训效果。培训管理者要想保障培训效果，就一定要根据企业的培训需求选择相应的外部培训师来授课。

2. 培训管理者应根据企业的培训目的选择外部培训师

员工培训的目的主要是帮助员工增加知识、提高技能和改变态度。如果培训管理者想通过员工培训丰富企业管理者的管理方法和提高其管理意识，可以选择来自高校的学院派培训师，他们掌握了前沿的理论动态、科学的管理方法，能从理论方面给管理者以指导，帮助管理者选择更适合企业经营发展的管理理论和管理方法。如果企业要对一线员工进行操作技能培训，培训管理者最好选择有长期一线工作经验与管理经验的实战派培训师，他们更了解实际的工作情况，明白具体的工作流程，并且能够清晰地指出操作中的注意事项、容易出现的失误和事故易发生的环节。这类实战派培训师在该培训领域内能为企业带来较好的培训效果。

3. 培训管理者可以根据培训对象确定外部培训师的层次

培训管理者要掌握培训对象的详细信息，包括培训对象是基层员工还是中高层管理者，是新入职的员工还是企业的在职员工，培训对象的年龄层次和受教育程度等。培训管理者只有清楚这些信息才能有针对性地聘请外部培训师。如果培训对象是基层员工，培训管理者聘请专业领域前沿的专家，最后的结果可能是培训对象因知识储备不足、文化素养不够而不能完全理解外部培训师所传授的理念，培训的效果自然不会令人满意。如果培训对象是企业的高层管理者，培训管理者聘请管理经验不太丰富、比较年轻的外部培训师也不合适，这样的外部培训师不会让培训对象信服，缺少权威性。所以，培训管理者在确定外部培训师之前必须要掌握培训对象的基本情况。

4. 培训管理者应该以培训内容作为选择外部培训师的基本原则

培训管理者针对培训内容选择外部培训师，这是毋庸置疑的。这就要求培训管理

者要了解外部培训师的专业领域和授课范围。每位外部培训师都有自己擅长的课程，如果员工培训的内容是某位外部培训师授课范围内，那么培训管理者一定要弄清楚该课程是否是其擅长的培训。因为外部培训师在擅长的课程上往往培训效果不错，但在辅助课程上却未必能把握到位。针对什么培训内容都能讲的"万金油"类型的外部培训师，培训管理者要格外谨慎，虽然他们什么都能讲，但可能什么都不够专业。

5. 培训管理者应根据培训经费来选择合适的外部培训师

量入而出，这是企业聘请外部培训师最起码的原则。不同来源渠道、讲授不同课程的外部培训师的讲课费用是不一样的。如果企业给中高层管理者开展培训，那么培训管理者就要申请足够的经费，以便聘请高层次的外部培训师。企业给基层员工开展培训，那么培训经费可能会少一些。培训管理者在选择外部培训师时要把握一个原则，即用适当的培训经费聘请合适的外部培训师，而不是一定要聘请最优秀、讲课费用最高的外部培训师。

(二) 外部培训师的选择流程

外部培训师的选择包括分析简历、观摩培训、面谈、调查客户评价、审核培训计划和签订培训合同六个环节。

1. 分析简历

通过简历，培训管理者可以知道外部培训师接受过什么教育、具有什么经验、从事过什么工作和承担过什么培训。外部培训师最好有本行业的实践经验或类似企业的工作背景。如果一位外部培训师一直是做电器产品销售的，那么很难想象他如何给快速消费品行业的销售人员讲课。培训管理者不要过于迷信外部培训师的学历或者社会地位，因为有些外部培训师会通过夸大这些信息来达到包装自己的目的。培训管理者要进一步考查外部培训师是否有真才实学。

2. 观摩培训

培训管理者要创造条件观摩外部培训师的培训，观摩的时间最好是2～3个小时，以保证对相对完整的培训过程有所了解。如果培训管理者没有条件进行现场观摩，可以让外部培训师提供授课视频，以便了解外部培训师在培训现场的授课技巧等。

3. 面谈

培训管理者可以提出一些企业现存的问题看看外部培训师如何应对。好的外部培训师能注意倾听培训管理者的问题，有较好的分析能力，能提出适合企业需求的建议，是企业的顾问。水平差的外部培训师更倾向于推销自己现有的培训课程，而不能为企业量身定制培训方案。

4. 调查客户评价

培训管理者可以通过多种途径尽可能获得外部培训师的客户信息，从客户处了解他们对该外部培训师的评价。

5. 审核培训计划

在时间允许且外部培训师有意愿的情况下，培训管理者可以邀请外部培训师到本企业进行实地考察，为企业进行简单的诊断，拿出初步的培训计划。从培训计划中，培训管理者可以了解外部培训师是否熟悉培训，是否掌握培训技能，是否善于通过培训达到组织目标。如果外部培训师在这些方面都表现得不错，则该外部培训师在能力上应该是合格的，可以考虑与其签订培训合同。

6. 签订培训合同

培训管理者在确定外部培训师符合企业的需求后，应考虑与其签订培训合同。培训合同的内容一般包括培训师的姓名、培训项目的名称、培训内容、培训时间、培训形式、培训地点、培训费用、双方的责任和义务以及违约责任等（参见工具模板3-2）。

工具模板3-2

培训合同

甲方：××××有限公司　　　　　　乙方：×××培训师

联系方式：_____　　　　联系方式：_____

一、培训项目

××××有限公司2021年度中层管理人员管理技能培训项目。

二、培训内容（略）

三、培训时间及学时

_____年____月____日至_____年____月____日，共____学时。

四、培训形式

培训形式为面授。

五、培训地点

培训地点在甲方的总部，由甲方具体安排。

六、甲方的责任和义务

1. 向乙方提出明确的培训要求，并提供培训实施所需的条件和材料。

2. 按要求向乙方支付培训费，因培训所发生的交通、食宿等费用由甲方承担。

3. 负责对公司内部参训人员进行组织协调，保证培训的正常实施。

七、乙方的责任和义务

1. 接受甲方的委托，按要求为甲方进行培训方案设计，并提供相应的教材、培训考核试题等。

2. 按时实施培训，并达到培训效果。

3. 遵守职业道德，保守甲方的商业秘密。

八、费用及结算方式

培训费用按课时计算，每课时为 _____ 元，共计 _____ 元（大写 _____ 元），其中不含交通食宿费用。费用结算方式为分期支付，授课前支付50%，授课后支付50%。

九、违约责任及处理方式

违约责任由违约方承担，双方本着友好协商的原则解决出现的问题，协商不成可通过法律诉讼的方式解决。

十、附则

1. 合同一式两份，甲、乙双方各执一份。

2. 本合同自双方签字之日起生效。

甲方：_____   乙方：_____

签字：_____   签字：_____

日期：_____   日期：_____

案例 3-8　宝洁公司"纯血统"的内部培训师队伍建设

宝洁公司的培训体系被称为是世界上最完备的培训体系之一。宝洁公司"纯血统"的内部培训师队伍是其培训体系的一大特色。宝洁公司从来不用外部培训师，所有的培训课程都由内部培训师负责。

宝洁公司的内部培训师没有课酬，但报名人数却很多，主要原因是该公司对员工的绩效考核有50%的分数赋予培训等组织贡献评估。此外，优秀的内部培训师是未来高级管理者的替补成员。

宝洁公司虽然严守内部培训师制度，但并没有闭关自守。如果外部有好的课程，宝洁公司会派内部培训师去参加，然后转化为公司内部的课程。因此，内部培训师的课程设计和课程开发能力要非常高，只有这样才能完成知识引入和内化的重任。

1. 以课程为核心的培训师认证培养流程

宝洁公司内部培训师的认证以"课程"为单位，而不是以"人"为单位，每门课程同时有几名认证培训师，其中一名为首席培训师。如果某门课程的内部培训师要讲授新的课程,那么他必须经过新的认证程序,通过后才能讲授,以保证课程的质量。宝洁公司以课程为核心建立内部培训师队伍是其培训体系的精髓。

宝洁公司的人力资源部会预测某门课程的培训师需求量,如果发现该课程培训师的数量不足,就会启动该课程培训师的认证培养流程(如图3-3所示)。

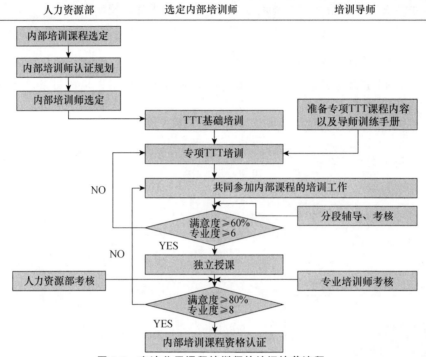

图3-3 宝洁公司课程培训师的认证培养流程

2. 不断更新的课程体系

宝洁公司非常重视课程的实用性和时效性。该公司有条不成文的规矩:内部培训师每讲一次课,课件内容就要有10%的更新。这也是宝洁公司"课程比培训师重要"理念的体现。

跟外部专职培训师相比,宝洁公司的内部培训师的口才和台风不一定是最好的,但是宝洁公司的内部培训师一定是最注重课程研发的。宝洁公司不需要培养一群口齿伶俐的演说家,需要的是一群善于进行知识管理,善于进行课程研发,善于向培训对象传播最实用知识的内部培训师。

在宝洁公司,课程更新的途径主要有:各大区与总部定期进行交流、宝洁公司的分公司之间相互交流、内部培训师的更新带来的课程内容的更新、引进外部课程、宝洁公司的员工将自己的知识和技能转化为标准化的课件。

宝洁公司的案例告诉我们"每一个管理者都是培训师"不是口号,而是实实在在的成功实践,并且可以成为企业的核心竞争力。

案例 3-9　SMG 广宣慎选的内训师选拔模式

SMG 的全称是上海文化广播影视集团有限公司，拥有 1.5 万名员工。SMG 重视内训师的质量，建立了广宣慎选的内训师选拔模式。

为了能从广大员工和管理者里挑选出合格适用的内训师，SMG 在内训师招募前通过多种渠道进行造势和宣传，以保证招募信息能最大限度地被员工和管理者所知晓。

SMG 内训师的选拔过程复杂而严谨，包括以下九个环节：

（1）简历筛选。申请人必须为拥有 10 年以上专业岗位工作经验的业务骨干，并获得所在单位（部门或子公司）和直接上级的支持，这样才能通过简历筛选这一关。

（2）在线测试。申请人在线完成内在工作驱动力和行为风格的测试。

（3）微课制作。申请人学习并制作微课，微课达到 80 分的申请人成为内训师候选人。

（4）面试。面试团队从四个维度来考查内训师候选人，即企业文化理解程度、内训师工作理解程度、专业能力以及个人展示能力。

（5）确认。面试后，集团人力资源部会发送电子邮件给各部门的主管或各子公司的人力资源主管，得到确认后，通过面试的内训师候选人将成为内训师学员。

（6）选择课程方向。SMG 的培训管理者会结合内训师学员的经历、微课的方向及公司发展目标，帮助内训师学员选择课程开发与讲授方向。

（7）参与培训。SMG 为内训师学员提供 TTT 培训，具体内容根据内训师学员的整体情况来确定。

（8）课程认证。内训师学员开发并讲授课程，课程评价团队根据课程逻辑架构、内训师学员的现场表现等决定课程是否通过认证。课程获得认证的内训师学员被聘为内训师，聘期为 1 年。

（9）授证。SMG 内训师选拔遵循优中选优的原则。以 2018 年为例，公司共收到内训师申请 60 份，参与面试 38 人，通过面试 26 人，获得认证 14 人，淘汰率接近 80%。

案例 3-10　LD 集团用微课开展技术人员培训[①]

LD 集团是一家生产楼宇火灾报警系统的中外合资企业。近年来，该公司调整市场战略，大力开发三四线城市的业务。在这种背景下，LD 集团急需帮助新员工快速成

---

① 石李丽.微课学习在企业培训中的应用研究——以 LD 集团微课学习为例[D].首都经贸大学,20016,有删改.

长，独立开展工作。

LD集团的培训部于2017年1月开展了驻三四线城市机构的培训需求调查，结果表明：100%的员工认为应该加大培训力度，尤其应加强技术人员的培训；每年一次的大型培训和技术文件的发放满足不了员工技能提高的需要，新产品知识、新技术需及时更新；64%的员工希望提供在线学习材料，而且最好是视频资料。

结合本次调查，培训部采取了以下行动：

1. 建立微课资源库

针对产品的功能、技术参数、安装、接线和调试步骤等基本培训内容，培训部协同设计部、研发部、调试部和控制中心等部门联合构建课程体系，并通过技术手段设计成微课，建立了微课资源库。

2. 借助微信群定期开展微信授课

通过微信群授课，员工学习的时间和地点不受限制，还方便反复进行学习，这给技术人员提供了很大便利。微信课程主要以反馈问题多的产品及其相关问题为主题，并能进行实时互动。微信群重在解决问题。

LD集团第一期微课培训的过程如下：

（1）微课培训宣传。

为了使员工对微课培训有所认识和了解，培训部用H5制作了微课培训的介绍，一经发布便引起了员工的关注，大家纷纷留言表示期待，并提出了很多的培训需求。

（2）开展微课培训。

培训共分6个知识点，培训师采用语音与PPT的形式进行讲解，时长共30分钟；交流答疑的时间是30分钟；考试的时间是10分钟。

（3）改良签到和考试环节。

每个学员用手机扫描二维码即可签到和进入考试页面。学员通过在线考试即时获得成绩。

3. 内部资源共享

客户服务部将各驻外机构反馈的问题进行整理、编辑，制作成《产品常见问题及处理方法》电子版手册，并通过微信群进行共享。

通过微课培训，LD集团大大提高了培训效率和培训效果，也提升了企业在整个行业中的竞争力。

案例3-11 M公司选择外部实战派培训师的经验

对于培训管理者来说，如何甄选合适的外部培训师是一项极有挑战性的工作。M公司在选择外部培训师上的做法是：纯理论知识的培训选择学院派培训师；软技能培训,特别是管理技能和营销技能培训则选择实战派培训师。培训管理者的主要挑战在于如何选择实战派培训师。

第一,实战派培训师要有经过自己实践检验的理论体系。

实战派培训师自己讲的内容,自己一定要相信;自己相信的内容,自己一定要认真地做过;自己做过的,自己一定要做明白、做透。这样才能形成实战派培训师自己的理论体系,而不仅仅是具备丰富的理论知识。

第二,实战派培训师要具备解决问题的能力。

在每一次培训课程之前,实战派培训师都要明确培训的具体目标,要知晓培训对象待解决的主要问题。在培训课程实施过程中,实战派培训师应具备现场解决培训对象实际问题的能力。

第三,实战派培训师要对核心的概念有清晰地阐述。

每一个概念的背后都隐含着一套理论,有效沟通始于统一的概念。如果实战派培训师对核心的概念阐述不清晰,那么培训对象对同一个概念的理解会有所不同,就会产生冲突、误解,不能有效沟通。

第四,实战派培训师要让培训对象成为培训的主角。

实战派培训师要让培训对象把注意力都集中在他们自己的身上,关注自身的学习,而不是观看实战派培训师的表演。这就要求实战派培训师一方面要具备深厚的教练技能,另一方面要具备一定的师德修养。

第五,实战派培训师要具有一定的现场点评的功底。

实战派培训师不一定在具体的业务实践上水平高于培训对象,但是一定要具有基于实战经验的比较系统的理论总结,能抓住培训对象在培训中的精彩观点给予深度点评,由点带面,实战派培训师的点评对培训对象的实际工作有所帮助。

实训任务

实训内容:学生每5~6人为一组,以小组为单位,结合已确定的培训内容,设计课程大纲,并节选一个知识技能点制作微课。

评价标准:课程大纲内容科学、结构完整;微课的选题合适,设计思路科学,制作技术多样且娴熟,具有趣味性;团队的协作和创新思维能力。

任务4 确定培训成本和培训预算

> **知识目标**：(1) 列举培训成本的分类和具体包含的内容；
> (2) 说明确定培训预算的方法。
> **能力目标**：(1) 计算培训成本的费用；
> (2) 制定培训预算编制管理办法。

知识储备

培训计划需要得到企业高层管理者的批准，而高层管理者除了关心培训计划是否完善、是否可行以外，还会关注培训项目的具体成本和培训计划的年度预算。因此，确定培训成本和培训预算是培训计划得到高层管理者批准的必要环节。同时，确定培训成本和培训预算有助于培训管理者分配培训资源，保证培训管理工作的顺利实施。

一、培训成本

(一) 培训成本的含义

培训成本是指企业在员工培训过程中所发生的一切费用，包括培训之前的准备工作，培训的实施过程，以及培训结束之后的效果评估等各项活动所花费的各种费用。

(二) 培训成本的分类

企业的培训成本可以分为两类，即直接培训成本和间接培训成本。

1. 直接培训成本

直接培训成本是指在培训组织实施过程中，直接用于培训师与培训对象的一切费用的总和，如培训师的讲课费用，培训对象的交通、食宿费用，培训设备的租赁费用，培训教材印发、购置的费用以及培训实施过程中的其他各项费用等。

2. 间接培训成本

间接培训成本是指在培训组织实施过程之外企业所支付的一切费用的总和，如培训项目的设计费用，培训项目的管理费用，培训对象在培训期间的工资、福利以及培训项目的评估费用等。

企业组织员工培训的方式主要有内部培训与外派培训两种。内部培训是指企业为了提升员工的知识、技能和素质，选择内部培训师或聘请外部培训师在本企业内，利用本企业的资源实施的培训活动。外派培训是指企业挑选合适的培训对象，让他们参加培训机构、高校等第三方组织的培训课程或培训项目，充分利用外部优秀的资源，借此达到提升培训对象的知识、技能和素质的目的。

企业的内部培训和外派培训因组织方式不同、所需资源不同，其培训成本的构成也有所不同（参见表 3-30）。

表 3-30 培训成本的构成

培训成本	内部培训	外派培训
直接成本	1. 培训师的讲课费用（内部培训师和外部培训师） 2. 培训场地的租赁费用（如果培训场地在企业内部，此项费用可免） 3. 培训设备、相关培训辅助材料的费用 4. 培训教材、培训资料的费用 5. 培训课程的制作费用 6. 为参加培训所支出的交通费用、餐饮费用、住宿费用和其他费用	1. 外包项目合同约定的培训费用，即企业应交给培训机构的培训费用 2. 培训设备、相关培训辅助材料的费用 3. 为参加培训所支出的交通费用、餐饮费用、住宿费用和其他费用 4. 选择培训机构所发生的费用，包括估价、询价、比价、议价的费用以及通信联络费用
间接成本	1. 设计培训项目所花费的成本，包括工资、资料费和其他费用 2. 培训管理者和辅助人员的工资及福利 3. 培训对象在培训期间的工资和福利 4. 因参加培训而减少正常工作产生的机会成本 5. 一般培训设备的折旧和保养费用	1. 培训对象、培训管理者的工资和福利 2. 培训管理、监督费用 3. 其他相关费用

在人力资源会计中，培训成本被定义为人力资源的开发成本，是指企业为了使新聘用的人员熟悉企业、达到具体工作岗位所要求的业务水平，或者为了提高在岗人员的素质而开展培训工作时所产生的一切费用。企业人力资源开发成本的支出有助于员工知识的增长、技能的提高，因此，从本质上来讲，人力资源的开发成本是企业对人力资源进行的投资，是真正意义上的人力资源投资。人力资源的开发成本包括人员定向成本、在职培训成本和脱产培训成本。

1. 人员定向成本

人员定向成本也称岗前培训成本，是指企业对上岗前的员工进行有关企业历史、企业文化、企业规章制度、业务知识和业务技能等方面的培训时所支出的费用。它包括培训师讲课费用、学习资料费用、培训师和培训对象的工资以及培训设备的折旧费用等。

2. 在职培训成本

在职培训成本是指企业在员工不脱离工作岗位的情况下对其进行培训所支出的费用。它包括培训师和培训对象的工资、培训工作中消耗的材料费用、培训对象的图书资料费用等。在职培训往往会涉及机会成本的问题，机会成本是指因为企业开展在职培训而使有关部门或人员受到影响，导致工作效率下降，从而给企业带来的损失。如有关人员离开原工作岗位所造成的损失，培训对象的低效率或误操作给整条生产线乃至对整个生产过程的产量和质量造成的影响等。

3．脱产培训成本

脱产培训成本是指企业根据生产工作的需要，对在职员工进行脱产培训时所支出的费用。企业对员工进行脱产培训可以根据实际情况，采取委托其他单位培训、委托有关教育部门培训或者企业自己组织培训等多种形式。根据所采取的培训方式，脱产培训成本可以分为企业内部脱产培训成本和企业外部脱产培训成本。企业内部脱产培训成本包括培训师和培训对象的工资、培训资料费用、培训项目的管理费用等；企业外部脱产培训成本包括培训机构收取的培训费用，培训对象的工资、差旅费用、住宿费用以及资料费用等。

为了明确培训成本的具体项目和费用明细，便于进行成本分析，培训管理者应制定科学合理的培训成本分析表（参见表 3-31）。

表 3-31　培训成本分析表

费用项目	费用明细	费用金额	计算方法
培训要素费用（C1）	培训场地费用	＿＿＿元	—
	培训设备费用	＿＿＿元	—
	相关物品费用	＿＿＿元	—
	小计	＿＿＿元	—
培训需求分析费用（C2）	专家分析费用	＿＿＿元	专家分析费用＝专家每日工资×工作日
	助理分析费用	＿＿＿元	助理分析费用＝助理每日工资×工作日
	差旅费用	＿＿＿元	—
	咨询研讨费用	＿＿＿元	—
	其他相关费用	＿＿＿元	—
	小计	＿＿＿元	—
培训组织实施费用（C3）	外派培训费用	＿＿＿元	外派培训费用＝应交培训费用＋交通费用＋培训对象工资 其中，培训对象工资＝培训人数×培训天数×8小时×培训对象每小时平均工资
	内部培训费用	＿＿＿元	内部培训费用＝培训教材费用＋管理费用＋培训师课酬＋消耗费用＋证书费用＋培训对象工资＋其他杂费 其中，管理费用＝培训管理人员的人数×培训天数×8小时×培训对象每小时平均工资 消耗费用＝材料消耗＋培训设备消耗＋培训设备折旧费用
培训效果评估费用（C4）	专家评估费用	＿＿＿元	专家评估费用＝专家每日工资×工作日
	助理评估费用	＿＿＿元	助理评估费用＝助理每日工资×工作日
	咨询协商费用	＿＿＿元	—
	小计	＿＿＿元	—

续表

费用项目	费用明细	费用金额	计算方法
费用汇总及分摊	全部培训费用	____元	全部培训费用＝C1＋C2＋C3＋C4 其中，C3 可以是外派培训费用，也可以是内部培训费用
	每个培训对象费用	____元	每个培训对象费用＝（C1＋C2＋C3＋C4）÷培训对象人数

注：表中的"C"为费用（Cost）。

（三）培训成本的作用

培训管理者掌握培训成本的相关信息，具有以下重要作用：

（1）可以了解培训总成本的构成，以及直接成本和间接成本的情况；

（2）有利于对不同的培训项目成本进行对比分析，作出正确的选择；

（3）有利于合理确定培训项目在设计、实施、评估和管理上的资金分配比例；

（4）用于分析比较不同培训对象的培训资金分配情况；

（5）便于进行成本控制和成本收益的对比分析。

总之，在培训计划实施前，培训管理者只有全面掌握培训成本的相关信息，才能做好员工培训费用预算的编制工作，为员工培训管理工作的开展提供资金上的有力支持，从物质上保证培训计划的贯彻执行，不断提高员工培训的实际效果和经济效益。

二、培训预算

"凡事预则立，不预则废"这句话高度概括了预算的重要性。从培训的角度来说，培训预算对培训成本有着直接且重要的控制作用。

培训预算是指企业按一定的程序审核批准的年度所有培训项目的支出计划。培训预算往往通过年度培训预算表（参见表 3-32）来呈现。培训预算用来帮助协调和控制固定时期内的培训资源的获得、配置和使用。

表 3-32 年度培训预算表

编号：_____   _____年___月___日

培训类别	培训项目	培训时间	培训人数	费用支出项目					总费用	单位费用
				资料费	人工费	场地费	食宿费	其他		
培训新员工										
	小计									

续表

培训类别	培训项目	培训时间	培训人数	费用支出项目					总费用	单位费用
				资料费	人工费	场地费	食宿费	其他		
在职员工培训										
	小计									
培训管理者										
	小计									
……										
		合计								
编制人					批准人					

（一）培训预算的确定方法

1. 推算法

推算法是指培训管理者参考上一年度的培训经费，再增减一定的比例加以调整变动的一种培训预算的确定方法。这种培训预算的确定方法较为简单，核算成本低，国内很多企业都采用这种方法。推算法的逻辑假设是：上一年度每个培训项目的支出均是必不可少的，因此在下一年度都有延续的必要，只是具体的成本费用有所调整。

推算法的优点是为企业降低了培训预算工作本身的成本，但缺点也是显而易见的。这种方法不做任何企业培训需求调查和员工能力诊断分析，只是延用上一年度的培训项目，因此实际的培训效果并不理想。同时，推算法容易出现以下不良倾向：培训管理者每年的培训预算都会比上一年度增加一定的比例，审批的领导明知培训预算偏高，但因不能透彻地了解具体培训需求的情况，所以只好习惯性"砍一刀"。有经验的培训管理者提交的培训预算一般会超出企业的实际需求，以便领导"砍一刀"后还能满足培训需求。这样的做法在一定程度上"鼓励"了下级欺骗上级，滋生了不良的工作风气。

2. 零基预算法

所谓零基预算法，是指在每个预算年度开始时，培训管理者根据企业的目标，重新审查每个培训项目对实现企业目标的意义和效果，并在成本效益分析的基础上，重新排列出各培训项目的优先次序的一种预算方法。培训预算及其他资源的分配以重新排列出的优先次序为基础。

培训管理者应用零基预算法编制培训预算，需要回答以下问题：

（1）企业的目标是什么？按企业目标分解的每名员工的关键绩效指标是什么？员工现有的知识、技能和态度离企业的要求有多大差距？

（2）企业现有的培训项目能获得的预期收益分别是什么？对企业目标的实现是否有明显效果？

（3）培训管理者可以选择的培训项目有哪些？有没有比目前的培训项目更经济、更有效的项目？

（4）每个培训项目的重要性次序是什么？从实现培训目标的角度看大约需要多少费用？

零基预算法建立在对企业发展战略、员工培训需求调查分析和员工能力诊断分析的基础上，因此培训预算更具有科学性、针对性。这种方法的优点在于：有利于管理层对整体培训活动进行全面审核，避免培训费用的随意支出；有利于提高培训管理者计划、预算、控制和决策的水平；有利于将企业的长远目标和培训目标、培训收益有机结合起来。这种方法的缺点是：企业需要花费大量的人力、物力和时间完成培训预算工作，因此成本较高；培训管理者在确定培训项目优先次序上难免存在一定程度的主观性。

3. 比例确定法

所谓比例确定法，是指培训管理者通过培训预算的核算基数和核算比例，进而实现控制培训预算总额的一种预算方法。

培训管理者既可以将上一年度的销售额、利润额、工资总额作为核算基数，也可以考虑以适度增长后的数值作为核算基数。如果以上一年度的销售额为核算基数，那么提取比例一般为0.5%～3%；如果以上一年度的利润额为核算基数，那么提取比例一般为5%～10%；如果以上一年度的工资总额作为核算基数，那么提取比例一般为3%～8%。

国际大公司的培训预算一般占上一年度销售额的1%～3%，最高可达7%，平均为1.5%；而在国内的企业，这个比率一般要低得多。在市场竞争比较激烈的行业，如IT、家电等行业，有些大企业的培训预算能够占到销售额的2%左右；一般规模的民营企业，其培训预算大概只占销售额的0.2%～0.5%，甚至不少企业在0.1%以下。

根据《关于企业职工教育经费提取与使用管理的意见》，企业应"切实执行《国务院关于大力推进职业教育改革与发展的决定》（国发［2002］16号）中关于'一般企业按照职工工资总额的1.5%足额提取教育培训经费，从业人员技术要求高、培训任务重、经济效益较好的企业，可按2.5%提取，列入成本开支'的规定，足额提取职工教育培训经费。要保证经费专项用于职工特别是一线职工的教育和培训，严禁挪作他用"。一般情况下，培训管理者可以据此确定本企业年度培训预算的参考下限。

（二）培训预算的分配

培训管理者确定培训预算的总额后可以再根据企业年度发展计划进行分块预算：如果企业年度发展侧重于市场拓展工作，那么培训管理者可以在营销培训部分多分配预算；如果企业年度发展侧重于管理团队建设，那么培训管理者可以在管理者培训部分多分配预算。

在实践中，企业培训预算的具体分配通常依照以下比例：

（1）如果培训预算包含培训管理者的费用在内，那么大约有30％的预算用于支付培训管理者的工资及福利，30％的预算用于内部培训费用，30％的预算用于外派培训费用，10％的预算作为机动费用。

（2）如果培训预算不包含培训管理者的费用在内，那么企业内部培训预算可达总培训预算的50％，外派培训预算可达总培训预算的40％，10％的预算作为机动费用。

为了保证培训预算工作的科学严谨，确保培训资金的合理利用和培训工作的有效开展，培训管理者需要制定培训预算编制管理办法（参见工具模板3-3）。

工具模板 3-3

培训预算编制管理办法

一、目的

为了规范公司培训预算编制管理，确保公司培训资金的合理利用和培训工作的有效开展，特制定本办法。

二、适用范围

本办法适用于公司各部门培训预算编制工作的管理。

三、权责人或部门

1. 人力资源部经理。人力资源部经理主管公司的培训预算工作，负责制定公司培训预算的目标、原则和要求。

2. 财务部。财务部负责公司培训预算支出金额控制和公司培训预算收入管理。

3. 培训部。培训部基于预算支出控制要求编制公司培训预算，组织各部门编制部门培训预算，组织实施公司和部门的培训预算。

4. 公司各部门。公司各部门在培训部的指导下编制和执行部门培训预算。

四、培训预算编制负责人

1. 公司培训预算编制分为两级，即作为一级培训预算单位的公司和作为二级培训预算单位的公司各部门。

2. 公司培训预算编制由培训部负责，培训部应至少设2名专员管理公司培训预算的编制工作。

3. 部门培训预算编制由各部门负责。各部门应指定专人负责部门培训预算编制工作。

4. 各部门经理负责监督本部门培训预算编制工作的实施。

5. 培训部经理不仅要监督本部门培训预算编制工作的实施，而且还要监督公司整体培训预算编制工作的实施。

五、培训预算编制程序

1. 人力资源部经理制定培训预算编制的目标、原则及要求。

2. 培训部根据培训预算编制目标和要求制定各部门培训预算编制具体目标和要求等详细规定。

3. 培训部与财务部根据培训预算要求设定预算项目和会计科目。

4. 部门培训预算编制负责人员收集本部门的培训需求和其他培训预算编制的相关信息。

5. 部门培训预算编制负责人员根据公司相关规定和所收集的培训信息编制本部门的培训预算。

6. 部门培训预算编制负责人员将培训预算提交部门经理审核。

7. 部门培训预算编制负责人员将审核通过后的部门培训预算上报培训部。

8. 培训部综合各部门的情况制定公司培训预算并提交给财务部。

9. 财务部根据公司年度培训计划提出公司培训预算控制额度，并下发到培训部。

10. 培训部根据公司培训预算控制额度，制定各部门的培训预算控制目标，并下发给各部门培训预算编制负责人员。

11. 部门培训预算编制负责人员根据培训部的培训预算控制目标修改本部门的培训预算。

12. 部门培训预算编制负责人员将修改后的部门培训预算提交部门经理审核。

13. 部门培训预算编制负责人员将通过审核的部门培训预算提交给培训部。

14. 培训部对各部门的培训预算进行综合整理以制定公司的培训预算，并提交人力资源总监审批。

15. 人力资源总监审批通过后，交财务部备案。

六、培训预算编制实施管理

1. 编制时间。培训预算编制工作一般在 11 月中旬开始，部门预算编制单位应在 11 月底前将预算编制日程报至财务部。

2. 编制培训预算时，公司可以根据需要设立一定比例的机动费用作为预算外支出。培训预算项目需将年度预算分解到季度预算。

3. 编制培训预算时，若本年度培训预算金额与上一年度实际发生额相比，差异在_____%以上，预算编制人员需要另外详细说明存在差异的原因。

4. 培训预算的调整。各部门的培训预算一经批准，具有严格的约束力，除因不可抗拒的客观情况发生重大变化需要做预算调整外，任何人不得随意变动或调整预算。

如需调整，需经公司总经理批准。

5．编制培训预算所需的各种表格由财务部根据实际需要负责制定并下发到各部门。

案例 3-12　K 酒店新员工培训成本计算

K 酒店为一家五星级酒店，为了使新员工能够达到上岗要求，培训管理者为新员工安排了一系列的培训课程，具体培训计划参见表 3-33。

表 3-33　K 酒店新员工培训计划

培训时长	培训内容	培训对象	培训场地
10 天	酒店基础知识	全体新员工	教室
10 天	客房专业知识	客房部新员工	教室
	餐饮专业知识	餐饮部新员工	教室
	前厅专业知识	前厅部新员工	教室
	安保专业知识	安保部新员工	教室
14 天	岗中实践培训	全体新员工	酒店具体工作岗位

培训管理者为了保障培训课程地顺利实施，详细估算了此次培训的成本费用（参见表 3-34）。

表 3-34　K 酒店新员工培训成本分析

培训内容	费用明细	费用金额/元	备注
酒店基础知识培训	多媒体教室租赁费	5 000	可容纳 200 人的多媒体教室租金为 500 元/天，共 10 天
	培训师讲课费	6 000	每节课为 100 元，每天 6 节课，10 天共计 60 节课
	小计	11 000	—
岗位专业知识培训	多媒体教室租赁费	8 000	可容纳 80 人的多媒体教室租金为 200 元/天，需 4 个教室，培训 10 天
	培训师讲课费	24 000	每节课 100 元，每天 6 节课，4 名培训师，10 天共计 240 节课
	小计	32 000	—
培训岗中实践	跟岗实习费	280 000	100 元/人，共 200 人，培训 14 天
	餐饮费	140 000	50 元/人，共 200 人，培训 14 天
	住宿费	140 000	50 元/人，共 200 人，培训 14 天
	交通费	30 000	150 元/人，共 200 人
	小计	590 000	—
其他费用	学习用具及其他	10 000	包括学习用具、考核资料、教材配备等
费用总计		643 000	

案例 3-13　R 公司编制培训预算的问题和改进办法

2020 年 11 月 R 公司开始编制 2021 年度培训预算。人力资源部采用提取工资总额 1.5% 的方法确定公司整体培训预算。财务部将培训预算设定为"培训场地""培训师资"和"培训教材"三个科目。公司各部门经理负责编制部门培训预算，然后提交人力资源部审核。

市场部经理很快就提交了市场部的培训预算。人力资源部培训主管发现市场部的培训预算存在以下问题：

1. 培训预算科目设置错误

根据公司培训预算编制的要求，培训预算包括"培训场地""培训师资"和"培训教材"3 个科目，各部门不得将其他费用列入培训预算。市场部经理根据本部门的情况增加了"参观学习费"培训预算科目，影响了整体培训预算数据的准确性。

2. 培训费用投放比例失调

市场部中高层管理干部人数占部门员工人数的 9%，培训预算却占整个部门培训费用的 80%，而且中高层管理干部参加的培训大多为外派培训，而普通员工则主要参加内部培训。

3. 培训预算总体费用超标

按照市场部的工资总额标准，市场部在 2021 年的培训预算不得多于 12 万元。市场部经理没有认真地调查培训师费用、场地费用和教案费用的市场水平，预算过高。

针对市场部的培训预算中存在的问题，培训主管意识到人力资源部在培训预算工作中存在很多不足。为了保障各部门培训预算工作的效果，人力资源部采取了以下改进措施：

（1）人力资源部经理和培训主管预先确定培训预算的分配比例，包括管理者培训预算与普通员工培训预算分配比例、外派培训预算与内部培训预算分配比例等。

（2）培训主管详细调查相关培训要素的市场价格，包括培训师的讲课费用、场地租赁费等，并将这些信息提供给部门经理作为参考，以保障培训预算科学、合理。

（3）人力资源部针对部门经理开展"培训预算工作"的培训，准确传达培训预算的编制原则和编制要求，统一培训预算的编制项目，避免出错。

通过以上办法，R 公司大大提高了培训预算工作的效率与效果。

实训任务

实训内容：学生每 5～6 人为一组，以小组为单位，结合已确定的培训对象、培训内容分析培训项目的成本。

考核标准：培训成本明细全面；培训成本结构合理准确；团队的协作能力和创新能力。

任务 5 编写培训计划

> **知识目标：**（1）说明培训计划的内容；
> （2）阐述培训计划的编写程序。
> **能力目标：** 编写培训计划。

知识储备

企业要想有效地实施员工培训管理工作，首先需要培训管理者制订一份科学、合理的培训计划。

一、培训计划的概念和作用

（一）培训计划的概念

培训计划是指培训管理者从组织战略出发，在全面、客观的培训需求分析基础上做出的有关培训目的、培训时间、培训地点、培训对象、培训师、培训内容、培训方法和培训预算等要素的预先性的、系统性的设计。

（二）培训计划的作用

在员工培训的过程中，培训计划具有以下作用：

1. 确保培训质量

员工培训管理工作的组织与实施往往会涉及企业多个部门、多个工作岗位，如果没有培训计划作为指导，培训管理者仅凭主观判断做事，在员工培训的组织实施过程中很容易出现疏漏。培训计划有助于培训管理者明确培训要素和培训环节，以确保培训质量。

2. 明确培训责任

员工培训管理工作涉及的部门包括培训部门、上级主管部门、后勤支持部门以及业务部门等，涉及的具体人员包括培训管理者、培训师、培训对象和培训对象的上级等。不同的部门及人员在培训过程中都需要承担相应的培训责任。培训计划将具体的责任落实到每一个培训环节、每一个部门及人员身上，使相应的职责一目了然，便于培训管理者有效管理，确保员工培训顺利地进行。

3. 确定评估标准

培训效果评估的标准就是培训计划的预期目标。如果培训效果与培训计划的预期目标不符，这就说明员工培训没有完全达到预期目标，培训效果不理想。培训管理者还需要进一步完善和改进培训计划，培训管理者需要对员工培训的各个环节、各个要素进行查漏补缺，找出问题产生的原因并提出相应的对策，以期下一阶段的员工培训可以取得好的效果。

二、培训计划的类型

（一）组织级培训计划、部门级培训计划和个人培训计划

按照培训计划的实施层级划分，培训计划可以分为组织级培训计划、部门级培训计划和个人培训计划三种类型。

1. 组织级培训计划

组织级培训计划是指组织的整体培训计划。它可以保障组织的整体培训目标和整体培训战略的贯彻。组织级培训计划主要包括岗前管理培训、岗前技术培训、在职管理培训等培训计划。培训管理者在制订组织级培训计划时要有多样的培训主题，培训对象要涵盖各个部门、各个层级的员工。同时，培训管理者还要注意将组织的短期目标和长期目标相结合。

2. 部门级培训计划

部门级培训计划是指培训管理者根据各部门的具体情况制订的培训计划。比如，研发部门可以进行应用技术培训、项目管理培训和创新能力培训等；营销部门可以进行产品知识培训、营销技巧与营销策略培训和商务知识培训等。部门级培训计划初步制订后，培训管理者应该与各部门经理进行讨论，进而修订和完善部门级培训计划。在讨论的过程中，各部门经理可能会提出增加培训内容和培训预算的要求。培训管理者需要坚持的原则是：培训预算要严格控制，但培训内容可以通过成本较低的内部培训的方式来增加。另外，培训管理者应该向各部门经理明确指出：部门级培训由部门经理协助开展，而不是由培训部门全权负责，否则在培训实施过程中容易出现管理纠纷。

3. 个人培训计划

个人培训计划是指培训管理者将组织级或部门级的培训计划或者培训目标分解开来，具体落实到员工个人的培训计划。个人培训计划既有利于员工个人的发展和提高，也是顺利实现组织级培训计划和部门级培训计划的必备手段。

（二）长期培训计划、中期培训计划和短期培训计划

按照培训计划的时间跨度划分，培训计划可以分为长期培训计划、中期培训计划和短期培训计划三种类型。这三者具有一定的包含关系，中期培训计划是长期培训计划的进一步细化，短期培训计划是中期培训计划的进一步细化。

1. 长期培训计划

长期培训计划是指时间跨度为 3 年以上的培训计划。长期培训计划对于组织来说具有战略意义，其重要性在于明确组织实施员工培训的方向、目标与现实之间的差距和资源的配置，此三项是影响员工培训最终结果的关键性因素。

2. 中期培训计划

中期培训计划是指时间跨度为 1~3 年的培训计划。它在组织整体培训计划中起到

了承上启下的作用,是长期培训计划的进一步细化,同时又为短期培训计划提供了参考。企业的年度培训计划属于中期培训计划的范畴。

3. 短期培训计划

短期培训计划是指时间跨度在1年以内的培训计划。短期培训计划是组织针对不同的培训项目、不同的培训对象和不同的培训课程的具体计划。培训管理者在制订短期培训计划时要着重考虑其针对性和可操作性。

三、培训计划的内容

培训计划在整个培训体系中占有比较重要的地位,培训管理者可以根据"6W2H"的原理确定员工培训计划的要素和内容。

所谓"6W2H",是指培训管理者在制订培训计划时需要明确:

(1) 培训目的是什么(Why);

(2) 培训对象是谁(Whom);

(3) 培训师及培训管理者是谁(Who);

(4) 培训内容是什么(What);

(5) 培训时间在何时(When);

(6) 培训地点在何处(Where);

(7) 应采用什么培训方法和什么评估方法(How);

(8) 培训预算有多少(How Much)。

以上这几个要素所构成的内容就是培训计划的主体(参见表3-35,其举例参见工具模板3-4)。为了清晰地展示培训计划周期内主要培训项目的时间安排和资源配置情况,培训管理者最好用表格的形式(即培训计划表)来呈现完整的培训计划,年度培训计划一定要附培训计划表(参见表3-36)。

表3-35 培训计划的要素和具体内容

要素	具体内容
前言	介绍制订培训计划的背景和依据,培训需求分析的结果
培训目的	从企业和员工这两个角度说明培训目的
培训时间、培训地点	培训时间、培训时长和培训地点
培训对象	培训对象的资格、所在部门、人数
培训内容	培训课程的名称,培训课程的主要内容
培训方法	培训方法的名称,培训方法要求培训师或培训对象提前准备的事项
培训师	培训师的教育背景、工作经历等
培训管理者	培训管理者的数量、人员及职责分工
培训效果评估	培训效果评估方法、评估者和评估时间
培训预算	培训计划所有项目费用预算
培训计划表	以表格的形式呈现的培训计划

表 3-36　20××年度员工培训计划表

培训类别	序号	培训课程	1月	2月	3月	4月	5月	6月	7月	8月	9月	10月	11月	12月	培训课时	培训师	培训预算/万元	培训对象
新员工培训	1	企业文化和发展历史		√		√		√		√		√			4	内部	0.6	新员工
	2	员工行为规范与要求	√		√		√		√		√		√		2	内部	0.3	新员工
	3	企业业务知识		√		√		√		√		√			2	内部	0.3	新员工
	4	员工礼仪	√		√		√		√		√		√		2	内部	0.3	新员工
	5	人事、财务制度概要				√			√			√			1	内部	0.2	新员工
	6	劳动安全制度	√		√		√		√		√				1	内部	0.2	新员工
	7	岗位职责培训和指导	√		√		√		√		√				1	内部	0.4	新员工
	8	职业规划		√		√		√		√		√			1	内部	0.2	新员工
	9	职场礼仪及沟通技巧				√				√					6	外部	2	新员工
	10	素质拓展训练	√					√							6	外部	4	新员工
通用培训	1	企业文化			√			√			√			√	3	内部	0.5	全体员工
	2	语言技能	√		√										2	外部	0.8	自愿参加
	3	计算机技能	√			√		√			√				2	外部	0.6	自愿参加
	4	拓展训练					√								14	外部	7	全体员工
	5	读书活动			√		√		√		√		√		—	—	0.8	全体员工
管理技能培训	1	高效沟通和协调能力训练			√			√							7	外部	1	全体员工
	2	高绩效团队建设					√								3	内部	0.2	中高层管理者
	3	提升领导能力和管理技巧						√							3	内部	0.1	中高层管理者
	4	项目管理				√			√						14	外部	2.5	专业技术骨干、中高层管理者
	5	目标与绩效管理						√			√				3	内部	0.2	中高层管理者
	6	变革管理						√				√			3	外部	1	中高层管理者
	7	专业形象和商务礼仪				√				√					4	外部	0.5	全体员工
	8	中层管理者管理技能培训					√		√			√			7	内部	0.3	中高层管理者
	9	人力资源管理技能培训					√				√				4	内部	0.2	人力资源部门管理者
	10	时间管理			√										4	内部	0.2	全体员工
	11	会议管理			√						√				4	内部	0.2	全体员工
	12	双赢谈判技巧					√			√					4	外部	1	中高层管理者，营销、客服岗位的员工
	13	有效的沟通						√				√			4	内部	0.2	全体员工

工具模板 3-4

销售人员培训计划

1. 培训目的

为了提高公司销售人员的销售技能和综合素质,进而提高销售人员的销售业绩,确保公司可持续发展,特制订本培训计划。

2. 培训目标

培训部门对销售人员进行培训,预期达到以下目标:

(1) 提高销售人员的销售技能,实现销售额8％的增长;

(2) 改善销售人员的工作态度,预期顾客满意率达85％;

(3) 增加销售人员的销售理论知识;

(4) 提高销售人员的综合素质;

(5) 挖掘销售人员的潜能,增加销售人员对企业的信任感和归属感。

3. 培训对象及人数

本次培训的培训对象包括销售部全体人员,共计26人。其中,初级销售员12人,中级销售员8人,高级销售员6人。

4. 培训内容

依据培训需求分析报告,结合公司的实际,本次培训的内容涉及销售知识、销售技能和行为态度三个层次,不同级别的销售人员的培训内容有所差别(参见表3-37)。

表3-37 销售人员的培训内容

培训对象	初级销售员		中级销售员		高级销售员	
	培训内容的名称	课时	培训内容的名称	课时	培训内容的名称	课时
培训内容	市场营销管理	2	自我管理技巧	2	销售过程管理	2
	公共关系	2	大客户销售训练	2	客户管理	2
	沟通技巧	2	谈判策略与技巧	2	商品管理	2
	工作流程与工作标准	2	客户管理知识与技巧	2	区域管理技巧	2
	消费心理学	2	市场分析与预测	2	销售队伍管理	2
	现场销售技巧	2	消费心理学	2	市场营销管理	2
	目标与计划管理	2	产品策划技巧	2	渠道与销售管理	2
	团队合作	2	品牌建设与广告	2	协同拜访技巧	2
	时间管理技巧	2	专业解决问题技巧	2	商务谈判技巧	2
	客户管理技巧	2	职业生涯规划	2	目标与计划管理	2
	商业伦理	2	商业伦理	2	公共关系处理技巧	2
	合计	22	合计	22	合计	22

5．培训时间地点

（1）培训时间：2020年5月11日至5月15日，共5天；上午8:30—12:00，下午14:00—18:00。

（2）培训地点：××酒店第二会议室、第三会议室、第六会议室。

6．培训方法

本次培训采取课堂讲授、分组研讨和角色扮演等培训方法。

7．培训师

本次培训的培训师既包括公司内部的高级管理人员，也包括来自培训机构的优秀培训师。培训讲师团的构成如下：

吴××：公司销售总监。

杨××：A管理咨询有限公司首席管理咨询师（高级销售员/销售主管培训师）。

邹××：B管理咨询有限公司首席管理咨询师（中级销售员培训师）。

徐××：C管理咨询有限公司首席管理咨询师（初级销售员培训师）。

8．培训组织安排

销售人员培训具体的组织安排参见表3-38。

表3-38 销售人员培训安排

时间	初级销售员培训	中级销售员培训	高级销售员培训
5月11日	9:30集合，10:00开幕式，领导致辞		
	14:00吴××讲"销售人员正确的工作态度"，之后学员进行讨论、总结		
5月12日	市场营销管理 公共关系 沟通技巧	自我管理技巧 大客户销售训练 谈判策略与谈判技巧	销售过程管理 客户管理 商品管理
5月13日	工作流程与工作标准 消费心理学 现场销售技巧 目标与计划管理	客户管理知识与技巧 市场分析与预测 消费心理学 产品策划技巧	区域管理技巧 销售队伍管理 市场销售管理 渠道与销售管理
5月14日	团队合作 时间管理技巧 客户管理技巧 商业伦理	品牌建设与广告 专业解决问题技巧 职业生涯规划 商业伦理	协同拜访技巧 商务谈判技巧 目标与计划管理 公共关系处理技巧
5月15日	8:30分组研讨有关的典型销售案例		
	16:30，领导致辞，培训班结束		

9．培训成本

本次培训成本分析如表3-39所示。

表 3-39　销售人员培训成本分析表

成本明细	人员	单价/元	天数/天	人数/人	金额/元	合计/元
培训师讲课费	杨××	—	—	—	5 000	12 000
	邹××	—	—	—	4 000	
	徐××	—	—	—	3 000	
住宿费	培训师	120	3	3	1 080	12 680
	公司领导	120	5	2	1 200	
	销售人员	80	5	26	10 400	
餐饮费	培训师	30	3	3	270	4 470
	企业员工	30	5	28	4 200	
场地和设备租赁费	第二会议室	400	5	—	2 000	6 000
	第三会议室	300	5	—	1 500	
	第六会议室	300	5	—	1 500	
	仪器使用	—	—	—	1 000	
其他	资料费	50	—	28	1 400	1 700
	矿泉水	30 元/箱×10 箱			300	
总计/元					36 850	

10. 培训评估

本次培训主要采用问卷调查法进行即时效果评估；3 个月后，采用绩效考核法进行应用效果评估。

四、培训计划的编写程序

培训管理者编写培训计划需要按照科学的程序进行，培训计划的编写程序通常包括以下具体步骤：

（一）确定培训需求

培训需求是培训管理者编写培训计划的重要依据，它指引着培训的方向。培训管理者要根据培训计划实施时间的长短，结合企业的发展要求和企业现状之间的差距来确定培训需求。

（二）明确培训目的和培训目标

培训目的是培训预期达到的结果。针对具体的培训项目，培训管理者还需要确定培训目标，培训目标是员工培训要实现的量化指标。相较而言，培训目的比较抽象，培训目标比较具体。培训目标要切合实际，不能太高也不能太低。培训目的、培训目标要作为后续培训效果评估的依据和标准。

（三）确定培训对象

培训管理者根据培训需求分析的结果，结合企业的发展战略来确定培训对象的范围。培训管理者准确地选择培训对象,明确哪些人是主要培训对象、哪些人是次要培训对象,有利于节约培训成本,提高培训效率。

(四) 确定培训内容

培训内容和培训对象一定要相辅相成。不同的培训对象,其培训内容是不一样的;同一培训对象在不同的发展阶段,其培训内容也是不同的。

(五) 选择培训形式和培训方法

培训管理者要根据培训目的、培训对象、培训内容等选择合适的培训形式和培训方法。培训形式包括入职培训、在岗培训和脱岗培训等。培训方法包括研讨法、演示法、角色扮演法等。

(六) 选择培训师

培训效果与培训师的水平有直接的关系。培训管理者可以结合培训对象的特点、培训内容和培训经费预算考虑是选择内部培训师还是外部培训师,是选择学院派培训师还是实战派培训师,是选择专职培训师还是兼职培训师。培训管理者还要考虑培训师的选择标准和管理等问题。

(七) 明确培训管理者

培训管理者是培训计划的执行者。培训管理者来自人力资源部门或独立的培训部门,培训项目的大小和复杂程度决定了培训管理者的人数。培训师和培训对象知晓具体的培训管理者,便知道有问题应该找谁,从而保证员工培训的顺利进行。

(八) 确定培训时间和培训地点

培训管理者确定培训时间要考虑合适的培训时机、具体的培训时间和培训时长。合适的培训时机往往在员工培训需求比较强烈的时候,如新员工入职、销售业绩下滑、企业技术变革或推出新产品时等。具体的培训时间应为培训对象不影响正常工作且培训师方便的时间。培训时长以能有效地完成培训任务、实现培训目标为参考。培训地点的考量因素包括交通便利,场地安静、独立且不受打扰,场地的大小能够满足培训的实施。

(九) 确定评估方式

为了保证培训效果,每一次培训后培训管理者都要进行培训效果评估。从时间上来讲,培训效果评估可以分为即时评估和应用评估。即时评估是员工培训结束后培训管理者马上进行的评估,应用评估是员工培训后培训管理者对培训对象在工作中的应用情况进行的评估。

(十) 编制培训费用预算

培训费用一般指实施培训计划的直接费用,分为整体培训计划的费用预算和每一个培训项目的费用预算。培训费用包括培训师讲课费用、培训教材费用、交通费用、食宿费用和场地费用等。

（十一）明确后勤保障工作

后勤保障工作包括培训场地、培训设备、食宿及交通等相关事宜。培训管理者需要与后勤保障部门提前进行沟通和协调，以保证员工培训管理工作的顺利开展。

（十二）编写培训计划

培训管理者根据上述内容编写培训计划，并经相关领导审批后予以发布、执行。

综上所述，培训计划的制订是一个系统的培训要素选择与配置的过程。只有在编制合理的培训计划的基础上，培训管理者才能有效地组织实施培训，最大程度地保障培训效果。

案例 3-14　珠海 A 供电公司"配电线路技能"培训计划

一、培训目标

本次培训使配电线路运行、检修和安装人员掌握电缆头制作及登杆作业的规范化操作，提高实际操作技能。

二、培训主题和培训内容

培训主题：配电线路技能培训。

培训内容包括：

1. 10KV 电缆头制作培训；

2. 10KV 配电线路登杆作业培训（登杆、换避雷器、换瓶、换导线）。

三、培训对象

珠海 A 供电公司配电线路运行、检修和安装人员共 54 人（具体名单见附件1）。

四、培训计划表

本次培训具体安排参见表 3-40。

表 3-40　"配电线路技能"培训具体安排表

时间	时段	具体时间	培训内容（1班）	培训内容（2班）
2021 年 5 月 11 日（第一天）	上午	08：45—09：00	签到	签到
		09：10—12：00	电缆头制作培训	配电线路登杆作业培训
	中午	12：10—14：25	中餐、休息	中餐、休息
	下午	14：35—14：45	点到（清查人数）	点到（清查人数）
		14：50—17：50	电缆头制作考核	配电线路登杆作业考核

续表

时间	时段	具体时间	培训内容（1班）	培训内容（2班）
2021年5月11日（第二天）	上午	08:45—09:00	签到	签到
		09:10—12:00	配电线路登杆作业培训	电缆头制作培训
	中午	12:10—14:25	中餐、休息	中餐、休息
	下午	14:35—14:45	点到（清查人数）	点到（清查人数）
		14:50—17:50	配电线路登杆作业考核	电缆头制作考核

五、培训地点

珠海B机电工程学会培训基地。

六、培训组织

1．组织机构：珠海A供电公司人力资源部。

2．培训师资：

(1)"电缆头制作"培训师：珠海长园电力工程师2人。

(2)"配电线路登杆作业"培训师：珠海A供电公司运行维护班长2人。

(3)教辅人员：人力资源部1～2人。

3．后勤保障：车队、食堂等部门。

七、培训形式

分小组进行实操训练：将培训对象分成2班，每班9组，每组3人，采用实操训练和现场考核的形式进行教学。

八、培训考核

1．考核形式：实操考核。

2．考核组织：电缆头制作考核采用分组作业（每组3人），团队考核；配电线路登杆作业考核采用单独考核。

3．考核结果：考核合格者获得培训积分5分，考核不合格者一周后安排补考。

九、物料准备

本次培训需要珠海A供电公司、培训对象、人力资源部和后勤保障部共同准备培训所需物料，具体要求参见表3-41。

表3-41 "配电线路技能"培训物料清单

物料准备部门	物料名称	物料数量	备注
珠海A供电公司	10KV电缆头	27个	配电部提供
	120mm电缆	30米	仓库提供
	120mm中间电缆附件	7套	仓库提供
	终端电缆附件	5套	仓库提供

续表

物料准备部门	物料名称	物料数量	备注
培训对象	登杆所需工具	1套	自行携带
	电缆头制作所需工具	1套	自行携带
	工作服	1套	自行携带
	安全帽	1套	自行携带
人力资源部	考勤签到表	2份	见附件1
	培训对象成绩记录表	2份	见附件2
	照相机	1台	—
	电脑	1台	—
	摄像机	1台	—
	投影仪	1台	—
	横幅	1个	珠海A供电公司配电线路技能培训班
	签字笔	若干	
后勤保障部	培训对象交通用车	1辆	车队
	培训对象和工作人员午餐	54人2餐	食堂
	培训对象和工作人员饮水	10箱	行政部门
	安全防护或应急措施	—	某医院

十、纪律要求

1. 严格按照培训时间表参加培训，不得迟到、早退，不得中途退场，因特殊情况需离开培训场地时必须提前请假并得到批准；

2. 培训期间，不得大声喧哗，未经允许不得打断培训师讲话，不得吃零食，培训场地内严禁吸烟；

3. 所有的通信工具一律关闭或调为振动，若有紧急电话，请举手向老师示意并到培训场地外接听；

4. 尊重培训师，严格按照培训师要求的步骤和内容进行训练，不做与培训内容无关的事情；

5. 不得故意损毁培训器材。

附件1：培训对象名单和考勤表（略）

附件2：培训对象成绩记录表（略）

案例3-15　S航空公司基层管理人员领导力培训计划[①]

S航空公司通过问卷调查、个别访谈和专家研讨等方式系统梳理了基层管理人员能力素质要求，同时借鉴国际上成熟且通用的管理人员胜任力模型，最终选取了解决问

---

① 江陶.航空公司基层管理人员培训体系及其构建[J].企业改革与管理，2019,(17)：105-106,有删改.

题与决策、绩效管理等八项核心能力作为公司基层管理人员的核心能力。S航空公司将这八项核心能力分别匹配相应的培训课程,并明确关键知识点,提供可参考的培训方法,最终形成基层管理人员的领导力培训计划(参见表3-42)。

表3-42 S航空公司基层管理人员领导力培训计划

核心能力	培训课程	关键知识点	培训方法
1. 解决问题与决策	解决问题的金钥匙	1. 问题的鉴别 2. 问题的分析 3. 方案的创新 4. 方案的规划 5. 方案的选择 6. 方案的执行	1. 以讲授法为主,拓展训练法为辅; 2. 融合案例研讨、角色扮演等多种培训方法; 3. 根据不同课程的需要,采用项目制的行动学习; 4. 利用移动工具,开展课后线上学习和讨论
2. 绩效管理	优化绩效管理	1. 绩效管理的循环 2. 管理者在绩效管理中的责任 3. 绩效评估的目的 4. 绩效评估的步骤 5. 绩效计划:为下属制订出具有针对性的个人发展计划	
3. 流程与质量	项目管理	1. 流程与质量的要素和基本特征 2. 流程、质量与组织的关系和互动 3. 流程与质量的监控、评价 4. 流程与质量的改进或重组	
4. 领导与授权	登上管理的舞台	1. 领导者的角色与特质 2. 领导风格认知 3. 领导者的实践 4. 授权的六个层面 5. 有效授权的技巧 6. 授权后的有效控制	
5. 冲突管理	化解冲突的方法	1. 应对冲突的模式 2. 化解冲突的阶段法则 3. 处理冲突的步骤与技巧 4. 处理部门、领导、员工冲突 5. 冲突与和谐	
6. 报告与演讲	魅力演讲	1. 报告与演讲的要素探讨 2. 有效组织报告与演讲的内容 3. 向上级汇报的报告种类 4. 演讲者魅力的展现 5. 自我风格的认识与运用	
7. 识人育人	非人力资源经理的人力资源管理	1. 人力资源管理与业务发展 2. 人才甄选与招募 3. 员工培训与发展 4. 员工关系的处理	
8. 团队建设	团队领导力	1. 认识团队发展过程 2. 团队沟通 3. 团队文化的意义 4. 团队合作与提升 5. 怎样建设高绩效团队 6. 团队绩效与评估	

案例 3-16　腾讯后备管理干部加速发展项目——飞龙计划

作为腾讯的经典领导力培养项目，"飞龙计划"已为腾讯培养了 300 多名核心管理干部，公司内部 70％以上的中层管理者都是"飞龙计划"的同学。

"飞龙计划"旨在提升后备管理干部的商业能力、行业洞察力与领导力。"飞龙计划"为期半年，主要由 3 次集中学习模块构成，具体内容参见表 3-43。

表 3-43　腾讯"飞龙计划"的主要内容

学习模块	培训目标	培训方式	具体手段
第一次集中学习	帮助学员全面地认识自己，提升学员在战略决策、前瞻视野和商业意识方面的短板	评鉴中心	公文筐：学员在 2 小时内阅读 10 封电子邮件并解决其中存在的问题
			团队会议：4~5 名同一级别的学员阅读企业经营核心数据后，拟定企业未来 3 年的战略目标以及未来 1 年最重要的工作
			下属辅导：学员作为新上任的管理者，在 45 分钟的沟通中帮助下属认识到自己的问题，并且找到应对目前挑战的解决方法
		高层面对面	学员与高层进行 2 小时左右的坦诚沟通
		电脑模拟商战	学员分为 5~6 组，为同行业竞争对手。每组模拟一家企业的高管团队，形成管理职务分工，制定广告、市场及产品技术等方面的投入决策。经过几轮的模拟，看最终哪家企业能在竞争中取胜
		行动学习	学员以组为单位，进行为期半年的课题研究
第二次集中学习	加深学员对团队的管理，尤其是组织变革管理的理解	"变革管理"电脑模拟课程	各组学员成为一家企业的最高决策者，面临企业巨大的变革调整。在变革的不同阶段，学员尝试选择不同的管理策略，并观察采取这些管理策略后员工的反应，以及变革能否顺利推动
		体验式学习	举办棒球、橄榄球等活动
		行动学习汇报与评审	各小组至少每两周开展一次行动学习研讨。学员按小组汇报行动学习感悟和初步解决方案，接受评审专家（包括人力资源专家和研究课题的专家）的打分与建议
第三次集中学习	拓展视野和思维	产品优化竞赛	培训管理者选择 3 款公司或投资公司的产品，提前 4 周左右的时间让两组学员体验同一款产品，并思考"假如我是产品负责人，我将怎样优化、改善这款产品？"最终进行汇报，并评出其中的优胜者
		沙龙分享	培训管理者邀请公司负责公关的中层管理干部给学员分享危机管理和公关应对方面的内容，提升学员的风险管理意识和危机应对技巧

实训内容：学生每 5~6 人为一组，以小组为单位，根据任务 1 到任务 4 的实训任务，编制完整的培训计划。

考核标准：培训计划的结构完整；培训计划的内容合理；培训计划具有创新性；培训计划的格式规范；团队的协作能力和创新思维能力。

项目四　组织实施培训

◆ 项目情境

培训前的准备工作

为了提高企业的竞争力，A饮料公司在公司内建立和推行ISO 9000质量管理体系。为了通过ISO 9000质量管理体系认证，A饮料公司的人力资源部计划对全公司近1000名员工进行ISO 9000质量管理体系相关知识的内部培训。同时，A公司还计划选拔20名骨干员工脱产外出参加ISO 9000质量管理体系内审员的学习和考证。培训专员赵晓负责该培训项目的组织实施工作。

【思考】请你帮助赵晓确定在正式培训之前应该做好哪些准备工作。

◆ 教师点评

A饮料公司的ISO 9000质量管理体系相关培训项目包括两个部分：对全公司近1000名员工的内部培训和选拔20名骨干员工的外派培训。这两个部分培训的准备工作有所不同。

内部培训的前期准备工作包括以下七个方面：

（1）确定培训师和培训对象，并提前告知他们培训时间、培训地点等信息；

（2）与培训师进行沟通，确定培训内容、培训方法及分组要求等信息；

（3）布置培训场地；

（4）检查并调试相关的培训设备；

（5）准备相关的培训资料；

（6）与相关部门或人员沟通，做好后勤保障工作；

（7）建立培训师、培训对象及培训管理者进行沟通和交流的平台。

外派培训的前期准备工作包括以下五个方面：

（1）选择培训机构；

（2）筛选培训对象；

（3）通知培训对象具体的培训时间、培训地点等信息；

（4）签署培训服务协议；

(5) 设计培训对象需提交的培训记录、心得体会等模板。

任务 1　组织实施内部培训

知识目标：(1) 阐述组织实施内部培训的步骤和要点；
　　　　　　(2) 比较分析培训场地的布局。
能力目标：(1) 能制定内部培训所需的表格；
　　　　　　(2) 能组织实施内部培训。

知识储备

根据培训地点的不同，员工培训可以分为内部培训和外派培训两种类型。培训管理者组织实施内部培训和外派培训的工作重点有所不同。

员工培训的组织实施工作是保证培训成效的关键。一个培训项目的组织实施工作涉及多部门、多人员、多资源的组织和协调。培训管理者组织实施内部培训需要做好培训前的准备工作、培训中的组织工作和培训后的跟进工作。

一、培训前的准备工作

培训前的准备工作比较复杂，准备工作是否到位对培训质量有着直接的影响。因此，培训前的准备工作并不是辅助性的、无足轻重的，培训管理者必须对其予以高度重视。

培训前的准备工作包括相关人员的确认、培训场地的布置、培训设备和相关物品的准备、培训资料的准备、后勤保障工作的安排和培训群的建立六个方面。

（一）相关人员的确认

培训的组织实施工作涉及的人员包括培训管理者、培训对象、培训师、企业高层管理者和后勤保障人员等。

1. 培训管理者

培训管理者负责培训的组织实施工作。培训部经理（企业设置了专门的培训部）或人力资源部经理（企业未设置专门的培训部）应根据培训项目的大小、重要程度确定培训管理者的人数及其责任分工，以保证培训项目的顺利实施。

2. 培训对象

培训管理者确认培训对象后，应制作一份详细的培训对象信息表。培训管理者根据培训对象信息表至少提前 10 天左右通过电子邮件或内部公文的形式发出培训通知书（举例参见工具模板 4-1），以便培训对象及其所在部门的领导提早做好必要的准备工作。培训通知书的行文可以直接指向参加培训的个人，也可以指向其所在的部门。培训通知书中有关培训事项的说明要具体、详细、准确。

工具模板 4-1

培训通知书

××××部门：

我公司人力资源部组织的"中层管理者_____培训"将于____月____日正式开始，计划于____月____日结束。拟安排××××部门的中层管理者参加培训，请将具体培训要求通知以下人员：

1. 培训对象名单

表 4-1　培训对象名单

姓名	职位	部门	姓名	职位	部门

2. 培训时间：_____年____月____日至_____年____月____日（全封闭）。

3. 集合时间：_____年____月____日上午 7:30—8:00。

4. 培训地点：_____。

5. 培训对象需携带的物品：身份证、听课证、纸、笔、生活用品和换洗衣物。

6. 如遇特殊情况，请联系培训项目负责人：_____，联系电话：_____。

××公司人力资源部
年　月　日

针对重大的、时间长、成本高或者涉及重要商业信息的培训项目，培训管理者要拟定科学严谨的培训服务协议,并在培训前组织培训对象签署培训服务协议。

培训服务协议的主要内容包括培训项目的具体信息、培训费用、培训后培训对象要达到的技术或能力水平、培训后培训对象的工作岗位及服务期限以及违约赔偿等条款(举例参见工具模板4-2)。

工具模板 4-2

员工培训服务协议

文件编号:

甲方(企业):_____

乙方(培训对象):_____

经乙方本人申请,甲方审核同意,由甲方出资,安排乙方参加公司组织的_____培训,培训时间自_____年____月____日始至_____年____月____日止,学习期限一共为____月(天)。

培训性质为:□脱产学习　□半脱产学习　□非学历培训　□学历培训

甲、乙双方经协商一致,平等、自愿地签订本合同,内容如下:

一、培训缴费的类型(以下两项选其一):

□1. 培训费由乙方先行支付,乙方在培训结束后,按甲方的《培训管理制度》和本协议约定,凭相关证书或证件和发票按比例报销培训费,乙方应按约定为甲方服务满规定期限。

□2. 培训费由甲方统一支付,乙方在培训结束后,按甲方的《培训管理制度》和本协议约定,乙方应为甲方服务满规定期限。

二、培训期间工作安排、工资和福利待遇按《培训管理制度》的相关规定执行。

三、乙方在培训学习期间,应严格保守企业的商业机密,遵纪守法,虚心学习先进的经验和技术,圆满完成培训学习任务。

四、乙方在培训学习期间,除应遵守培训纪律外,还应遵守甲方对员工的所有规定。

五、由乙方先行支付培训费用的,培训期间无论何种原因致使双方解除劳动合同,甲方不再有报销乙方学成之后培训费用的义务。

六、乙方培训学习结束,返回工作岗位后两周内,需向甲方的人力资源部门提交一份培训报告,作为企业内部培训材料,并有义务对本部门相关岗位的其他员工进行培训。

七、乙方完成学业后应完成以下事项：

1. 应取得_____证书。

2. 若乙方未能取得证书，由乙方先行支付的培训费，甲方不予报销；由甲方统一支付培训费的，甲方则有权从乙方的工资中扣除。

八、服务期限约定。

1. 甲方为乙方支付非学历培训费用，乙方应为甲方服务满_____年（月），自_____年____月____日至_____年____月____日。

2. 甲方为乙方报销学历培训费用，乙方应为甲方服务满_____年（月），服务年限按学位证书记录的取得学位之日起计算，自_____年____月____日至_____年____月____日。

九、培训费报销、费用递减约定。

1. 非学历培训

甲方为乙方支付非学历培训费用，培训费用按服务期限月数分摊，服务期限每满一个月递减一个月的费用。

2. 学历培训

（1）乙方完成学业后凭学位证书、毕业论文、学费发票及本协议到甲方的人力资源部备案后，甲方一次性为乙方报销学费。

（2）报销比例为学费的：□60%；□80%；□100%。

（3）报销金额为____元，大写_____。

（4）服务期限满1年递减所报学费的____%；服务期限满2年递减所报学费的____%；服务期限满3年递减所报学费的____%。

十、违约责任。

甲方为乙方支付或报销培训费用后，乙方无论何种原因未能为甲方工作达到本协议约定期限的，均按下列标准执行：

1. 乙方提出提前解除劳动合同，应从乙方离职之日起计算乙方未满服务期应支付的违约金。

2. 乙方因违反甲方的管理规章制度被辞退、被除名或被开除的，或在合同期内擅自离职的，除应支付未满期限的违约金外，还应赔偿未满服务期给甲方造成的经济损失，每月为____元。

3. 除上述两条所列原因外，乙方未能为甲方工作达到约定期限而提前与甲方解除合同的，应从解除劳动合同之日起计算乙方未满服务期应支付的违约金。

4. "培训费用"是指报销凭证所列"培训费、学费"的相关费用。

十一、本协议为劳动合同的附件。本协议未尽事宜，双方应友好协商解决，若不能达成共识，可报××市劳动争议仲裁委员会申请仲裁。

本协议自双方签字之日起生效。本协议一式两份，甲、乙双方各持一份，具有同等法律效力。

甲方：　　　　　　　　　　　　　　乙方：

签章：　　　　　　　　　　　　　　签章：

时间：_____年____月____日　　　时间：_____年____月____日

3. 培训师

培训前，培训管理者应与培训师进行充分的沟通，双方确认培训内容、培训方法、培训时间、培训场地、培训设备、培训对象分组的要求、培训作业或试卷等相关因素。企业邀请外部培训师为员工进行培训，培训管理者应确定外部培训师来企业进行培训所乘坐的交通工具、行程时间等信息，以便安排人员接待。

4. 企业高层管理者

有些培训项目包含高层管理者致辞或高层管理者颁发培训证书的环节。培训管理者要提前确定参加员工培训的企业高层管理者，提前为他们准备好姓名牌。企业的高层管理者参加培训活动有利于提高员工参加培训的积极性，有利于形成一种自上而下的学习型企业文化氛围。

5. 后勤保障人员

内部培训所需的后勤保障人员包括培训设备管理人员、司机和食堂工作人员等。培训管理者应根据需要，提前与后勤保障人员进行沟通和协调，告知后勤保障人员培训的基本信息和物资需求。

(二) 培训场地的布置

培训场地的布置是指培训管理者根据培训内容、培训对象的人数、培训方法和培训目标等因素，以教室、会议室、报告厅等为主体进行的房间布局设计。一般来说，培训场地应满足以下要求：

(1) 培训场地应尽量与工作场所保持距离，空间独立，以避免相互干扰。

(2) 培训场地应满足培训对象与培训师对于舒适度的需求。其通风、温度、湿度、照明及噪声等条件要达到一定的标准。

(3) 培训场地应满足培训对象参与度的需求。培训场地能够容纳培训对象，满足培训师与培训对象互动的需要，满足培训师应用多种培训方法的需要。

(4) 培训对象的座位以保证相邻培训对象之间的目光自然交流为宜，培训对象不要坐得太拥挤，也不要过于疏远，坐得过于疏远不便于相互之间进行讨论。

(5) 培训对象的座位上要有足够的空间放置纸、笔和水杯等。

常见的培训场地布局有教室型（如图 4-1 所示）、圆（方）桌小组型（如图 4-2 所示）、大圆（方）桌型（如图 4-3 所示）和 U 形（如图 4-4 所示）等，各种布局的适用情况、优点和缺点参见表 4-2。

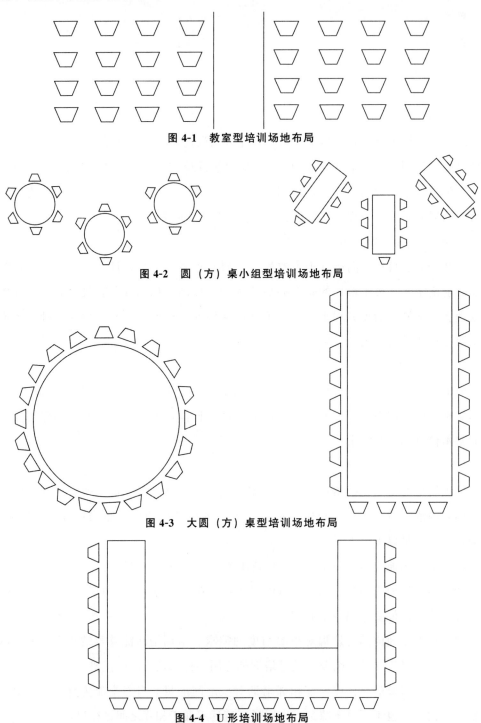

图 4-1　教室型培训场地布局

图 4-2　圆（方）桌小组型培训场地布局

图 4-3　大圆（方）桌型培训场地布局

图 4-4　U 形培训场地布局

表 4-2 培训场地布局的比较

培训场地布局	适用情况	优点	缺点
教室型	1. 该布局适用于培训对象人数较多的情况，可容纳的培训对象人数为40~200人； 2. 该布局适用于以讲授法为主的培训	1. 布局简单，最大限度地摆放座椅、利用空间，最大限度地容纳培训对象； 2. 培训师是焦点，培训对象容易将注意力集中到培训师身上； 3. 该布局有利于理论知识的传授	1. 该布局不利于培训对象与培训师之间的互动交流，不容易活跃气氛； 2. 培训对象容易出现非学习性行为，如玩手机、聊天等，培训师不能有效地监督培训对象
圆（方）桌小组型	1. 该布局一般可以容纳40~60人； 2. 该布局适用于团队型培训项目，适用于小组讨论； 3. 该布局多为中小型企业进行员工培训所采用	1. 该布局方便小组内成员进行深入的沟通与交流； 2. 该布局方便培训师在小组之间走动，加强与培训对象的互动交流； 3. 该布局有利于培训师激发培训对象参与各项活动，有利于团队之间相互竞争	1. 该布局不利于小组之间的交流； 2. 部分培训对象会背对培训师而坐； 3. 该布局对培训师的培训技巧要求较高，培训师需具备较强的组织协调、调动氛围的能力
大圆（方）桌型	1. 该布局可以容纳10~30人，适用于规模较小的培训； 2. 该布局适合研讨型培训； 3. 该布局常用于中高层管理人员培训	1. 该布局有利于培训对象彼此观察，能增加培训对象之间的了解； 2. 该布局有利于培训对象进行分享、研讨； 3. 该布局有利于培训师监控现场情况	1. 该布局限制了培训师开展培训的灵活性，不方便团队型教学活动的开展； 2. 培训师与培训对象之间的沟通不够，培训对象之间易相互影响，容易分散注意力； 3. 在该布局下，大部分培训对象需要侧身或扭头才能看到培训师，坐姿不够舒适，会影响听课效果
U形	1. 该布局可以容纳10~20人； 2. 该布局适合研讨、游戏等培训形式	1. 培训师站在U形布局内部，可以保证培训对象的视觉和听觉效果； 2. 该布局促进了培训师与培训对象之间的互动和交流，增强了培训体验效果	1. 培训师需要具备足够的实战经验与控场技巧； 2. 该布局占用空间较大

(三) 培训设备和相关物品的准备

企业在进行员工培训时，培训设备和相关物品的准备主要包括以下五个方面：

1. 多媒体设备

多媒体设备是现代企业进行员工培训不可或缺的组成部分，包括连接互联网的计算机，投影仪，展示台，话筒，激光笔，电子白板，录音、录像设备和存储设备等。在培训开始前，培训管理者应先检查各种设备能否正常使用，将设备设置到培训需要的模式。

2. 教具、文具

在有些员工培训中，培训师需要在黑板或白板上写字或画图来说明问题，因此，白板、白板笔、图钉、大白纸、便签纸等都是必不可少的工具。为了方便培训对象的学习,培训管理者最好提前准备好充足的纸和笔。

3. 学员证、姓名牌

培训管理者应为培训对象制作学员证,以提升培训的正规性,同时方便对培训对象进行管理。如果参加培训的人数较多,培训管理者不需要准备姓名牌。如果参加培训的人数较少,培训管理者最好提前准备好姓名牌,这样既可以促进培训对象之间的有效沟通,又可以方便培训现场的管理,同时还方便培训对象就座。

4. 横幅、宣传板

为了提高培训的正规性、仪式感,培训管理者应提前制作并在培训场地的合适位置悬挂或摆放印有培训主题的横幅或宣传板。

5. 培训道具

培训道具包括培训演示道具(如标本、实物、模型等)、培训游戏道具(如纸牌、气球、计时器、报纸等)、培训实操道具(如仿真沙盘、计算机软件等)。

（四）培训资料的准备

1. 培训日程表

培训日程表主要指培训项目实施的具体步骤和具体流程(举例参见表4-3),即培训管理者把培训各项活动(包括仪式性、辅助性的活动)落实到具体的时间节点,通过文本的形式告知培训对象。

表4-3　新员工培训日程表

培训时段	具体时间	议题	培训师	培训地点
7月20日上午	9:00—9:10	领导致辞	公司总经理	培训会议室
	9:20—10:30	企业文化	公司副总经理	培训会议室
	10:40—11:00	茶歇		
	11:10—12:00	人事制度	人力资源部经理	培训会议室
7月20日下午	14:00—15:00	部门介绍	部门主管	各部门会议室
	15:10—15:30	茶歇		
	15:40—16:30	岗位职责培训	部门主管	各部门会议室
	16:50—17:20	公司环境参观	部门主管	公司
7月21日上午	9:00—10:30	职场礼仪与沟通	外聘讲师	培训会议室
	10:40—11:00	茶歇		
	11:10—12:00	职场有效工作方法	外聘讲师	培训会议室
7月21日下午	14:00—15:00	团队协作理论	外聘讲师	培训会议室
	15:10—15:30	茶歇		
	15:40—16:30	团队协作实践	外聘讲师	培训会议室
7月22日	部门自行安排	岗位基本技能培训	部门内训师	各部门会议室
7月23日	9:00—17:00	素质拓展训练	拓展机构培训师	素质拓展基地

2. 培训出勤情况表

培训出勤情况表（参见表 4-4）的作用主要表现在以下三个方面：

一是方便培训管理者与缺勤的培训对象进行联系，了解其缺勤的原因；

二是方便培训管理者根据培训人数安排就餐、交通等事宜；

三是为培训管理者的后续培训效果评估工作提供数据参考。

表 4-4 培训出勤情况表

编号： 　　　　　　　　　　　　　　　　　　　　　　　　　　　日期：

培训课程								培训师		
培训时间段								培训地点		
应参加人数								实际参加人数		
序号	培训对象	所属部门	职务	培训出勤情况					培训对象签字	备注
				准时	迟到	早退	旷课	请假		
1										
2										
3										
4										
5										
6										
7										
……										
填表人签字						培训部主管签字				
说明	1．请在"培训出勤情况"栏中以"√"注明 2．此表由培训部主管签字确认后存档									

3. 培训讲义或辅导材料

培训讲义或辅导材料一般由培训师提供。有些培训师希望培训对象在接受培训前对培训内容有一定的了解，或者对培训案例的背景有一定的了解，因此会提前发放相关资料。培训管理者应配合培训师，根据培训对象的人数提前打印并装订好培训讲义或辅导材料。

4. 培训效果评估调查问卷

为了了解培训对象对培训课程、培训内容、培训师和培训组织安排的即时性评价，培训管理者要提前设计好培训效果评估调查问卷，方便在培训后了解即时培训效果。

5. 笔试试卷

针对知识类培训，培训管理者要提前与培训师进行沟通，确定是否需要开展笔试测验。如果需要进行笔试测验，培训管理者要提供试卷模板，培训师按照模板来设计试卷，培训管理者再根据培训对象的人数提前打印好试卷。

6. 培训证书

对于比较正式的员工培训，培训管理者应制作培训证书。一方面，培训证书可以作为正式文件存档；另一方面，培训证书是对培训对象的学习经历和学习成果的肯定，可以提升培训的仪式感。

（五）后勤保障工作的安排

1. 住宿、餐饮、交通安排

培训相关人员（包括培训管理者、培训师和培训对象等）的住宿、餐饮、交通安排是重要的后勤保障工作。为了保障培训效果，提升培训满意度，培训管理者应根据培训的具体信息，与内部相关部门或外部合作单位针对住宿、餐饮、交通等事项作出合理的安排。

2. 茶点、水果、饮料等的准备

培训管理者可以根据培训对象的人数、培训时间等准备必要的茶点、水果、饮料。茶点、水果、饮料的选择以方便培训对象食用或饮用为宜。

3. 药品准备及医疗人员配备

培训管理者应在培训开始前准备常备药品，包括感冒药、消炎药、晕车药、止吐止泻药、创可贴、止痛药、解暑药、医用酒精、碘酒等。在进行户外培训时，培训管理者还要配备必要的医疗人员，用来应对培训现场的突发状况。

（六）培训群的建立

培训管理者在明确培训师和培训对象后应建立培训群，通过培训群及时发布培训的相关信息，分享相关资料，方便培训对象、培训师和培训管理者进行沟通和交流。

为了更好地做好培训前的准备工作，培训管理者应设计一个培训前准备核查表（参见表4-5），将培训前应做的准备工作一一列出，然后对照核查表逐项检查落实，以免疏漏。

表 4-5 培训前准备核查表

序号	核查项目	进度日	完成情况	补救措施
1	确定培训管理者，明确其职责和分工			
2	确定培训主题			
3	确定培训时间			
4	确定培训地点			
5	确定培训师			

续表

序号	核查项目	进度日	完成情况	补救措施
6	与培训师沟通确认培训目标、培训内容、培训方法等			
7	制作培训日程表			
8	告知培训师培训时间、培训地点等信息			
9	确定培训对象,制作培训对象名单			
10	发起培训宣传与动员活动(重大培训设置该项目)			
11	制作出勤情况表			
12	制作并发布培训通知书			
13	签订培训服务协议			
14	确定出席培训的企业高层管理者			
15	与后勤保障人员沟通,告知培训所需的资源			
16	制作培训横幅、宣传板			
17	布置培训场地			
18	检查培训设备			
19	准备培训教具、培训文具、培训道具			
20	制作学员证、姓名牌、培训证书			
21	制作课程讲义和相关学习资料			
22	制作培训效果评估问卷			
23	确认培训分组名单			
24	做好住宿、餐饮、交通安排			
25	准备茶点、水果、饮料、药品等			
26	建立培训群			
27	设计课程串场活动			
28	培训前一天提醒培训师上课			

二、培训中的组织工作

培训管理者在培训中的组织工作包括签到管理、引导就座、培训主持、现场控制和后勤服务等内容。

(一)签到管理

培训管理者应在培训开始前10~20分钟组织培训对象签到,确认参加培训的培训对象名单,尽快联系缺席的培训对象并确认其缺席的原因。

（二）引导就座

培训对象习惯首选后排的座位，导致在前排座位的人数较少，这不利于培训师积极性的发挥。培训管理者有必要引导培训对象在前排就座。如果培训师提前要求培训对象划分团队，那么培训管理者则要引导培训对象到指定团队的位置就座。

（三）培训主持

一般来说，在培训现场，培训管理者需要担任主持人的角色。培训主持人的主要作用是配合培训师将培训完成得更有效、更精彩，即具有"承上启下"和"穿针引线"的作用。培训主持人的语言要得体流畅、言简意赅。培训主持人在培训过程中要能做到精炼开场、即兴串场、恰当收场。培训主持人的开场包括：致欢迎词，说明培训目的和培训主题，介绍培训师，宣讲培训纪律，告知后勤保障的安排，提醒培训后的效果评估工作安排等。在组织活动时、课间休息时、阶段性开场时，培训主持人要及时串场，串场对培训主持人的灵活应变能力的要求较高。培训主持人要注意分寸得当，不能喧宾夺主。一般情况下，培训主持人的收场包括对培训师、培训机构、培训对象和相关人员表示感谢，发放并回收培训效果评估调查问卷，宣布团队评分的结果，为优秀团队、优秀学员颁奖，颁发培训结业证书，组织培训师与培训对象合影留念等。

（四）现场控制

培训管理者需要安排迟到的培训对象入座，维护培训现场的秩序，安排录音、录像工作，拍照记录培训现场的状态，调换有问题的培训设备或培训器材，评估培训师，协助培训师发放、收集培训资料等。

（五）后勤服务

培训管理者在培训休息时间为培训对象和培训师提供后勤保障服务，包括餐饮、住宿、茶点等内容。

三、培训后的跟进工作

（一）培训结束当天

培训结束当天，培训管理者的工作包括：通过电子邮件感谢培训师的授课，通过培训群感谢培训对象的参与，清洁、整理、还原培训场地，整理培训道具与培训设备。

（二）培训结束后 3 天内

培训结束后 3 天内，培训管理者需要发布企业新闻或简报，整理培训对象的资料和档案，整理培训课件、教辅资料并分享给培训对象，整理并统计培训效果评估调查问卷，整理并统计培训试卷与培训作业，整理培训录音、录像资料，进行即时

项目四　组织实施培训

培训效果评估。

(三) 培训结束后 3~5 天

培训结束后 3~5 天，培训管理者需要撰写培训总结报告，分析培训组织实施的优点、缺点和即时培训效果，报销培训相关费用。

案例 4-1　W 服饰有限公司破解培训时间难题

W 服饰有限公司（以下简称 W 公司）是珠海一家生产、销售针织衫的企业。该公司在平衡员工培训时间与工作时间上遵循一个原则：尽量少占用员工的业余时间。其具体方法如下：

1. 淡季培训

W 公司的经营淡季集中在 6~8 月份。W 公司的人力资源部每年都会在这段时间开展中高层管理者管理技能培训、销售人员销售技能培训等项目。W 公司在经营淡季组织培训，一方面为旺季的到来储备优质的人力资源，另一方面可以缓解培训时间与工作时间的矛盾。

2. 例会培训

W 公司制定了完善的例会培训制度，部门管理者或优秀员工充分利用每周的例会时间，针对行业现状、岗位技能、工作方法和工作流程等内容对部门员工进行专题培训。

3. 随时培训

W 公司的管理者采用随人、随事、随地、随时的培训方式。该方式的优点是通过随时培训与岗位辅导，让员工快速提升岗位技能，同时增进员工与领导之间的感情，有利于团队建设。

4. 选择不受时间限制的培训方法

针对知识类培训，W 公司采用培训资料发放或在线学习的方式，由员工自主学习，提高了学习的自由度。

案例 4-2　M 公司的内部培训组织实施攻略

M 公司建立了完善的内部培训组织实施攻略，包括培训前、培训中和培训后三个阶段，其具体内容参见表 4-6。

表4-6 M公司内部培训组织实施攻略

项目阶段	行动目标	主要事项及行动计划	负责人	协助人	完成时间	完成情况
培训前	方案报批	1. 培训方案立项			培训前30天	
		2. 评估培训方案			培训前30天	
		3. 审批、确定合作机构或培训师			培训前30天	
		4. 报批培训方案并签订合作协议			培训前30天	
	培训通知	1. 确定培训时间、培训地点			培训前30天	
		2. 安排具体培训场地、住宿地点			培训前30天	
		3. 起草培训通知,制作培训电子回执			培训前30天	
		4. 发布培训通知			培训前30天	
	协调事项	1. 沟通、检查、落实培训师的课件、教学资料			培训前15天	
		2. 制作姓名牌、横幅、X展架或易拉宝			培训前15天	
		3. 确认培训期间需印刷的资料			培训前15天	
		4. 预订培训师的机票			培训前15天	
		5. 了解培训师的行程并安排培训师的住宿			培训前15天	
		6. 申请与安排车辆			培训前15天	
		7. 协调好接机工作			培训前15天	
		8. 与培训师确认场地,明确第一天需配合的事项			培训前15天	
	参训确认	1. 最终确认及审核培训对象的名单,制作签到表			培训前10天	
		2. 对培训对象进行分组			培训前10天	
		3. 确认培训场地的相关事项			培训前10天	
	用餐预约	确认培训用餐的人数并提前预订培训工作餐			培训前10天	
	物料准备、设备调试	1. 收集培训师的课件,编制及印刷学员手册			培训前1天	
		2. 制作培训证书			培训前1天	
		3. 制作工作证和学员证			培训前1天	
		4. 准备好培训签到表,培训评估表,培训师登记表,以及需要发放的宣传资料、白纸和签字笔若干			培训前1天	
		5. 准备领导讲话稿和主持词			培训前1天	
		6. 采购茶歇的相关物品			培训前1天	
		7. 准备/调试好扩音器、麦克风、相机、笔记本电脑、激光笔、白板笔等培训设备			培训前1天	
		8. 检查相机的电量			培训前1天	
		9. 检查培训现场的灯光			培训前1天	
		10. 准备培训现场需要播放的音乐			培训前1天	
	场地布置	1. 准备图钉,挂好横幅			培训前1天或当天	
		2. 布置培训场地,摆放好桌椅,清洁白板,白板笔、夹子、激光笔等归位			培训前1天或当天	
		3. 摆放姓名牌、欢迎牌、X展架或易拉宝			培训前1天或当天	
	人员分工	1. 培训项目的负责人制作分工表并分发给培训管理者			培训前1天	
		2. 召开训前小会,沟通、确认工作事项			培训前1天	
		3. 强调注意事项			培训前1天	

续表

项目阶段	行动目标	主要事项及行动计划	负责人	协助人	完成时间	完成情况
培训中	课前	温馨提示	通过微信或短信平台再次提醒、通知培训对象培训相关事项			当天	
		设备开启	1. 扩音器、麦克风、音响设备、投影设备、空调			当天	
			2. 培训师的电脑连接网络、存储设备			当天	
		欢迎参训	1. 培训对象签到、培训资料发放及入场指引			当天	
			2. 展示"欢迎参加××培训"的PPT			当天	
			3. 课前5分钟播放音乐			当天	
		开训仪式	1. 介绍嘉宾，邀请高层管理者致辞			当天	
			2. 说明培训课堂纪律			当天	
			3. 分组，确定每组的组长、口号（依情况而定）			当天	
			4. 介绍培训师和培训流程			当天	
	课中	控场管理	1. 录像机、照相机、话筒的电量充足；拍照（培训师讲授、团队讨论、师生互动、精彩瞬间等分类整理）			当天	
			2. 调整课堂氛围（必要时提醒休息或互动串场）			当天	
			3. 课程中音频、视频的播放（声音大小的控制）			当天	
			4. 麦克风的音量的调节及声音的传递、灯光（播放视频时需关灯）			当天	
			5. 培训对象纪律管控（防止培训对象随意出入、接听电话、顶撞培训师、玩手机、聊天等）			当天	
			6. 协助培训师分发材料、大白纸、签字笔等			当天	
			7. 关注培训师的授课效果（培训对象的反应、培训师的风格、课堂的气氛）			当天	
			8. 关注课间茶歇的备用量（若有不足要及时补充）			当天	
			9. 会场走动，以会场的两侧为主，以不影响培训师为原则			当天	
	课后	结训仪式	1. 感谢培训师的精彩分享			当天	
			2. 邀请高层管理者进行总结			当天	
			3. 回顾培训过程和照片播放（培训时间在2天以上的需整理、制作培训回顾PPT）			当天	
			4. 分发并回收培训评估表，要妥善保管			当天	
			5. 颁发培训证书			当天	
			6. 安排合影			当天	
			7. 感谢培训师和培训对象，宣布培训结束			当天	
培训后		用餐预约	通知培训师和培训对象就餐地点并引导他们到就餐地点就餐			当天	
		欢送培训师	安排人员负责为培训师送机			当天	
		训后感谢	通过微信或短信平台感谢培训对象的参与			当天	
		教室整理	整理培训场地			当天	
		资料汇总	培训对象的资料（签到表、培训评估表、测试表）			当天	
			课程资料（讲义、录音、录像、照片）			当天	
		简报制作	微信平台、网站新闻简报			培训结束后3天	
		总结提升	统计培训评估表，撰写培训总结报告			培训结束后5天	
		费用报销	培训所产生费用的报销			培训结束后7天	

实训内容：学生每5~6人为一组，以小组为单位，结合已撰写的培训方案，组织实施内部培训（要求：1人担任培训师，1人担任主持人，1人负责录像及后期制作）。

考核标准：培训现场管理有序；培训资料完整；培训道具准备充分；培训效果好；团队协作的能力和创新思维能力强。

任务2　组织实施外派培训

> **知识目标**：（1）列举外派培训的类型；
> （2）掌握外派培训对象管理办法；
> （3）说明外部培训机构的选择流程和维度。
> **能力目标**：（1）能拟写培训项目外包合同；
> （2）能分析比较并选择外部培训机构。

知识储备

当企业内部培训资源不能满足企业的培训需求时，培训管理者应充分挖掘并利用外部优质的培训资源，实现企业的培训目标。

外派培训是企业将内部员工选派到外部培训机构或学校参加培训的一种方式。外派培训可以充分利用外部优质的培训资源来弥补企业自身培训资源的不足。

一、外派培训的类型

根据培训内容的特点，外派培训可以分为管理类外派培训、技能类外派培训和拓展类外派培训三种类型。

（一）管理类外派培训

管理类外派培训针对的是企业的中高层管理者和后备人才。企业管理者的管理水平并不会因为一次或几次培训就会有质的飞跃，因此，这类培训并不是为了解决企业管理的具体问题，其目的主要在于对管理者的管理理念、管理方法，以及看待问题的角度进行拓展性、头脑风暴式的培训。这种提高性的培训并不是企业必不可少的一项培训，故而属于企业的发展性、福利性培训。

（二）技能类外派培训

技能类外派培训针对的是各业务部门从事技能工作的人员。这类培训属于企业的常规性外派培训，当企业的现有技术或技能水平达不到要求时，企业往往会选择部门内优秀的专业技术人员参加外派培训。这类培训目的明确、内容具体，就是为了让员工学习掌握企业所欠缺的技术、技能。

（三）拓展类外派培训

拓展类外派培训可以应用于企业各层次、各部门的员工。这类培训通常利用山川河流等自然环境或专业的拓展基地，通过精心设计的活动达到"磨练意志、陶冶情操、完善人格、锻炼团队"的目的。拓展类外派培训是一种全新的体验式学习方法和训练方式，适合于现代人和现代组织。它大多以培养合作意识和进取精神为宗旨，帮助组织激发员工的潜力，增强团队的活力、创造力和凝聚力，以达到提升团队的生产力和竞争力的目的。

二、外派培训对象的管理

目前，外派培训是企业针对核心人才采用的一种培训方式。然而，外派培训管理却是很多培训管理者工作的难点。与内部培训相比，外派培训的成本较高，所以培训管理者对外派培训对象的管理较为严格。

（一）资格要求

参加外派培训的员工应首先满足外派培训项目对员工的学历、工作年限、绩效水平等方面的要求。一般情况下，企业参加外派培训的员工应满足以下要求：在本企业工作两年以上；年度考核优秀；有意愿在本企业长期工作；被列入企业的储备人才。

（二）人数限定

一般来说，外派培训的费用较高，从成本的角度考虑，企业没有必要派全体人员参加。但是，参加外派培训的员工要能够在接受培训后对企业内相关人员进行再培训，将外派培训学习的内容转化为可持续的内部培训内容，使外派培训的效益最大化。同时，参加外派培训的员工进行再培训时还要确保培训内容真实、准确，所谓"差之毫厘，谬以千里"。一旦信息失真，将会给企业造成不可估量的负面作用。鉴于以上原因，如果条件允许，企业至少应派两名与培训内容相关的人员参加外派培训，一人负责了解培训内容的整体思路，便于培训后工作的有效开展；一人负责具体的实际技能，便于培训后对本企业的员工进行实践指导。

（三）培训前填写申请表

外派培训对象需填写《外派培训申请表》（参见表4-7）或《外派培训推荐表》（参见表4-8），交由人力资源部门审查核准。外派培训对象在参加培训前还需提交个人目前工作业绩评估表，并对培训后的专业能力、工作业绩提出预估。

表 4-7 外派培训申请表

基本情况	姓名		部门		职务	
	学历		专业		入职时间	
申请培训情况	培训课程					
	主办单位					
	培训类型	□专业技术培训　□管理培训　□其他培训_____				
	培训时间	年　月　日至　年　月　日，总学时：				
	培训方式	□脱产　□半脱产　□不脱产		学费		元
申请理由		申请人签名：　　　　　　　　　年　月　日				
相关部门意见	部门意见	签名：　　　　　　　　　　　　年　月　日				
	人力资源部意见	签名：　　　　　　　　　　　　年　月　日				
	副总经理意见	签名：　　　　　　　　　　　　年　月　日				
	总经理审批意见	签名：　　　　　　　　　　　　年　月　日				

表 4-8 外派培训推荐表

推荐部门/推荐人			推荐人职位		推荐人选	
推荐人选简介	教育背景					
	工作经验					
	技术或业务水平					
	在职期间表现					
外派培训推荐理由						
外派培训项目名称						
外派培训目标						

续表

外派培训起止时间	从　　　　至		外派培训费用	_____元		
外派培训地点			外派培训机构名称			
外派培训课程内容	课程名称	具体内容		安排的课时		培训讲师简介
培训期间工作任务安排						
部门主管审核签字			日期：	年	月	日
人力资源部经理审核签字			日期：	年	月	日
财务经理审核签字			日期：	年	月	日
总经理审核签字			日期：	年	月	日

（四）培训前签订培训服务协议

外派培训对象需与企业签订培训服务协议，约定培训项目的细则、培训后的服务期限和违约赔偿责任等条款。

（五）培训后提交资料

外派培训对象返回后，需根据要求向人力资源部门或培训部门提交《培训总结报告》、培训教材、学习资料、笔记、培训证书等，以便存档。

（六）培训后分享

外派培训对象返回后，应配合培训部门就培训内容、心得体会与企业的其他员工进行交流和分享，不得借故推诿。

（七）培训后费用报销管理

外派培训对象需提交学费发票、外派培训申请表、学位（培训结业）证书等材料报销先行支付的培训费用。

（八）培训后配合评估培训效果

外派培训对象的直接上级应以适当的方式考查员工的培训效果，并对员工的培训效果进行长期跟踪，企业培训部门负责培训效果评估的督促、监督和信息整理工作（参见表 4-9）。

表 4-9 外派培训对象培训效果评估分析表

培训项目名称				培训时间	____年___月___日至 ____年___月___日		
培训机构名称				培训目标			
外派培训人员名单	姓名	部门	职位	姓名	部门	职位	
培训实施过程	（相关资料可由外部培训机构提供）						
外派培训人员对该培训的评价	（附调查问卷及统计分析结果等）						
外派培训人员成果	（附测试成绩表、培训对象培训总结等）						
人力资源部经理意见				总经理意见			

为规范外派培训管理工作，企业应该制定完备的外派培训管理办法（举例参见工具模板 4-3）。

工具模板 4-3

外派培训管理办法

第一章　总则

第一条　定义

外派培训即公派外出参加培训，是指依据公司业务发展需要，公司出资派遣员工参加由外部机构开展的培训班。

第二条　目的

（一）规范员工因公外出培训的流程，实现培训效益的最大化。

（二）为员工提供外出学习、资格证书考取的机会，提升员工价值。

第三条　适用范围

本办法适用于除外出参观考察外所有由公司出资派遣员工进行外出学习的情形。

第四条　组织权责

（一）人力资源部门职责

1. 负责总部人员外派培训的审批、费用报销和培训资料的保管。

2. 负责审核分公司提交的《外派培训审批表》，并对分公司外派培训进行管控。

3. 负责定期检查分公司外派培训工作落实情况并纳入考核。

（二）分公司职责

1. 负责分公司《外派培训审批表》的审批和《外派培训协议》的签订。

2. 负责分公司外派员工信息的整理，并定期报人力资源部门备案。

3. 负责分公司外派培训证书和培训资料的保管。

第五条　外派培训管理原则

1. 公司出资安排员工参加外派培训的，费用达到规定金额需签订《外派培训协议》并约定服务期限。如果员工违约应按照《外派培训协议》承担违约责任。

2. 外派培训的所有资料、专业认证成果均归公司所有：

（1）员工外派培训结束后，应将培训过程中所发放的参考书、教材等有关资料交送人力资源部门统一保管。

（2）员工培训所获得的专业认证证书需交由人力资源部门统一保管。在员工与公司订立的《外派培训协议》中约定的服务期期满后，员工可以提出申请，人力资源部门核查后，可以将专业认证证书退给员工。

3. 公司安排员工参加外派培训，将承担员工的全部培训费用，包括培训学费、教师授课费、考务费、讲义与资料费，以及因培训产生的交通费和差旅费（交通费和差旅费的范围和额度按《集团差旅费管理办法》执行，培训通知中若含食宿安排则不可再单独报销餐费及住宿费）。需要参加认证考试的认证类培训，公司只承担一次认证考试费用。

4. 员工未取得培训项目合格成绩的（包括参加认证类培训在规定时间内多次考试仍未能通过认证考试并取得认证证书），员工应承担所有培训费用的50%。

第二章　外派培训流程管理

第六条　外派培训流程

（一）培训前

1. 审批手续

所有的外派培训均需要员工提前申请，审批通过后方可实施。若因时间紧急无法通过流程审批，员工需先通过电话形式获得口头审批，一周内补办审批手续。

2. 外派培训申请统一由人力资源部门发起

（1）总部员工若有外派培训需求的，需由申请人填写《外派培训审批表》，经申请人所在部门负责人签字后交由人力资源部门，经人力资源部门经理和集团总裁审批后方可通过。

（2）分公司员工若有外派培训需求的，需由申请人填写《外派培训审批表》，经申请人所在部门负责人签字后交由分公司人力资源部门，经分公司人力资源部门主管、分公司总经理、集团相关职能中心负责人、人力资源部门经理和集团总裁审批后方可通过。

（3）在《外派培训审批表》中申请人需明确培训内容、培训时间、培训费用和参加培训的预期成果，并附该项培训的相关通知文件等。

3．签订培训协议

（1）由公司支付培训费用（含培训学费、教师授课费、考务费、讲义与资料费以及因培训产生的交通费和差旅费）总计达到3000元/人的外派培训，外派员工需与公司签订《外派培训协议》。

（2）外派培训审批流程通过后，人力资源部门组织外派员工签订《外派培训协议》。协议一式三份，人力资源部门执一份，员工执二份（其中财务报销需附一份）。

（3）《外派培训协议》中的甲方，应与员工订立劳动合同中的甲方保持一致。

（4）在培训前，公司先行支付费用的外派培训，员工必须在参加培训前签订《外派培训协议》，否则不得参加培训。

（5）员工自己预付培训费用的外派培训，员工应在培训费用报销前补签《外派培训协议》。拒绝补签《外派培训协议》的，不得报销培训费用。

（二）培训中

1．员工必须遵守培训单位的规章制度和培训纪律，遵从有关人员的指导，认真学习，掌握必要的知识或技能。员工不得以任何理由在未经公司或培训单位许可的情况下，擅自脱离培训单位或有任何妨碍培训的行为。员工违反本条款规定视为严重违反公司的规章制度。

2．员工一经接受公司的安排参加外派培训，必须认真学习、通过考试并获得相关证书。

（三）培训结束后

1．培训结束日期：非专业认证类培训，培训结束日期是指培训课程结束的日期；专业认证类培训，培训结束日期是指取得相关专业认证证书的日期。

2．员工应在外派培训结束后3天之内，向人力资源部门提交外派培训实际发生的费用票据的原件和复印件、专业认证证书。

3．经审核后，人力资源部门按本规定，确认符合报销规定的费用，并组织员工签订《外派培训费用确认书》（一式三份），作为《外派培训协议》的附件。

4. 人力资源部门应将下列资料存档：

(1)《外派培训协议》；

(2)《外派培训费用确认书》；

(3) 培训费用票据的复印件；

(4) 专业认证证书。

5. 人力资源部门指导员工报销培训的相关费用，报销时应向财务部门提交：

(1)《外派培训协议》和《外派培训费用确认书》的原件各一份。

(2) 培训费用票据原件。

第七条 其他管理要求

1. 员工外出培训结束后，需配合人力资源部门完成外派培训满意度的调查，认真填写《外派培训调查问卷》，以帮助公司了解外部培训机构的培训效果，为日后甄选培训资源获取信息。

2. 分公司的人力资源部门需建立《外派培训管理台账》，并随时更新，且于每月28日前递交总部人力资源部门备案。

第三章 员工外派培训的服务期规定

第八条 员工参加外派培训，需在《外派培训协议》中约定服务期，服务期为2年。

第九条 员工违反《外派培训协议》，在约定的服务期内辞职，或者因有《中华人民共和国劳动合同法》第三十九条规定的情形而被公司解除合同的，应按培训协议的约定向公司支付违约金。

违约金的计算公式为：违约金＝（服务期满日期－离职日期）/（服务期满日期－培训结束日期）×公司承担的培训费用。

第十条 员工的劳动合同期限届满，公司提出终止劳动合同的，员工未完成的《外派培训协议》中约定的服务期取消。

三、外部培训机构的选择

(一) 外部培训机构的选择流程

1. 收集外部培训机构的信息

培训管理者负责收集外部培训机构的资料，并建立外部培训机构档案。外部培训机构的可选范围主要来自于高校、管理咨询公司、培训公司和企业大学等；外部培训机构的信息收集渠道包括专业的网站和他人推荐等。外部培训机构的信息包括该培训机构的简介和信誉、培训课程的种类、培训师的构成、收费标准和客户评价等。

2. 发出询价函

培训管理者根据培训计划确定哪些课程需要由外部培训机构提供。培训管理者与外部培训机构取得初步联系，发出询价函，要求其提供相关培训课程的方案。针对大型培训项目，企业可以采取培训招标的形式来选择外部培训机构。

3. 确定候选的外部培训机构

培训部门负责对有合作意向的外部培训机构进行资格审查，确定2～3家候选的外部培训机构。在选择外部培训机构时，培训部门需注意以下六个问题：

（1）培训教材。培训部门需检查外部培训机构培训教材的来源、版权，评估培训教材的内容是否能满足企业员工培训课程的需求。

（2）培训师。培训部门需了解外部培训机构负责授课的培训师的信息，包括教育背景、工作经历和培训经验，检查他们是否具有培训资格证书。培训部门可以通过试听和沟通，了解培训师的授课能力和可以投入到培训课程中的时间、精力。

（3）培训时间。外部培训机构必须制定详细的培训课程时间表，包括课程准备、培训材料撰写、培训课程的具体时间安排和课后总结的时间，以保证培训课程的顺利实施。

（4）硬件设施。培训部门需考虑外部培训机构所在的地点，并了解包括食宿、交通、教室、教学设备等在内的一切可能影响培训效果的因素。

（5）培训费用。培训部门需了解培训项目的费用和支付方式。

（6）客户评价。培训部门可以对外部培训机构以前的客户进行访谈，了解外部培训机构课程的种类、水平、特点和课程对员工工作绩效提升的作用等。

4. 评估候选外部培训机构的综合实力

培训部门应组织成立外部培训机构评审小组。外部培训机构评审小组由人力资源部门、职能部门和高层管理者等相关人员组成。评审小组负责对候选的外部培训机构的综合实力进行评估，评估的内容主要包括外部培训机构的规模、企业文化、师资力量、培训服务能力等。评审小组最终确定意向外部培训机构。

5. 签订培训项目外包合同

培训部门严格按照企业风险管理、合同管理的规定和意向与外部培训机构签订培训项目外包合同，保证培训实施的顺利进行。培训项目外包合同（举例参见工具模板4-4）一般需要明确以下内容：

（1）外包培训的内容与方式；

（2）服务款项和交付时间、交付方式；

（3）合同期间双方的职责和权限；

（4）合作的期限；

（5）培训的进度和阶段考核措施；

（6）预期效果；

（7）信息安全保密条款；

（8）双方因违反合同规定而应做出的赔偿等。

工具模板 4-4

培训项目外包合同

甲方：_____公司。

乙方：_____培训机构。

甲方与乙方在相互了解、友好协商的基础上，就乙方向甲方提供培训服务事宜达成如下协议：

一、培训项目基本信息

1. 培训师：_____（见附件1）。

2. 培训时间：_____年____月____日至_____年____月____日，每天上午____到____，下午____到____。

3. 培训地点：_____。

4. 课程名称：_____。

5. 培训对象：_____。

6. 培训人数：_____。

二、甲方的权利和义务

1. 甲方负责做好学员培训需求调查分析，与乙方保持密切联系，提供培训需求信息。

2. 甲方负责落实培训课程的筹备工作，指定培训负责人，对参加培训人员进行组织与管理，向乙方提供参加培训人员的名单（见附件2）。

3. 甲方负责对培训师及其课程进行宣传。

4. 甲方负责指导、安排和督促培训工作，负责安排具体的授课时间。

5. 甲方承担乙方培训的全部费用。

6. 甲方必须对乙方和乙方培训师的信息予以保密。

7. 未经乙方的许可，甲方不得对乙方培训师的授课过程进行录音、录像。

8. 本合同签订后一年以内，甲方如果再次需要与乙方或乙方的培训师合作，必须与乙方直接签订新的合同，不得与乙方以外的单位或个人以及乙方的培训师私下交流与合作，否则，甲方应当按照本合同双倍金额作为违约补偿金赔付给乙方。

三、乙方的权利和义务

1. 乙方应就培训需求、培训内容和具体要求与甲方提前进行深度沟通。

2. 乙方在合同签订后，给甲方提供准确、真实、合法的培训师个人资料，并于培训日期前两个工作日将课程PPT提供给甲方。

3. 乙方负责培训场地的安排和布置，负责准备培训所需的设备、器材、教具，负责制作培训人员座签，负责打印、装订培训教材。

4. 乙方应严格按照约定时间开始课程培训。乙方的培训师应认真备课，负责按时为甲方的学员提供专业性、实用性和有针对性的优质培训。

5. 乙方负责培训现场的组织、协调。

6. 乙方负责提供培训结业证书。

7. 乙方按照合同约定向甲方收取培训费用。

8. 乙方的培训师讲授的课程拥有自主知识产权。未经乙方的许可，甲方不得对乙方培训师的授课过程进行复制（录像及其他方式），否则，乙方有权中止授课。

四、培训费用

1. 付款金额：甲方在本合同生效后五日内，以支票的形式向乙方支付人民币____元（大写_____元整）（含税）。

2. 发票：本合同所有款项，乙方应向甲方提供正式发票。

3. 汇款方式规定如下：

(1) 名称：_____培训机构。

(2) 开户行：_____。

(3) 账号：_____。

五、合同变更、终止与索赔

1. 甲方若未能按期支付乙方培训费用，每逾期一日，乙方可以要求甲方支付未付培训费用的1%作为违约赔偿金。

2. 甲方若将乙方的资料泄露给第三方，乙方有权对此要求甲方付出不低于____万元的经济赔偿。

3. 如果因意外因素导致培训课程的内容或时间发生变化，乙方应及时通知甲方并积极协调解决。

4. 如果因乙方的原因导致培训课程延迟或取消，乙方应向甲方支付培训费用的50%作为违约赔偿金。

5. 甲、乙双方任何一方违反本合同的义务，造成对方或第三人受到损害时，违约方应承担损害赔偿责任。

6. 乙方依本合同的约定对甲方负有赔偿或支付义务时，甲方可以自行从应付培训费用中扣除。

7. 一方违反本合同的义务经另一方通知后仍未改正者，另一方有权解除合同并要求违反合同方承担由此造成的一切损失。

六、保密规定

甲、乙双方对本合同及因与对方签订及履行本合同的过程中，直接或间接知悉对方或其母（子）公司、关联企业的产品制造方法、产销价格、交易对象及其他机密信息等均有保密义务，任何一方违反本条义务时，应赔偿对方或其母（子）公司、关联企业因此所受的一切损失。

七、其他约定

1. 乙方保证培训课程的文字、图表、图片等内容无侵害他人的专利权、著作权、商标权、商业秘密或其他知识产权的情形。

2. 如乙方培训课程的文字、图表、图片等内容有任何侵害第三人的专利权、著作权、商标权、商业机密或其他知识产权引起第三方侵权诉讼或主张权利时，由乙方处理侵权事宜。乙方负责辩护或和解的费用。

3. 对前项侵权行为的争议，乙方同意使甲方免于承担任何责任及费用，包括辩护费用、和解赔偿和依法院判决乙方应支付的损害赔偿金。

4. 本合同及其附件构成甲、乙双方的唯一协议，替代双方之前所达成的任何口头约定、协议、备忘录等相关文件。任何对本合同的修改应在双方代表书面签署后生效。

5. 本合同任何一方在未征得对方以书面的方式明确表示同意之前，任何涉及本合同所规定的权利和义务的转让均属无效。

6. 甲、乙双方相互独立，并不因本合同而产生任何代理、雇佣、合伙和合资关系。

7. 双方同意本合同的解释和履行依照中华人民共和国的法律。因本合同所产生的争议，如不能以友好协商的方式解决，双方同意以乙方所在地人民法院作为第一起诉法院。

8. 本合同一式两份，经双方授权代表签署后生效，双方各执一份为凭，具有同等法律效力，自双方授权代表签章或签字之日起生效。

八、附件

附件1：培训师简介（略）

附件2：学员名单（略）

甲方：_____公司　　乙方：_____培训机构

联系人：　　　　　　　　　　　　　联系人：

联系地址：　　　　　　　　　　　　联系地址：

邮政编码：　　　　　　　　　　　　邮政编码：

电话：	电话：
传真：	传真：
授权代表：	授权代表：
年　月　日	年　月　日

(二) 外部培训机构的选择维度

社会上的外部培训机构有很多，每家外部培训机构都有自己的优势。因此，企业的培训部门在选择外部培训机构时，一定要针对企业的实际情况进行筛选。在选择外部培训机构时，企业可以参照以下四个维度：

1. 品牌

通常情况下，企业在选择外部培训机构时，首先会关注业界经营日久、口碑良好的外部培训机构。知名的外部培训机构具有丰富的培训经验、较高的美誉度和较大的客户群。它们之所以能经得起时间的考验，在国内外获得广泛的认同，具有很强的品牌说服力，关键原因是它们提供的培训有质量保证。所以，企业应该把品牌知名度作为选择外部培训机构的重要参考因素之一。

2. 课程

课程既是外部培训机构的主要产品，也是衡量外部培训机构质量优劣的重要指标。

首先，企业要了解外部培训机构的课程分类。外部培训机构提供的课程通常分为标准课程和定制课程两类。标准课程一般是外部培训机构具有代表性的课程。标准课程的优劣取决于课程的专业性和适用性。好的标准课程应该是由活动模块构成的，外部培训机构可以通过调整活动模块来应对企业的具体需求。定制课程一般由企业与外部培训机构洽谈后才能确定，属于外部培训机构为企业量身打造的课程。

其次，企业要对课程的产品周期有所了解。随着社会的不断进步，知识更新的速度日益加快，因此外部培训机构的课程必须能跟上知识更新的速度，尽可能把最新、最好的知识传递给企业。

最后，企业要了解课程的可操作性。企业进行员工培训的最终目的是能对实际工作产生影响，课程的可操作性就显得格外重要。好的外部培训机构提供的课程应该配备相应的技术和方法，为企业将培训内容应用于实践提供帮助。

3. 培训师

除了课程以外，培训师是外部培训机构的又一重要资源。外部培训机构最好拥有自己专属的培训师队伍，以便为企业提供持续、全面的服务。外部培训机构的培训师应具备以下特质：

（1）丰富的知识和经验。足够的理论知识和实战经验是一名培训师能够施教于人的基本素质。

（2）足够的领悟力和创造力。一方面，领悟力和创造力有助于培训师在课程开发方面有所成就；另一方面，领悟力和创造力有助于培训师解决进行员工培训时需要面对的复杂问题。

（3）传递的能力。培训是一个沟通的过程，好的培训师应该通过适当的表达技巧，把知识有效地传递给培训对象。

培训师作为培训的具体实施者，也有可能是培训课程的研发者，其重要性毋庸置疑，企业在选择外部培训机构的时候，应根据上述标准，对外部培训机构的培训师有一个全面的评估。这对员工培训的顺利实施将起到很大的作用。

4. 服务流程

大多数的外部培训机构都承诺会帮助客户实现培训效益的最大化，但如果没有一套完善的服务流程是很难保证培训效果的。外部培训机构完善的服务流程包括以下三个方面：

（1）调查。

外部培训机构在为企业定制培训课程前，要对企业的实际需求情况有所了解。因此，外部培训机构在培训前期必须提供的服务就是培训需求调查，它是培训课程有的放矢的重要保证。

（2）沟通。

整个培训的实施是双方不断沟通的过程，包括培训需求的沟通、培训主题的沟通和知识理念的沟通等。双方只有经过充分的沟通才能就培训的重要事项达成共识。

（3）跟踪反馈，提供实战建议。

好的外部培训机构进行培训效果调查，侧重于了解培训对象的收获和企业的收获。通过对培训对象所反馈的信息进行分析和整理，培训机构会为培训对象提供实战建议，告知培训对象员工培训中所涉及的技能如何分量、分阶段、分情境地应用。这种行之有效的跟踪建议可以帮助企业实现培训效益的最大化。

在选择外部培训机构时，每个企业都有自己的标准。从总体上来说，以上四个方面是企业选择外部培训机构的共性标准。需要提醒的是，企业在选择外部培训机构前一定要先了解企业自身的需求，只有根据自身的需求来进行选择才能有的放矢，选到合适的外部培训机构，从而实现培训效益的最大化。

案例4-3 选择外派培训对象需谨慎

小罗是A科技公司研发部的员工，2021年1月加入A科技公司，2021年4月被A

科技公司外派参加一项先进的技术培训。培训结束后，小罗回到A科技公司开始主持研发新项目。新项目进行到一半时，小罗被同行的B科技公司高薪挖走。虽然B科技公司按照小罗事先与A科技公司签订的《培训服务协议》替小罗赔付了该公司的培训相关费用，但是A科技公司投入大量的人力、物力、财力开发的新项目，因没有其他人员掌握核心技术而就此搁浅。

A科技公司的经验说明，企业选择外派培训对象首先要选对人。培训管理者要从员工对企业的忠诚度、个人的培训意愿以及是否具备将培训转化为实际的工作能力等几个方面来考量。小罗入职仅3个月，对企业的忠诚度不高，外派培训的结果很可能是"为他人做嫁衣"。由于入职时间短，A科技公司也无法对小罗的工作稳定性做出准确的判断，导致培训后人才流失，不仅给自己造成了经济损失，而且还丧失了稍纵即逝的商机。

案例4-4　外派培训不宜单兵作战

韩经理是C物流公司的人力资源部经理，C物流公司现需建立绩效管理体系，于是派他参加外部培训机构组织的绩效管理培训。韩经理学成归来后开始建立企业绩效管理体系，但效果很不理想。随后A咨询公司介入，发现由于韩经理没有绩效管理方面的基础知识，对绩效管理培训课程的很多内容一知半解，在实施过程中更是断章取义，导致整个绩效管理体系不符合C物流公司的实际情况。

C物流公司的经验说明，企业外派培训不宜单兵作战。企业应派两名与培训内容相关的人员参加外派培训：一人是决策者，负责了解培训内容的整体思路，便于培训后实践工作的有效开展；一人是执行者，负责掌握实际操作的思路和技能。C物流公司派韩经理一人参加培训，没有同事在培训中与其共同探讨、交流，回到实际工作中无法保质保量地推进培训内容。如果韩经理是执行者，则缺少相关人员督导执行过程，修正培训效果的偏差；如果韩经理是决策者，则缺少和自己信息对称的执行者去进行操作。因此，该培训项目的最终结果和C物流公司最初期待的完全不一致。

实训内容：学生每5~6人为一组，以小组为单位，调查某地的外部培训机构和培训师的现状，撰写调查分析报告，不少于1000个字。

考核标准：调查报告的深入性和完整性；团队协作的能力和创新思维能力。

项目五　培训成果转化与培训效果评估

🔷 项目情境

培训应该何去何从

广东的 A 制造企业有员工近千人，年销售额可以达到亿元以上，企业的发展势头强劲。公司总经理程总是一个非常重视学习的人，只要发现好的培训课程，他不仅自己积极主动地学习，而且还要求各部门的经理、主管都要去学习。A 制造企业每年因员工培训支出的交通、食宿等费用高达 200 万元。

高额的培训费用投入后，程总却发现没有得到应有的培训效果。每次培训时，各部门的经理、主管在课堂上都表现得非常积极，而且他们也反馈说自己确实学到了东西。可是，当他们回到公司或工作岗位后却缺乏将所学的知识转化为所用的实际行动。

程总感到非常迷茫，一方面成功的企业都提倡建立学习型组织，另一方面自己所在的企业花费巨资让员工参加培训却得不到理想的培训效果，产生不了培训效益。

【思考】如果你是培训管理者，你会如何帮助程总解决目前面临的培训难题？

🔷 教师点评

从述案例我们可以看出，低效的员工培训确实已经成为企业的一个难题，不仅没有效果，而且还浪费了企业的资源，造成了成本负担。

首先，企业在进行员工培训前要进行员工培训需求调查，了解员工的实际需求，再有的放矢地进行培训，这样才能达到效果。其次，员工培训课程的设置必须能解决企业的问题，必须是系统化、循序渐进的，而不是领导一时的头脑发热或者是由其个人的兴趣爱好决定的。最后，员工培训应做好培训效果评估工作，总结经验，了解得失，完善整个培训环节。在上述案例中，各部门的经理、主管在课堂上都表现得非常积极，表示自己学到了东西，这只是反应层的部分指标，还要考虑培训对象对课程内容、培训师、培训组织管理等多方面的感受；是否真正学到知识，要通过学习层的考试、实操等手段加以评价；经理、主管回公司后缺乏将所学的东西转化为所用的实际行动，这表示培训对象在行为层上没有预期的转变，培训管理者要深入分析原因。同时，A 制造企业每年投入大量的培训资金，也需要初步估算员工培训给企业能带来多少收益。只有全方面、系统化地进行培训效果评估，企业才会知道问题到底出在哪里，为改善员工培训提供指导。

任务 1　促进培训成果转化

> **知识目标**：(1) 比较培训成果转化的相关理论；
> 　　　　　　(2) 阐述培训成果转化模型；
> 　　　　　　(3) 说明培训成果转化的步骤。
> **能力目标**：(1) 能分析培训成果转化过程中的影响因素；
> 　　　　　　(2) 能为培训项目选择培训成果转化的方法。

知识储备

培训能不能满足员工工作的需要，或者有没有被员工应用于工作中，往往决定了培训最终的价值。因此，培训管理者只有确保培训成果转化才能实现员工培训的最终目标。

一、培训成果转化的定义和意义

（一）培训成果转化的定义

培训成果转化是指培训对象有效且持续地将在培训过程中所学的知识、技能等应用于实际工作当中，从而使培训项目发挥其最大价值的过程。培训的目标是培训对象能学以致用，培训对象不仅要学习、掌握培训项目所要求的各项知识、技能，而且还必须持续有效地将所学到的知识、技能应用到工作当中，将所学转化为所用，为企业带来经济效益。

（二）培训成果转化的意义

培训成果转化的意义表现为以下三个方面：

1. 提高培训的有效性

员工培训是一种人力资本的投资，企业在培训的过程中需要投入相应的资源才能为自己获得更多的利益和价值。如果企业的培训成果转化率较低，就证明培训资源转化率低，致使培训资源的投入与产出不成比例，这种情况下的员工培训就是一种资源的浪费。企业加强培训成果转化，就是有效地利用各种资源，提高培训的有效性。培训成果转化有助于企业更充分、更合理地利用资源。

2. 提升员工的个人绩效

培训成果转化首先是员工个人的工作绩效的转化。员工通过培训学习各种知识、技能、方法等,并将学习成果运用于实际工作中,不断地提升个人的工作能力,从而改善工作行为,提高劳动效率,带来较好的个人绩效表现。从这一点来看,培训成果转化率的提高意味着员工个人工作绩效的提升。

3. 增强企业的竞争力

培训成果转化充分利用了企业的各种培训资源,并提升了员工个人的工作绩效,无论是从经济效益还是企业的发展上来看都是有益的,并从根本上增强了企业的竞争力。在当前市场经济不断深化的过程中,各行业的竞争都很激烈,企业通过培训成果转化将新技术、新知识等不断地转化为员工的知识和技能,便于企业储备人力资本,提高企业的创新力,增强企业的竞争力。

二、培训成果转化的相关理论和模型

(一) 培训成果转化的相关理论

培训对象在接受培训后,对培训内容进行消化吸收,并将其应用到实际工作过程中,这是一个学习转化和心理转化的过程。培训管理者和培训师有必要了解培训成果转化的相关理论,并以此来指导培训项目的设计。培训成果转化的相关理论主要有同因素理论、激励推广理论和认知转化理论。

1. 同因素理论

同因素理论是由美国心理学家桑代克和伍德沃斯在实验的基础上提出来的。他们认为培训成果转化取决于培训时的学习环境与工作环境的相似程度。如果培训的内容与实际工作的内容完全一致,那么培训对象在培训过程中只是简单地实践工作任务,培训成果转化效果也会比较好。但是,在实际培训中这样的情况是比较少的。学习环境与工作环境的相似性有两个衡量尺度:物理环境逼真度和心理逼真度。物理环境逼真度是指培训中的各项条件,如设备、任务和环境等与实际工作的一致程度。心理逼真度是指培训对象对培训中的各项任务与实际工作中的各项任务给予同等重视的程度。

同因素理论适用于技能操作类培训。培训师在应用同因素理论设计培训项目时要把握以下要点:

(1) 在培训中要告诉培训对象相关理论的基本概念;
(2) 在培训中要明确具体的操作流程;
(3) 明确在何时、以何种方式将培训内容应用于工作中;
(4) 培训对象能够说明培训中所执行的操作与实际工作存在的差别;
(5) 鼓励培训对象学习的内容超出所应用的范围;
(6) 将培训内容限定在培训对象所能掌握的范围内;
(7) 鼓励培训对象将培训中所学的知识、技术等应用于实际工作当中。

2. 激励推广理论

激励推广理论认为促进培训成果转化的有效方法是培训师在培训项目设计中重点强调那些最重要的特征和一般原则,同时明确这些一般原则的适用范围。因为培训对象的工作环境与培训环境很可能并不一样,培训师只有将培训内容集中在解决问题的一般原则上,培训对象才能在培训成果转化过程中依据一般原则解决问题。激励推广理论指出,培训师只要可以针对工作时的一般原则进行培训,那么培训环境的设计就可以和工作环境不相似。

激励推广理论在管理技能培训中应用得最为广泛。在应用激励推广理论时,培训师要把握以下要点:

(1) 努力让培训对象理解他们所接受的培训技能和培训行为的基本概念、一般原则以及假设条件;

(2) 鼓励培训对象将培训中所强调的要点与实际工作经验相结合,培训对象之间共享在不同的环境和情境中这些原则得以应用的成功经验;

(3) 鼓励培训对象设想在不同的环境下如何使用新技能;

(4) 强调一般原则遇到与培训环境不同的情境时也可以应用。

3. 认知转化理论

认知转化理论是以信息加工模型为基础的,该理论的主要观点是,培训成果转化效果取决于培训对象恢复所学技能的能力。因此,培训师可以通过向培训对象提供有意义的资料和编码策略来帮助培训对象将工作中遇到的问题与所学的技能联系起来,从而提高培训成果转化的成功率。认知转化理论注重培训过程中培训师对培训对象的鼓励,培训师要积极引导培训对象思考培训内容在实际工作中可能的应用。

同因素理论、激励推广理论和认知转化理论强调的重点不同,其适用条件也有所不同(参见表 5-1)。

表 5-1　培训成果转化理论的比较

培训成果转化理论	强调重点	适用条件
同因素理论	培训环境与工作环境相同	工作环境可预测且稳定,如设备使用培训
激励推广理论	培训内容中的一般原则可以应用于不同的工作环境	工作环境不可预测且变化剧烈,如人际关系技能培训
认知转化理论	有意义的材料和编码策略可以帮助培训对象存储和回忆所学技能	各种类型的培训内容和工作环境

(二) 培训成果转化模型

1. 鲍德温和福特的培训成果转化模型

国外研究者鲍德温和福特建立了经典的培训成果转化模型(如图 5-1 所示)。鲍德温和福特建立的模型详细地研究了哪些因素会影响培训成果转化。该模型提出培训对象的特点、培训项目设计和工作环境对培训内容的学习保存、推广维持具有重要影响。

该模型分为三个部分：第一部分为培训输入，包括培训对象的特点、培训项目的设计和工作环境；第二部分为培训产出，其受第一部分培训输入的影响；第三部分为培训迁移，其既受第一部分培训输入的影响，同时也受第二部分培训产出的影响。

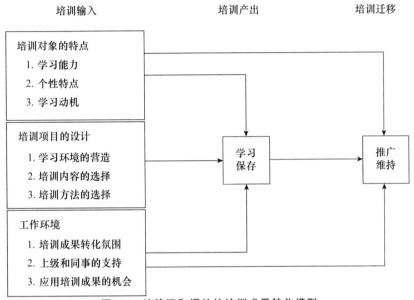

图 5-1　鲍德温和福特的培训成果转化模型

2. 福克森的培训成果转化模型

1994 年，美国学者福克森在《培训成果转化的过程方法》一文中提出了培训成果转化模型（如图 5-2 所示）。他认为个体的行为是由各种作用在他身上的驱动力所引起的。驱动力包括正向驱动力和反向驱动力，其中正向驱动力能够促使个体的工作行为发生变化，反向驱动力会阻碍这些变化并使个体维持原状。福克森指出，影响培训成果转化的支持因素（正向驱动力）包括令人愉快的组织氛围、培训内容与实际工作高度相关、培训对象渴望运用新技能、内在的转化策略和管理者的支持等；影响培训成果转化的阻碍因素（反向驱动力）包括令人不快的组织氛围、不明显的培训应用、较

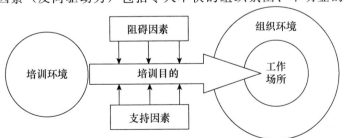

图 5-2　福克森的培训成果转化模型

低的转化动机和缺少管理者的支持等。

3. 霍尔顿的培训迁移理论模型

1996年，美国学者霍尔顿提出了一个强调个体绩效的培训迁移理论模型（如图5-3所示）。该模型认为培训有三个主要的结果：学习、个体绩效和组织结果。其因果关系很明显，个体通过培训学习到新的东西，应用在工作中改变了他的工作绩效，从而促进组织绩效发生变化。霍尔顿强调了这三种因素影响培训的迁移，即迁移动机、迁移气氛和迁移设计。在霍尔顿的培训迁移理论模型中，个体绩效是核心。只有当影响迁移行为的这三个因素处于适当水平时，学习才会导致个体工作绩效的改变。

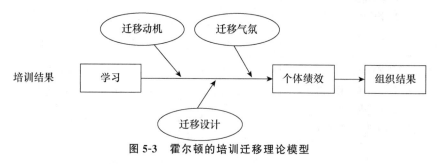

图5-3 霍尔顿的培训迁移理论模型

三、培训成果转化的影响因素

影响培训成果转化的因素主要包括培训对象因素、培训系统因素和工作环境因素。

（一）培训对象因素

培训对象因素主要是指培训对象的个人特征。培训对象的个人特征对培训的影响不仅发生在培训过程中，而且发生在培训成果转化过程中。其中，转化动机和个人能力对培训成果转化的影响比较大。

1. 转化动机

转化动机是指培训对象转化培训成果的主观意愿。转化动机与期望理论紧密相关。期望理论认为，个体采取某项行动的动力或激励力取决于其对行动结果的价值评价和预期达成该结果可能性的估计。相应地，培训对象的培训成果转化动机来自两个方面：培训成果转化给培训对象带来的利益和培训对象预判实现培训成果转化的可能性。基于以上理论，培训管理者要让培训对象明白培训成果转化能够为他们带来的利益，如工资的增加、职务的晋升等。同时，培训管理者和培训师可以通过分享培训成果转化的典型案例、提供丰富的培训资源、构建完善的沟通平台等手段来增加培训对象学习及成果转化的信心。

2. 个人能力

个人能力主要是指培训对象学习培训内容所需具备的能力。这些能力主要包括语言理解能力、定量分析能力、推理能力和阅读能力等。语言理解能力是指一个人理解并会使用书面语言和口头语言的能力。定量分析能力是指一个人解决数学问题的速度和准确率。推理能力是指一个人发现问题、解决问题的能力。阅读能力是指一个人通过阅读获取信息的能力。个人能力比较强的培训对象往往可以更好地学习、接受培训内容，并且能够主动寻找、创造运用培训所学内容的机会，从而提高自己的工作绩效水平。个人能力的大小也会对培训迁移效果产生不同程度的影响。

（二）培训系统因素

培训系统因素主要包括培训内容因素和培训方法因素。培训内容的设计必须符合三个标准：准确性、适当性和形式多样性。培训方法的选择应基于成人教育理论，培训师可以采用示范法、角色扮演法、管理游戏法等调动培训对象的多种感官，提高培训效果。除此之外，培训师和培训管理者在培训系统设计中应重点考虑以下两个问题：

1. 营造良好的学习环境

营造良好的学习环境是提升培训效果的前提。比如，美的公司建立了美的大学，海信公司设立了海信学院，这些企业大学为参加培训的员工提供优质的软件和硬件环境，在这样的学习环境中，培训对象的学习效果自然会得到提升。

2. 应用培训成果转化的相关理论

在设计培训项目时，培训师要考虑培训成果转化的相关理论的应用，这样可以提高培训内容与实际工作的关联性。不同的培训成果转化理论适用于不同的培训对象和培训内容。例如，同因素理论适用于基层员工的技能培训，培训师最好按照工作环境设计培训环境；激励推广理论适用于中层管理者的管理技能培训，培训师在设计培训内容时应重点关注管理的一般性原则、标准化的工作方法等。

（三）工作环境因素

培训成果能否顺利地转化与培训对象的工作环境密切相关。工作环境因素包括转化氛围、管理者的支持、同事的支持、运用所学能力的机会以及技术的支持等。

1. 转化氛围

转化氛围实质上指的是组织环境，是由组织环境中的典型特征和员工对这些典型特征的感知相互作用而产生的一种氛围结果。转化氛围主要包括企业战略目标和企业文化两个因素。合理的企业战略目标应该与员工的培训成果转化相统一，企业战略目标为员工的培训成果转化提供指导，员工的培训成果转化为企业战略目标的实现提供支撑。积极向上的企业文化可以促进员工培训成果的转化。学习型组织氛围是企业文化的一种重要表现形式，能够潜移默化地影响员工的思想和行为。

2. 管理者的支持

管理者的支持是指培训对象的上级对培训项目以及培训成果转化的重视程度。管理者的支持极大地影响着培训成果的转化。管理者可以为培训成果转化提供以下支持：

（1）在培训前，了解员工工作绩效不良的原因，与培训师共同制定员工培训的具体目标，向员工宣传培训的重要性；

（2）在培训中，随时了解培训的进展，适当地调整员工的工作量，尽量避免中断员工的培训，与员工共同参加培训，对员工进行鼓励；

（3）在培训后，帮助员工制订行动改进计划，为员工提供实践新技能的机会和平台，容忍员工在培训成果转化过程中出现的失败。

3. 同事的支持

同事的支持是指同事对培训项目的认可程度，以及对培训内容在工作中的应用的支持程度。同事的支持不仅是良好人际关系的基础，也为创造一个良好的学习和培训成果转化氛围提供了支持。同事之间可以互相学习、互相指导和互相帮助。同事之间还可以通过建立学习小组面对面地交流学习进展、学习障碍，并分享工作中成功转化培训成果的案例和经验，实现培训成果的转化。

4. 运用所学能力的机会

运用所学能力的机会是指培训对象在培训结束返回工作岗位后应用、验证并完善所学新知识和新技能的机会。运用所学能力的机会受到工作环境和培训对象转化动机两个方面的影响。一方面，培训对象从事需要运用所学能力的工作内容是最好的机会。培训对象的直接上级主管在工作岗位安排中起着关键作用。另一方面，运用所学能力的机会还受培训对象转化动机的影响，如果培训对象的转化动机比较强，他们就愿意积极地寻找允许他们运用所学能力的机会。

5. 技术的支持

技术的支持是指各项培训成果转化过程中所需要的资源、设备和平台的支持，这是提高培训成果转化的硬件条件。技术支持能够让培训师、培训管理者和培训对象的直接上级主管持续关注、了解培训对象的培训成果转化情况，及时帮助培训对象解决转化过程中遇到的难题。再好的培训项目，如果没有相关的资源、设备和平台给予支持，其培训成果转化也是徒劳。

综上所述，培训成果的转化受到多种因素的影响，这就需要培训管理者在培训成果转化过程中采取多种有效的措施尽可能降低阻碍因素的消极影响，发挥支持因素的积极作用。

四、培训成果转化的机制与方法

（一）培训成果转化的机制

完善的培训成果转化机制是企业提高培训效果的重要保障，对提高企业的生命力、竞争力具有重要的现实意义。企业培训成果转化机制可以从以下四个方面来完善：

1. 讲授转化方法,激发转化动机

企业要对员工培训管理的完整过程和关键要素进行总体控制。培训内容和培训师的选择要有针对性。培训师在培训过程中不仅要讲授必要的知识、技能等,而且还要讲解具体的转化方法。如果培训师在培训中没有这方面内容的安排,缺少传授转化方法的设计,那么培训对象就不能很好地将所学运用到实际工作中去,培训成果转化就无法达到好的效果。

培训管理者在进行员工培训前就应该激发培训对象的转化动机,只有激发了他们将所学运用到工作中的强烈动机,才能使培训对象以更好的状态投入到员工培训中去,为培训成果的转化做好准备。当培训对象在培训成果转化过程中做出努力并取得一定的成绩时,培训管理者或培训对象的直接上级主管一定要给予奖励,这样他们才会更加积极地将所学运用于工作中。反之,如果培训对象没有得到任何的反馈或回报,那么势必会打击他们转化的热情。

2. 营造沟通环境,提供转化机会

企业需要营造一种有利于转化的、良好的沟通环境促使培训成果转化为实际的工作绩效。良好的沟通环境可以显著地提高培训成果转化的效率。培训前、培训中和培训后的沟通都是必不可少的,培训管理者与培训对象、培训师与培训对象、直接上级主管与培训对象以及培训对象之间都需要良好的沟通环境。

在培训前,培训管理者和培训师需要让培训对象了解培训的内容、目的和目标等,以便他们为员工培训做好准备;直接上级主管要向培训对象强调员工培训的意义和目标期望,并合理安排培训对象在培训期间的工作。

在培训中,培训师要让培训对象学到新知识、新技能和培训成果转化的方法。

在培训后,直接上级主管要尽可能地为培训对象创造转化的机会和条件并给予协助,与员工共同制订培训成果的转化计划,并起到监督者和指导者的作用,对员工在精神上给予鼓励,在技术和资源上提供支持;培训对象之间也应该相互配合,彼此分享成功的经验,在培训成果转化过程中遇到困难时应给予帮助,营造良好的部门协作氛围。

3. 完善反馈机制,控制转化结果

在培训后,员工应把工作过程中的心得体会和遇到的困难记录下来,并及时地向直接上级主管、培训师或培训管理者进行反馈。在得到员工的反馈后,其直接上级主管、培训师或培训管理者应该积极地与员工进行沟通,并针对员工在培训成果转化过程中遇到的困难提供帮助。培训管理者也可以利用这个机会发现培训成果转化过程中存在的不足,为日后的培训成果转化管理提供经验。

4. 遵循转化步骤,认定转化成果

培训成果转化是一个复杂、系统的过程,一般包括以下六个步骤:

（1）将培训内容转化成培训对象的理解与心得。在每一堂课后，培训对象应进行学习和培训心得的总结，自我评判对知识、技能的理解和领悟程度。在总结中，培训对象能够明确培训课程中的关键知识、技能点。

（2）将培训对象的理解与心得结合工作实际转化成工作改进计划。培训对象思考如何将关键知识、技能点应用在工作实践中，并检查现阶段存在的不足，将其一一罗列出来，形成书面工作改进计划。工作改进计划可以一式三份，一份提交给培训对象的直接上级主管，一份提交给培训部门，一份由培训对象自己保留以便在后续工作中自查对照。

（3）将工作改进计划转化成可持续的工作改进行动。培训对象将书面的工作改进计划进行分解落实。同时，工作改进计划实施中所涉及的相关部门和相关人员要及时给予督导，评判培训对象是否达标，并定期评估培训对象的工作是否改善、态度是否改变、行为是否变化等。培训对象的直接上级主管和培训部门应派专人督促并予以辅导，使培训对象保持可持续的工作改善行为。

（4）将工作改进行动转化成工作绩效。培训对象的直接上级主管要从工作数量、工作质量、成本、时间、速度等维度对员工进行考核，以确认员工的工作绩效水平，并进行绩效辅导和面谈。

（5）对工作绩效进一步评估和深化，产生再次进行培训的需求。培训对象的直接上级主管应持续地对员工的工作绩效进行讨论和评估，进一步挖掘员工在工作中存在的短板问题，并提出哪些方面还需要进行再培训和再改进，以进一步产生新的培训内容，形成新的培训计划，以便员工进行再次培训。

（6）培训成果认定和发表。企业的培训部门要定期组织企业内部培训成果表彰大会，对培训成果转化效果好的员工进行评价、认定和表扬。对取得重大培训成果的员工，企业可以酌情进行晋升、加薪等，通过标杆示范效应激发全体员工学习的积极性。培训成果的认定和发表必须要有组织、有章程、有制度，要定期进行，以便企业形成全员参与、全员学习、全员投入、全员享受培训成果的良好培训气氛。

（二）培训成果转化的方法

培训的目的在于改变员工的思维方式和行为习惯，提高组织绩效，建立企业竞争优势。培训管理者、培训师和培训对象的直接上级主管应共同协作，应用科学的培训成果转化方法，帮助培训对象提升培训成果转化的效率和效果。培训成果转化的方法主要包括建立学习小组、制订行动计划、多阶段培训、应用表单和辅助绩效考核等。

1. 建立学习小组

学习小组有助于培训对象之间相互帮助、相互激励、相互监督。同一部门的同一个工作组的培训对象参加同一个培训后成立学习小组，并和培训师保持联系，定期进行复习，相互沟通研讨，这样就能改变整个部门或工作组的行为模式。定期复习有助于培训对象强化培训所学的知识和技能。工作岗位所要求的基本知识和关键技能通过定期复习能转变成培训对象的行为习惯。

2. 制订行动计划

行动计划是指培训对象将所学的培训知识、技能应用于实际工作，并转化为组织绩效的具体安排，包括行动目标、检验标准和所需资源等。行动计划的制订需要培训师、培训对象的直接上级主管和培训对象的共同参与。行动计划的执行离不开培训对象的直接上级主管的支持和监督。培训管理者也可以参与到行动计划的制订和执行过程中，为培训成果转化提供必要的支持。

3. 多阶段培训

多阶段培训是指培训师将培训项目进行系统设计、分段实施，每个阶段结束后，培训师测评培训对象对培训内容的掌握和应用情况，在培训对象完全掌握本阶段的内容后再进入下一个阶段的培训和学习。由于这种方法历时较长，易受干扰，因此培训师需要和培训对象的直接上级主管进行有效沟通、共同设计，以便获得他们的支持。

4. 应用表单

应用表单是指培训师将培训中的程序、步骤和方法等内容用表单的形式提炼出来，便于培训对象在工作中应用，如核查单、程序单等。培训对象可以利用表单进行自我指导，养成利用表单的习惯后，他们就能正确地应用所学的内容。为防止培训对象中途懈怠，直接上级主管或培训管理者可以定期检查或抽查其应用情况。这种方法比较适合技能类的培训项目。

5. 辅助绩效考核

辅助绩效考核是指人力资源部门将培训成果转化情况纳入到员工和其直接上级主管的工作绩效考核中，作为绩效考核指标。一方面，人力资源部门可以将培训成果转化情况纳入到培训对象个人的工作绩效考核中，以此激励培训对象将知识转化为技能，提高工作绩效。另一方面，人力资源部门也可以将培训成果转化情况纳入到培训对象的直接上级主管的工作绩效考核中，以此强化其责任心以及监督和指导力度，保证部门内培训成果转化的效果。

案例 5-1　惠氏公司培训成果转化策略[①]

惠氏公司的员工培训成果转化策略有以下三个方面：

---

① 刘正君,温辉.员工培训与开发[M].北京:中国人民大学出版社,2018.166-167,有删改。

1. 培训支持公司的战略目标

2012年，惠氏公司的战略目标是"回归原点"，即对所有的部门和流程做一个回顾，使之符合公司的发展。所有的培训管理工作配合"回归原点"的战略目标加以实施。培训部门设计了"蝴蝶"和"功夫"两个针对不同员工的培训项目："蝴蝶"项目针对销售人员，寓意为破茧成蝶；"功夫"项目针对一线主管，呼吁一线主管苦练功夫。

2. 公司营造积极的培训文化

在新员工培训项目中，惠氏公司的高层主管会到培训现场与新员工聊天，了解他们的想法，使新员工感受到公司对培训的重视。公司通过让新员工给自己写信的方式挖掘员工自我发展的需求，把"要我学"变成"我要学"。惠氏公司在员工应用培训所学的过程中允许员工犯错，并积极帮助员工改错。

3. 培训课程设置是关键

惠氏公司的培训课程包括特色课程、必修课程和选修课程。特色课程与组织发展密切相关，必修课程是针对工作岗位设计的课程，选修课程是与员工个人发展、管理技巧相关的课程。惠氏公司规定，员工必须选特色课程，必修课程与选修课程各选一门，每年最低的培训时间是50个小时。惠氏公司的培训包括课前培训和课后培训环节，以便深入了解员工的培训需求及培训后的成长过程。

案例5-2　A公司培训成果转化实践

A公司是一家医疗企业。为了提升客户体验和客户忠诚度，A公司针对售后服务团队开展了"卓越客户服务"课程培训。该课程的主要内容包括如何提供高质量的客户服务、如何建立持久的客户关系。

在培训结束后，A公司的培训管理者制订了以下培训成果转化方案：

1. 员工层面

（1）员工在培训后要针对重要客户制订具体的客户体验提升计划。

（2）员工在培训后要主动应用培训中所学的知识点，定期总结培训后自己学以致用的成功案例。成功案例需要回答以下问题：我遇到了什么情况？我的具体做法是什么？我可以应用到培训课程中的什么知识点？结果如何？我在培训前是怎么解决这类问题的？我的感受是什么？

2. 管理者层面

（1）管理者在团队内部和公司例会上分享员工的成功案例，营造员工学以致用的氛围。

（2）管理者将客户服务的关键行为标准化、制度化，为员工提供系统、规范的行为指导。

（3）管理者针对员工反映的难题或者做得不够理想的部分给予反馈和指导，为进一步学以致用扫清障碍。

（4）当员工需要修复与客户的关系时，管理者会和员工一起解决问题，而不是把难题甩给员工自行解决。

（5）为了支持员工给客户创造惊喜体验，管理者给员工列出了可以采取的资源列表，比如在合规范围内给客户赠送小礼物、邀请上司走访客户等。

（6）管理者帮助员工创造多样化的客户体验场景，如邀请重要客户参加公司的重要活动，提高客户满意度。

（7）公司专门为售后服务团队安排了一名行政人员，负责客户服务后的满意度调查。在调查的时候，公司不仅要关注客户是否满意，而且还要关注让客户满意的具体服务行为。

实训任务

实训内容：学生每5~6人为一组，以小组为单位，结合实训任务"组织实施内部培训"或"组织实施外派培训"，应用思维导图分析培训成果转化的方法，并进行小组展示汇报。

考核标准：对培训项目的熟悉度；培训成果转化的方法合理、全面；团队的协作能力和创新思维能力。

任务2　培训效果评估

知识目标：（1）列举培训效果评估的类型；
　　　　　　（2）说明培训效果评估的意义；
　　　　　　（3）阐述柯克帕特里克四级评估模型的内涵；
　　　　　　（4）说明柯克帕特里克四级评估模型的具体评价方法。

能力目标：（1）能制作培训效果评估调查问卷；
　　　　　　（2）能设计行为观察量表；
　　　　　　（3）能计算培训投资回报率；
　　　　　　（4）能撰写培训效果评估报告。

知识储备

对于任何一个员工培训项目，企业的管理者和员工关注最多的就是该培训项目的效果。培训的作用是分层次、分阶段的，培训对象先通过培训获得并掌握新知识、新技能，然后在工作中应用这些新知识、新技能，进而改善自己的工作行为，提高个人的工作绩效，最终为企业创造价值。培训是否在不同层次、不同阶段达到应有的效果，需要培训管理者通过培训效果评估加以判断和衡量。

一、培训效果评估概述

（一）培训效果评估的定义

培训效果评估是指培训管理者根据培训目标和相关要求，系统地收集有关培训项目的数据信息，运用科学的理论、方法和程序，检查和评定培训效果的过程。简而言之，培训效果评估就是培训管理者收集培训效果信息以衡量培训活动是否有效的过程。培训效果评估的内容包括以下四个方面：

（1）培训学习成果评估，包括培训后培训对象的知识、技能掌握程度以及工作态度、工作方法和工作绩效的改善程度。

（2）培训组织管理评估，包括培训时间、培训流程、培训现场环境、培训器材设施和培训后勤保障安排的合理性、完备性。

（3）培训师评估，包括培训课程内容设计、培训技能技巧、培训态度等内容。

（4）培训效益评估，包括培训预算执行情况、培训取得的经济效益和社会效益等。

（二）培训效果评估的类型

1. 培训前评估、培训中评估和培训后评估

按照评估时间划分，培训效果评估可以分为培训前评估、培训中评估和培训后评估三种类型。

（1）培训前评估。

培训前评估又称诊断性评估，是指培训管理者在实施培训前开展的摸底性、预测性评估。其目的是培训管理者了解培训对象在培训前的基础水平，以便与培训后的状况进行比较。培训前评估的内容包括培训需求整体评估、培训对象知识和技能评估、培训对象工作态度评估、培训对象工作绩效评估和培训计划评估等。进行培训前评估有利于培训需求确认的科学性，有利于培训计划与实际需求的合理衔接，有利于实现培训资源的合理配置，有利于培训效果测定的科学性。

(2) 培训中评估。

培训中评估是指培训管理者按照培训计划和培训目标，用科学的方法和程序，在培训实施过程中，对培训关键要素进行实时监测与评价，从而有效地控制、调整培训的组织实施过程，保证培训既定目标的实现。培训中评估的内容包括培训内容评估、培训方法评估、培训师评估、培训对象反应评估、培训进度评估和培训环境评估等。培训中评估保证了培训活动按照计划顺利地进行，为培训内容、培训方法和培训组织安排的调整提供依据，保证培训效果的最大化。

(3) 培训后评估。

培训后评估又称总结性评估，是指在培训结束后，培训管理者以预先设定的培训目标为基准，对培训项目的最终成果及其各个方面达到目标的程度进行系统化的检查和评价。培训后评估是培训效果评估中最重要的内容。培训后评估包括培训对象的学习成果评估、培训对象的行为改变评估和组织经济效益评估等。培训后评估有助于企业树立成果导向意识，有助于企业积累培训管理经验，是提高企业整体培训质量的必要且有效的途径。

2. 定量评估和定性评估

按照评估方法，培训效果评估可以分为定量评估和定性评估两种类型。

(1) 定量评估。

定量评估是指培训管理者采用定量计算的方法，即通过收集培训相关数据资料，用一定的数学模型或数学公式，对培训效果做出定量结论。

(2) 定性评估。

定性评估是指培训管理者针对不便量化的评估内容或评估指标，采用定性的方法，做出价值判断。比如，培训管理者对培训对象的态度转变采用观察法进行定性的描述。

(三) 培训效果评估的意义

培训效果评估是整个员工培训管理工作的终点，同时也为企业接下来开展新的员工培训活动提供参考依据。因此，培训效果评估是员工培训活动得以循环开展的纽带和关键节点。培训效果评估的意义主要体现在以下六个方面：

(1) 培训效果评估有助于培训管理者客观地判断培训的真实效果。培训管理者通过科学的方法对培训效果进行评估，以便了解某个培训项目是否达到原定的目标和要求，并可以找出培训项目中存在的问题，通过系统地归纳、分析，能够进一步优化、完善培训项目。

(2) 培训效果评估有助于培训管理者找到培训对象能力提升或行为表现改变的真正原因。通过培训效果评估，培训管理者可以发现培训对象能力的提升或行为表现的改变是直接来自培训本身，还是受其他因素的影响，更好地促进培训对象能力的提升。

（3）培训效果评估有助于培训管理者发现新的培训需求，从而为下一次策划培训项目提供重要的参考依据。通过培训效果评估，培训管理者可以挖掘到培训对象在知识、技能和态度上新的不足，为以后的培训项目提供参考。

（4）培训效果评估有助于提升员工的培训热情。培训效果评估得出的肯定性的评价能够提升培训对象对培训的认同，增加培训对象对培训活动的兴趣，激发员工更积极地参与培训。

（5）培训效果评估有助于培训管理者、培训师提升培训能力。培训效果评估的数据包含大量关于培训组织实施以及培训师授课状况的信息，这些信息有助于培训管理者和培训师进行自我工作检查，总结成功的经验和失败的教训，从而不断地提升培训组织实施的质量和授课水平。

（6）培训效果评估有助于企业优化资源配置。通过培训效果评估，培训管理者能够了解培训项目的投资收益，为高层管理者的相关决策提供必要的信息和参考依据，有利于优化企业的资源配置，提升整体培训质量。

总之，培训效果评估是整个员工培训管理工作中的关键组成部分，只有通过培训效果评估，培训管理者才能了解某个培训项目是否达到了预期目标，并通过项目的改进和完善来提高员工个人和企业的整体工作绩效。

二、柯克帕特里克四级评估模型

柯克帕特里克四级评估模型简称柯氏四级评估模型，由国际著名学者、美国威斯康辛大学教授唐纳德·L.柯克帕特里克于1959年提出，是世界上应用比较广泛的培训评估工具，在培训评估领域具有重要地位。

柯克帕特里克四级评估模型将培训效果评估分为四个等级，分别是反应层评估、学习层评估、行为层评估和结果层评估。

（一）反应层评估

反应层评估主要评估培训对象的满意程度，是培训评估中最低的层次。反应层评估的目的是了解培训对象对培训项目的印象，包括对培训师、培训课程、培训内容、培训方法、培训设备和培训组织管理等方面的看法。反应层评估主要在培训中或培训结束时，由培训管理者组织实施。这个层次的评估可以作为培训管理者改进培训内容、培训方法和培训进度等方面的参考，但不能作为培训效果评估的最终结果。反应层评估的方法主要有问卷调查法和面谈法。

1. 问卷调查法

问卷调查法是指培训管理者通过发放调查问卷，了解培训对象对培训内容、培训师授课的技巧和表现、培训组织实施过程等要素的评价的一种评估方法（参见表5-2）。

一般来说，在培训进行中或培训结束时，培训管理者都可以发放调查问卷，要求培训对象填写之后立即上交。问卷调查法可以针对全体培训对象进行调查，因此，问卷调查的结果具有即时性和全面性的特点。培训管理者通过网络平台发布调查问卷，可以即时获得调查的结果，大大提升了培训效果评估的效率。

表 5-2 培训效果评估调查问卷

编号：＿＿＿＿＿＿　　　　　　　　　　　　　培训日期：＿＿＿＿年＿＿月＿＿日

姓名		岗位		部门			
培训课程的名称							
为及时、准确地评估本次培训的效果，了解您对本课程的意见，以帮助我们改进和完善今后的培训工作，请您如实填写下表（请在相应的评分选项内打"√"），此表由培训部门保存							
评价内容	评价指标	评分选项				
		优秀	良好	一般	较差	很差
培训内容 （25分）	实用性	□5	□4	□3	□2	□1
	完整性	□5	□4	□3	□2	□1
	前沿性	□5	□4	□3	□2	□1
	创新性	□5	□4	□3	□2	□1
	案例选择	□5	□4	□3	□2	□1
培训师 （30分）	专业知识	□5	□4	□3	□2	□1
	实践经验	□5	□4	□3	□2	□1
	表达能力	□5	□4	□3	□2	□1
	控场能力	□5	□4	□3	□2	□1
	敬业态度	□5	□4	□3	□2	□1
	仪容仪表	□5	□4	□3	□2	□1
培训方法 （10分）	合理性	□5	□4	□3	□2	□1
	多元性	□5	□4	□3	□2	□1
培训资料 （10分）	课件的完整性、专业性	□5	□4	□3	□2	□1
	辅助资料的完整性、必要性	□5	□4	□3	□2	□1
培训组织管理 （25分）	时间安排	□5	□4	□3	□2	□1
	培训场地和环境	□5	□4	□3	□2	□1
	培训设备、培训道具的准备	□5	□4	□3	□2	□1
	培训的后勤保障	□5	□4	□3	□2	□1
	协助培训师的工作	□5	□4	□3	□2	□1
总分							
您学完本课程最大的收获是什么？							
您对本次培训的意见和建议有哪些？							
您还需要哪些方面的培训？							

2. 面谈法

面谈法是指培训管理者通过与培训对象进行面谈而获得培训满意度信息的一种评

估方法。面谈法包括个人面谈和集体面谈两种形式。与问卷调查法相比，面谈法能够帮助培训管理者获得更全面、更准确的信息。但是，面谈法比较浪费时间，要求培训管理者具有比较高的面谈技巧。由于培训管理者组织培训对象大规模进行面谈也比较困难，所以培训管理者最好在培训结束后趁热打铁，开展培训效果评估的面谈活动。培训管理者应提前设计完整的培训效果评估面谈记录表（参见表5-3），以便高效地开展面谈。

表5-3 培训效果评估面谈记录表

编号：＿＿＿＿＿＿＿＿ 面谈日期：＿＿＿＿年＿＿月＿＿日

姓名		部门		岗位	
培训时间		培训地点		培训师	
培训课程的名称					
评价内容	具体问题				回答记录
培训组织	本次培训的课程是否符合您的需要？				
	培训资料是否详细？培训资料使用过程中存在哪些问题？				
	培训现场的环境布置存在哪些问题？您希望哪些方面得到进一步改善？				
	培训时间的安排是否方便？时间的长短是否合理？您有什么建议？				
	培训的组织是否充分考虑了您的意见或建议？				
培训内容	简述这次培训的主要内容和主要观点，这些内容和观点您是否认同？为什么？				
	您认为本次培训内容的哪些部分可以做调整和改善？				
	您认为本次培训内容的哪些部分可以有效地应用到工作情境中？				
	本次培训内容是否新颖？培训内容包含了哪些较新的观点、方法或案例？				
	本次培训内容是否充分？您还想了解哪些相关的内容？				
培训师	培训师给您留下的最深刻的印象是什么？				
	培训师在授课技巧和控场方面有哪些不足？				
	培训师的专业知识和实践经验是否能满足您的需要？				
	培训师在工作态度、责任心、仪表形象方面有哪些需要改进的？				
培训成果	您认为本次培训对您今后的工作指导意义大吗？				
	您在未来一段时间内将如何应用本次培训所学的内容？				
整体满意度	请您对本次培训的整体满意度进行评价				
	本次培训的组织实施过程中，您认为做的好的方面有哪些？不足之处有哪些？				

（二）学习层评估

学习层评估主要评估培训对象的学习获得程度。目前，学习层评估是最常见、最常用的培训效果评估方式。它是测量培训对象对知识、技能等培训内容的理解和掌握程度。学习层评估可以在培训过程中开展，也可以在培训结束后开展，最好由培训师与培训管理者共同组织。学习层评估可以帮助培训管理者了解培训对象是否学到新知识、新技能，也可以对培训目标进行核对，但培训管理者仍无法确定培训对象是否会将所学应用到工作中。学习层评估的方法主要有提问法、笔试法和实操法。

1. 提问法

提问法是指培训师在培训课程进行过程中或培训课程结束后通过提问的方式来了解培训对象对培训内容的掌握情况的一种评估方法。培训师可以针对全体培训对象进行提问，也可以只针对部分培训对象进行提问，同时提问的问题要具有代表性。提问法能够帮助培训对象加深对培训内容的理解。

2. 笔试法

笔试法是指在培训之后，培训师和培训管理者结合培训内容组织的考试，以了解培训对象对培训内容的掌握情况的一种评估方法。笔试法适用于知识类的培训。笔试的分数具有客观性，所以笔试法对知识的考查效度较高。笔试法对试卷的制作要求比较高，要求培训师能够准确地把握考试的目标和难度，同时要具备设计试题的技能。

3. 实操法

实操法是指在培训过程中或培训结束后，培训师结合培训内容组织培训对象进行现场实际操作，借此了解培训对象对操作方法、操作流程或操作要点的掌握程度的一种评估方法。实操法适用于技能类的培训。实操法可以帮助培训对象将所学内容应用于实践，可以提升培训成果的转化率。但是，实操法对培训环境、培训设备、培训时间等培训资源的要求比较高。

（三）行为层评估

行为层评估可以衡量培训对象在培训前后的行为改变情况。行为层评估是指在培训结束后的一段时间里，通过培训对象的上级、同事、下属或者客户的观察，或培训对象自我评价来衡量培训对象的行为在培训前后是否发生改变，以及行为改变的程度。培训对象因培训而发生行为改变需要一段时间，因此，这个层次的评估至少要在培训结束后3个月进行，并且需要培训管理者和培训对象所在部门的相关人员共同协作来完成。行为层评估需要借助一系列的评估表来考察培训后培训对象在实际工作中行为的变化，以判断其所学的知识、技能对实际工作的影响。行为层评估是考查培训效果的最重要的指标。行为层评估的方法主要有观察法和绩效考核法。

1. 观察法

观察法是指培训对象的上级、同事、下属或者客户对培训后培训对象的工作行为进行观察，判断其与培训目标有关的行为是否有所改变的一种评估方法。观察法实施起来比较简单，且具有隐蔽性，培训对象难以伪装，所得的信息比较真实有效。但是，观察法需要观察者借助专业的培训效果行为分析表（参见表5-4）才能保证它的效果。培训效果行为分析表由培训管理者根据培训目标、培训内容来设计。

表 5-4 培训效果行为分析表

评价项目	具体内容	评价等级				
		极严重	严重	一般	偶尔	不存在
		5	4	3	2	1
工作态度	无故缺席、迟到、早退的情况					
	上班时间看视频、网上购物、处理私事					
	工作注意力不集中,上班睡觉					
	工作内容不变,业绩却急剧下降					
	有事外出,联络不上					
	热衷于兼职					
	对企业的不满和抱怨言行					
协作关系	与同事的矛盾影响工作					
	团队成员协作配合困难					
	上级命令的执行力度不够					
	个人失误给团队带来损失					
客户关系	顾客对个人业务的抱怨和投诉					
	收取不正当回扣					
	顾客大量流失,没有合理理由					
	与顾客发生矛盾影响企业的形象					
	个人失误导致顾客对企业或产品产生误解					
	合计					

注:问题越严重的分值越高,每一项中 5 分为最高,1 分为最低。

初评: 复评: 审核:

2. 绩效考核法

绩效考核法包括以下两种方式:

一种是自上而下评估法,即由培训对象的上级对培训对象的行为进行考核。这种方法要求培训对象的上级在平时要做好培训对象行为表现的记录,这样才能做出客观、公正的考核。

另一种是 360 度评估法,即由培训对象的上级、同事、下属或者客户等对培训对象进行评估。360 度评估法综合了不同评估主体的评价意见,比较科学、全面。但是,这种方法的操作难度较大,考核成本较高,可能会成为某些员工发泄私愤的途径。

(四)结果层评估

结果层评估可以衡量培训对部门或企业工作绩效的影响,主要计算培训创造的经济效益。结果层评估判断培训是否给部门或企业带来了具体而直接的贡献,这一层次的评估上升到了部门或企业的高度。结果层评估可以通过一系列指标来衡量,如事故率、生产率、员工离职率、次品率、员工的士气以及客户满意度等。企业的高层管理者和培训管理者通过对这些指标进行分析,能够了解培训带来的效益。结果层评估要在半年或一年后开展,由企业高层管理者、培训部门管理者和业务部门管理者共同参与完成。与前三个层次的评估相比,结果层评估的费用最高、评估时间最久、评估难度最大。结果层评估的方法主要有组织绩效指标分析法和成本收益分析法。

1. 组织绩效指标分析法

组织绩效指标分析法是指培训管理者通过收集、对比培训前后企业的工作绩效指标来评估培训对企业产生的影响程度。绩效指标包括硬指标和软指标两种类型。硬指标主要包括产出、成本、质量和时间四类(参见表5-5)。硬指标容易被衡量和被量化,相对来说比较客观,同时也容易被转化为货币价值。软指标主要包括工作习惯、工作氛围、客户服务、员工职业发展、创新与企业变革等类型(参见表5-6)。软指标难以被衡量和被量化,其评价具有主观性,也难以被转化为货币价值。

表 5-5 培训效果评估硬指标

指标大类	指标	培训前	培训后
产出	单位时间内的产出		
	单位时间产出所需时间		
	单位时间装配零件数		
	生产率		
	销售回收比率		
	库存周转期		
	完成项目数量		
	销售周期内的订货量/订货额		
	新客户开发量与实际销售额		
成本	预算控制率		
	单位成本		
	单个客户成本		
	固定成本及其下降率		
	管理成本及其下降率		
	操作成本及其下降率		
	误工成本及其下降率		
	废品成本及其下降率		
	销售成本及其下降率		
质量	次品率		
	废品率		
	退回不良品		
	错误比率		
	返工率		
	偏差率(与标准相比)		
	任务完成比率		
	事故发生率		
	库存调整(数量与金额)		

续表

指标大类	指标	培训前	培训后
时间	开工与停工期		
	准时交货率		
	加班时间		
	项目完成时间		
	准备时间		
	指导时间		
	培训时间		
	维修时间		
	订单回复时间		
	工作中断时间		
	延误报告时间		

表 5-6　培训效果评估软指标

指标大类	指标	培训前	培训后
工作习惯	缺勤率		
	违规违纪行为		
	客户拜访管理		
	额外加班时间		
	订单追踪		
工作氛围	内部投诉数量		
	工作满意度		
	向心力		
	员工忠诚度		
客户服务	顾客投诉与抱怨数量		
	顾客满意度		
	顾客忠诚度		
	丧失的顾客数量		
员工职业发展	获得提升的员工（数量与比率）		
	薪资增长（数量与比率）		
	参加培训的数量		
	要求换岗的员工数量		
	工作效率		
创新与企业变革	新思想的应用		
	项目成功完成率		
	内部建议数量		
	发展目标		
	新推出的产品与服务		
	新获批准的专利与知识产权的数量		

2. 成本收益分析法

成本收益分析法是指培训管理者通过分析成本和培训所带来的各项硬性指标的提高，计算出培训的投资回报率。成本收益分析法是一种比较常见的定量评估法，涉及以下两个公式：

(1) 培训收益的计算公式。

培训收益 $= (E_2 - E_1) \times N \times T - C$

其中，E_2——培训后培训对象的年收益；

E_1——培训前培训对象的年收益；

N——参加培训总人数；

T——培训收益可持续的年限；

C——培训成本。

(2) 培训投资回报率的计算公式。

投资回报率（成本收益分析） $=$ （培训收益/培训成本）$\times 100\%$

成本收益分析法实施的前提条件是培训对象的年收益是可以量化的。成本收益分析法所涉及的培训收益主要来自于产量增加、工时减少、物料节省、事故减少和员工流失率降低等。成本收益分析法所涉及的培训成本包括直接成本和间接成本两类：直接成本主要包括培训师的讲课费用、场地租赁费用、设备材料费用、培训教材资料费用、交通费用、住宿费用、餐饮费用和需要支付给培训机构的费用等；间接成本主要包括培训对象的工资和因培训给企业的经营管理带来的损失等。

以上培训评估的四个层次，其实施从易到难（参见表5-7），费用从低到高。一般最常用的是反应层评估、学习层评估，对企业指导意义最大的是行为层评估，而最长远、最宏观的是结果层评估。培训管理者应根据培训的重要程度、培训项目的大小、培训成本的多少进行综合考量，进而决定培训项目评估的层次。

表 5-7 柯克帕特里克四级评估模型比较分析

层次	评估内容	关键问题	评估方法	评估时间	评估主体
反应层评估	培训对象对培训课程、培训师和培训组织的满意程度	培训对象对培训的哪些项目感到满意	问卷调查法 面谈法	培训进行中或刚刚结束	培训管理者
学习层评估	培训对象对培训知识、培训技能的吸收与掌握程度	培训对象从培训课程中学到了什么	提问法 笔试法 实操法	培训进行中或结束后	培训管理者、培训师
行为层评估	培训对象在培训后行为的改变情况	培训对象在培训后是否有行为改善	观察法 绩效考核法	培训结束3个月或半年以后	培训管理者，培训对象的上级、同事、下属、客户

续表

层次	评估内容	关键问题	评估方法	评估时间	评估主体
结果层评估	培训给部门或企业的经营效益带来的影响程度	培训对部门或企业的影响有多大	组织绩效指标分析法 成本收益分析法	培训结束半年或1年后	培训部主管、培训对象的直接上级、企业高层管理者

三、培训效果评估的步骤

培训效果评估主要由六个步骤组成：确定评估目标、建立评估数据库、制订评估方案、组织实施评估、撰写评估报告和沟通反馈评估结果。

（一）确定评估目标

培训效果评估目标与培训目标息息相关。培训效果评估的作用主要是考查培训是否达到培训目标以及达到培训目标的程度。培训效果评估目标主要包括以下三个方面：

一是从总体上评价培训投资的有效性，为以后的培训预算工作提供参考资料。

二是提高培训管理的效率。培训管理者通过评估过程获得经验和教训，从而提高自己的工作绩效。

三是提高培训质量，及时地进行评估可以为改进以后的培训项目提供参考。

四是提出培训需求。评估本身就是学习过程的一个部分，通过培训效果评估可以了解原来的培训目标是否已经达到，达到了什么程度，通过对比差距来寻找新的培训需求。

（二）建立评估数据库

在进行培训效果评估之前，培训管理者必须将培训前后发生的数据收集齐全。培训数据包括员工个人工作绩效数据、企业工作绩效数据、培训项目相关数据等。培训数据收集的关键是培训管理者与业务部门人员良好的配合，因为员工个人工作绩效数据与企业工作绩效数据大部分来自业务部门。培训管理者收集的数据最好发生在相同的时段，以便后期进行分析和比较。如培训管理者可以统一收集培训前1个月和培训后6个月的有关企业的产出、成本、质量及时间的数据，便于了解培训前后企业工作绩效水平的变化情况。

（三）制订评估方案

培训效果评估方案需要明确评估目标、评估的培训项目、评估的可行性分析、评估的时间和地点、评估的人员、评估的层次、评估的方法、评估的标准、评估的步骤、评估的分工和评估的沟通反馈等内容。

（四）组织实施评估

评估方案制订后，培训管理者就可以开展具体的评估工作了。针对不同的评估层次,评估时间的选择有所不同:反应层的评估一般在培训中或培训刚刚结束后进行,这样可以及时了解培训对象的感受,确保调查数据的准确性。学习层的评估一般在培训结束后进行。行为层和结果层的评估一般在培训结束 3~6 个月后进行,因为培训的效果真正作用于培训对象的实际工作尚需一段时间。

(五)撰写评估报告

培训效果评估报告的主要内容包括培训项目概况、评估过程、评估结果、评估总结和附录等(示例参见工具模板)。

培训管理者在撰写评估报告时需要注意:

(1)要辨证地分析问题;

(2)要在下结论之前确定真凭实据;

(3)要考虑到培训评估者本人可能存在的主观看法;

(4)要考虑到培训的短期效果和长期影响。

培训效果评估报告

一、培训项目概况

为了解决我公司车间存在的工作方向模糊、岗位环境混乱、技术参差不齐、工序流程不畅等问题,公司培训部于今年____月____日到____月____日组织了针对车间操作人员的技术能力培训。车间操作人员共____人参加了此次培训。

二、培训效果评估过程与方法

此次培训效果评估从反应层、学习层、行为层和结果层四个方面展开。培训管理者在培训刚刚结束后,采用问卷调查法开展反应层评估;培训管理者和培训师在培训结束后通过笔试和实践操作两种方式了解培训对象对知识和技能的掌握情况;行为层评估在培训结束后一个月开展,车间主管观察并记录员工培训前后行为的改变,以此作为行为层的评估依据;结果层评估在培训结束后 3 个月进行,采用的是投资收益分析法。

三、培训效果评估结果

(一)反应层评估

本次培训反应层评估主要采用的是问卷调查法。培训部在培训结束后共下发培训效果评估问卷____份,培训结束之后,回收____份有效评估问卷,以下为问卷结果统计分析情况:

1. 培训课程整体满意度的评估结果（参见表5-8）

表5-8　培训课程整体满意度的评估结果

满意层次	非常满意	满意	一般	不太满意	很不满意
所占比例	59%	37%	4%	0	0

从表5-8可以看出，96%的培训对象对培训课程感到满意，其中非常满意者占59%。

2. 培训内容满意度的评估结果（参见表5-9）

表5-9　培训内容满意度的评估结果

满意层次	非常满意	满意	一般	不太满意	很不满意
所占比例	28%	59%	13%	0%	0%

从表5-9可以看出，87%的培训对象对培训内容感到满意，其中非常满意者占28%。

3. 培训师满意度的评估结果（参见表5-10）

表5-10　培训师满意度的评估结果

满意层次	非常满意	满意	一般	不太满意	很不满意
所占比例	38%	47%	15%	0	0

从表5-10可以看出，85%的培训对象对培训师感到满意，其中非常满意者占38%。

4. 新观点、新理念和新方法满意度的评估结果（参见表5-11）

表5-11　新观点、新理念和新方法满意度的评估结果

满意层次	非常满意	满意	一般	不太满意	很不满意
所占比例	38%	50%	12%	0	0

从表5-11可以看出，88%的培训对象对课程的新观点、新理念和新方法感到满意，其中非常满意者占38%。

5. 培训是否有利于工作的评估结果（参见表5-12）

表5-12　培训是否有利于工作的评估结果

满意层次	有很大帮助	有一些帮助	仅有一点帮助	说不清楚	一点也没有
所占比例	35%	50%	10%	5%	0

从表5-12可以看出，85%的培训对象认为本次培训对工作有帮助，其中认为有很

大帮助者占35%。

6. 培训内容是否有在工作中应用的机会的评估结果（参见表5-13）

表5-13 培训内容是否有在工作中应用的机会的评估结果

满意层次	有很多机会	有机会	说不清楚	一点也没有
所占比例	30%	63%	7%	0

从表5-13可以看出，93%的培训对象认为培训内容在工作中有机会加以应用。

小结：本次调查评估的基本满意度达到85%及以上，85%的培训对象对此次培训给予了良好的评价。培训内容与培训对象的工作密切结合成为本次培训的亮点。

（二）学习层评估

学习层评估的目的是为了了解培训对象掌握了多少知识和技能，记住了多少课堂讲授的内容。因此，培训部门根据课程内容设计了笔试和实践操作两种考核方式，并对考核进行了认真的评判。考核的成绩参见表5-14。

表5-14 车间操作人员培训成绩表

考试成绩	0—59分	60—69分	70—79分	80—89分	90—100分
所占比例	2%	14%	22%	57%	5%

在此次考试中，98%的培训对象达到了及格水平，其中有62%的培训对象达到良好（80分及80分以上）水平。只有2%的培训对象没有达到60分的及格标准，根据培训制度的规定，没有及格的培训对象在一周后重新进行了学习和考核，并全部通过。

（三）行为层评估

培训部采取观察的方式实施行为层评估，表5-15是本次培训评估观察记录表。

表5-15 培训评估观察记录表

培训课程	车间操作人员技术能力培训	培训日期	____年____月____日
观察对象	参加了培训的车间操作人员	观察记录员	
项目	培训前	培训后	
岗位环境	工作岗位环境脏乱，地面丢弃物和成品不分，有个别烟头出现	工作岗位环境得到改善，成品摆放到位，地面无丢弃物或烟头出现	
操作工具	操作工具乱丢乱弃，经常无序摆放	操作工具合理归位，摆放符合培训要求	
工作流程	工作流程无序，前后衔接不流畅，许多工作有头无尾	工作流程基本理顺，工作衔接流畅到位，操作程序完整	
结论	1. 工作环境和工作面貌得到改善和加强，工作效率有了很大提高 2. 应当继续开展一系列的技术培训，以巩固这种工作状态		

(四) 结果层评估

结果层评估在培训后3个月进行,主要是利用车间操作人员接受培训后劳动效率和生产质量的提高来间接说明培训所产生的经济效益。以下是本次培训的成本和收益的分析对比。

1. 成本分析

本次培训所产生的成本参见表5-16。

表5-16 培训成本分析表

成本构成	具体名目	金额/元
直接费用	培训讲师费用(包括授课费、交通、食宿等费用)	3 000
	培训资料购买费用(打印复印、教材购买)	500
	培训场地、设备器材租金(公司内进行)	0
	其他杂费(矿泉水、水费、电费)	600
间接成本	培训组织人员的时间成本(小时工资水平×所耗时间)	1 000
	受训车间人员的时间成本(小时工资水平×所耗时间)	5 000
	领导给予支持的时间成本(小时工资水平×所耗时间)	2 000
总成本		12 100

2. 收益分析

该公司的生产车间在培训前电子产品的日产量为1000个,并且在生产过程中经常会出现两个问题:一是每天生产的8%的电子产品因性能不符合要求而报废;二是工人怠工现象比较严重,迟到、早退现象比较明显。经过培训,车间日产量增加了100个,人员迟到、早退现象也有所好转;工人的工作态度明显改善,废品率下降了2%。

表5-17概括分析了此项培训的收益情况。

表5-17 车间人员培训收益分析表

生产成果	衡量指标	培训前	培训后	改善成绩	年收益(按250个生产日,电子产品的单价为6元)
产量	生产率(日产量)	1000个	1100个	每天多生产产品100个	100×250×6=150 000元
质量	废品率(日废品量)	1000×8%(即80个/天)	1100×(8%−2%)(即66个/天)	每天少生产废品12个	12×250×6=18 000元

3. 投资回报率计算

在不考虑间接收益和培训效益发挥年限的情况下,计算培训的投资回报率为:

$$[(150\,000+18\,000-12\,100)/12\,100]\times 100\% \approx 1288.43\%$$

可得出此次培训投资回报率约为1288%。

四、培训总结

通过培训效果评估，培训管理者发现此次培训在以下四个方面取得了比较好的效果：

（1）培训内容的针对性比较强，与工作的结合度较高，难度适中。多数知识点需要培训对象结合实际工作的具体情境才能更好地理解和应用，所以培训后的回顾和应用对培训的效果有直接的影响。

（2）培训对象的反应比较好，大部分培训对象表示此次学习对自己的工作有较大的帮助，提高了个人的技术水平和工作效率。

（3）车间的工作岗位环境和工作面貌得到极大的改善，使工作能顺畅有序地进行。

（4）培训后的经济效益改善比较明显，不但车间的生产效率得到提高，而且生产质量也有了较大的提升，产生的预期收益将有效保证公司年度计划的完成。

在培训过程中也存在一些不足，主要表现在：

（1）有一部分员工因为各种原因没有参加此次培训，根据公司的相关规定和要求，培训部将对这部分员工以前的培训记录进行调查，并对未达到培训要求的员工进行相应的处罚。同时，要求这些员工与此次培训不合格的培训对象一起参加下次的培训。

（2）员工参与集体活动的积极性有待提高，许多员工在培训中的表现并不十分积极。

附录1：培训效果评估问卷。（略）

附录2：笔试试卷。（略）

（六）沟通反馈评估结果

评估报告确定后，培训管理者要及时传递和沟通评估结果，以免造成培训效果评估与实际工作脱节。一般来说，以下四个群体有必要了解培训评估结果：

（1）培训对象了解培训评估结果有助于他们进一步加强学习，明确努力的方向。

（2）培训对象的直接上级主管通过培训评估结果了解部门员工在培训后对知识技能的掌握情况、行为的变化情况，可以帮助员工将培训内容应用于具体工作中。

（3）培训项目开发人员了解培训评估结果可以改进、调整培训项目。对于培训对象反应好、培训效果好的项目可以保留；对于某些环节有缺陷的培训项目可以重新进行设计和调整；对于没有效果或效果差的培训项目可以暂停甚至撤销；对于某些领域空缺的培训项目可以新增。

（4）管理层通过培训评估结果可以确定培训项目是否有价值，是否应继续投入资金。

员工培训管理

案例 5-3　L 集团构建管理人才培训效果评估指标体系[①]

L 集团是一家集研发、生产和销售于一体的大型综合性集团企业，经过 30 多年的发展，员工总人数超过 8000 人，管理难度大幅增加，管理人员的数量与质量出现短缺与不足，管理人才的培育、培养成为培训工作的重点。L 集团旨在通过管理人才培训为企业培养出符合集团、岗位要求的管理者。通过对管理岗位进行调研，结合管理人才培训目的，L 集团应用柯克帕特里克四级评估模型，构建了管理人才培训效果评估指标体系（参见表 5-18），为管理人才培训项目提供了评价标准。

表 5-18　L 医药集团管理人才培训效果评估指标体系

评估层次	一级指标	二级指标
反应层评估	课程内容	1. 目标明确性 2. 内容适用性 3. 结构合理性 4. 互动有效性 5. 讲解清晰性
	培训讲师	1. 仪容仪表 2. 课程节奏 3. 授课技巧 4. 培训工具的使用 5. 课程内容熟悉度
	培训组织	1. 培训时间的合理性 2. 培训现场的服务水平 3. 培训材料的准确性 4. 现场秩序的维护
	其他建议	1. 最有兴趣的内容 2. 最不满意的内容
学习层评估	理论知识	理论考试成绩 90 分以上为合格
	技能水平	技能评定成绩 80 分以上为合格
	作业完成情况	课后作业不能按时完成，培训不合格，取消培养
	团队学习情况（学员互评）	1. 线下讨论的积极性 2. 提供方案的建设性 3. 对团队成员的帮助性

[①]　牛君.培训效果评估的指标体系研究——以 L 集团为例[J].中国盐业，2020,(09):44-47,有删改.

续表

评估层次	一级指标	二级指标
行为层评估	管理水平及管理技能运用	1. 理论和技能在工作中的应用情况 2. 培训前后行为对比 3. 冲突管理能力的变化 4. 绩效管理能力的变化 5. 对80后、90后员工管理方式的变化
行为层评估	团队绩效改善情况	1. 团队或部门工作绩效水平 2. 培训前后工作绩效对比 3. 工作绩效问题改善情况 4. 工作方式与工作方法的变化
结果层评估	经营绩效指标	1. 业绩指标（按销售、生产、研发分类） 2. 财务指标（利润率、管理成本）
结果层评估	人事指标	1. 入职率 2. 离职率 3. 培养后备干部人数 4. 团队工作绩效完成率
结果层评估	员工满意度指标	1. 对企业文化的评价 2. 对组织氛围的评价 3. 对企业管理能力的评价 4. 对直接上级主管的评价

案例 5-4 三星公司培训效果评估因课而异

对于培训课程多、规模大的企业来说，培训效果评估工作需要花费很多的时间和精力。因此，三星公司针对不同的培训课程采用不同的评估方式。

三星公司的"现场管理者"培训项目的培训对象是生产线上的班组长，课程包括：（1）角色认知；（2）履行职责；（3）指导下属的方法；（4）沟通技巧；（5）冲突管理；（6）工作改善；（7）安全管理；（8）会议管理。

三星公司主要采用二级评估和三级评估的方法评估该项目。为了便于比较分析，三星公司把二级评估和三级评估的结果放在同一张量表上，采用相同的量表分别在培训前一周、培训刚刚结束后、培训结束3个月后进行3次评估。

三星公司比较培训前和培训刚刚结束后的量表结果，发现：

（1）培训对象参加培训后在"角色认知"和"履行职责"上改变不大，因为这两点需要个人知识的积累，不可能通过一次培训就立刻改变；

（2）培训对象在"工作改善""安全管理""会议管理"方面培训前后的差异比较大，尤其是"会议管理"，因为培训对象回到工作岗位后能够立刻应用相关内容。

三星公司比较培训结束3个月后的量表和培训刚刚结束后的量表，发现：

（1）培训对象在"角色认知"和"履行职责"方面依然变化不大。

（2）在"安全管理"和"会议管理"方面，培训对象在培训结束后 3 个月后得到了提升，因为这两项是班组长每天要做的工作，通过练习强化，提高比较快。

（3）在"沟通技巧"和"冲突处理"方面，培训对象在培训结束后 3 个月后的掌握程度相比刚刚培训后反而有所下降。原因在于培训对象刚刚学习培训课程时感觉很受启发，但在实际运用中，由于培训对象的素质、性格、经验积累等不尽相同，因此，效果不如相对简单的"安全管理"和"会议管理"。

通过以上评估，三星公司得出结论："现场管理者"培训项目的课程设计基本符合班组长的需求。通过对课程的评估，三星公司确定了班组长后续培训内容——"沟通技巧"和"冲突管理"。

实训任务

实训内容：学生每 5~6 人为一组，以小组为单位，结合"组织实施内部培训"项目，设计培训效果评估反应层调查问卷。

考核标准：调查问卷的内容全面；调查问卷的结构合理；调查问卷的题目设计科学；团队协作的能力和创新思维能力。

项目六 "互联网+"培训管理

项目情境

方大特钢用互联网思维提升培训效果

为了调动员工学技术、练本领、强素质的积极性和主动性,方大特钢每年都要举办员工职业技能培训和职业技能大赛。近年来,方大特钢用互联网思维来提升员工培训效果。

方大特钢建立了智能培训教室,采用瘦客户机和桌面云技术,建立竞赛试题库,系统随机从竞赛试题库中调取考题进行考试,考试成绩当场显示,相比以前"出考卷、答考卷、改考卷"的流程,大幅提高了工作效率。而且,所有参加培训和考试人员的信息资料都会被自动保存,增强了培训记录的完整性和可追溯性。

智能培训教室并非仅有无纸化考试功能。方大特钢已预留了网络端口,计划接入冶金生产虚拟仿真实训系统,依托虚拟现实、多媒体、人机交互、数据库和网络通信等形式,让员工在安全的环境下,身临其境地学习相关知识,提高培训的效果;导入安全培训系统,帮助员工提高安全操作和隐患防范的技能。

此外,方大特钢还建立了自动化系统培训教室和自动化设备培训基地,员工可以在模拟平台进行学习、训练,掌握自动化应用系统和设备操作技能;在ERP系统中建立了HR子系统,所有培训的申报、审核均为便捷的无纸化办公;公司的OA系统开设了"培训交流"栏目,员工可以自主选择培训课件;各二级单位分专业建立培训微信群,让每名员工都能通过微信群分享知识、担任"内训师"。

方大特钢注重效率、效果的务实培训使员工的技能得到快速提升。2017年公司有238名员工得到技能等级晋级,在参加技能鉴定的人数较2016年减少23.11%的情况下,技能晋级人数却增加了11.74%。2018年公司又有48名员工成为"一专多能"型员工,共有472名员工掌握2个及以上工种或岗位技能。

在"互联网+"时代,方大特钢与时俱进,紧贴时代脉搏,敏锐地应用互联网思维,打破传统培训方式中的桎梏,搭建起移动、开放、便捷、趣味的"互联网+"培训平台,为企业持续健康发展提供坚实的人才支撑和智力保障。

【思考】方大特钢在培训管理的哪些环节应用了互联网思维和互联网技术?

> **教师点评**

方大特钢主要在员工培训组织实施及培训效果评估环节应用了互联网思维和互联网技术。

在员工培训组织实施环节，方大特钢在 ERP 系统中建立了 HR 子系统，所有培训的申报、审核均为便捷的无纸化办公。在正式的培训过程中，方大特钢通过冶金生产虚拟仿真实训系统、安全培训系统、自动化系统培训教室等，让员工更真实、更深入地学习相关的知识和技能。方大特钢还通过竞赛试题库随机进行考试，提升了培训效果评估的效率。同时，方大特钢用互联网思维指导员工培训，通过微信群分享知识，人人都可以担任"内训师"，提升了员工的参与感。

任务1　应用互联网思维完善员工培训

> **知识目标**：(1) 阐述互联网思维的主要内容；
> 　　　　　　(2) 说明互联网思维指导下的培训变革方向。
> **能力目标**：能应用互联网思维完善现有培训管理。

知识储备

一、"互联网+"与互联网思维的概念

（一）"互联网+"

"互联网+"是指把互联网的创新成果与经济社会各领域深度融合，推动技术进步、效率提升和组织变革，提升实体经济创新力和生产力，形成更广泛的以互联网为基础设施和创新要素的经济社会发展新形态。"互联网+"将互联网作为信息化发展的核心特征，与各行各业连接，这不是简单的相加，而是利用信息通信技术以及互联网平台，将互联网技术应用于传统行业，并进行深度融合，改变思维模式，创造出更多的价值。

（二）互联网思维

互联网思维是指在大数据、云计算等科技不断发展的背景下，对市场、用户、产品、企业价值链乃至对整个商业生态进行重新审视的思考方式。互联网思维是"互联网+"的指导思想，"互联网+"是互联网思维的表现形式。

互联网思维中的九大思维得到了业界的高度认同，下面重点解释这九大互联网思维的含义：

1. 用户思维

用户思维是对经营理念和消费者的理解。用户思维强调"用户是上帝"，用户的需求是产品和服务的根源，以用户为中心，学会换位思考。用户思维是所有互联网思维的核心，没有用户思维，也就不可能领悟好其他思维。

2. 简约思维

简约思维是对品牌和产品规划的理解。简约思维要求企业在产品或服务的设计上要专注，追求简单和简洁，让用户一目了然，少即是多，打动人心，赢得用户。

3. 极致思维

极致思维是对产品和服务体验的理解。极致思维要求企业把产品和服务做到极致，超越用户的预期。

4. 迭代思维

迭代思维是对创新流程的理解。企业在与用户的不断碰撞中，快速感知用户需求，在用户的参与和反馈中快速试错、快速更新，在持续迭代中快速完善产品或服务。

5. 流量思维

流量思维是对业务运营的理解。互联网企业都有很典型的流量思维，流量即金钱，流量即互联网入口，如何更好地利用流量盈利是关键。从企业产品或服务的设计到宣传、交易，每个环节都需要企业精心策划、用心运营，才能产生流量、实现成交。

6. 社会化思维

社会化思维是对传播链、关系链的理解。企业利用社会化工具、社会化媒体、社会化网络，重塑企业和用户的沟通关系，以及组织管理和商业运作模式的思维方式。在社会化商业时代，企业所面对的员工和用户都是以"网"的形式存在，沟通和交流更加便捷，企业应用社会化思维可以更好地营销。

7. 大数据思维

大数据思维是对企业资产、核心竞争力的理解。大数据成为企业的核心资产，数据挖掘与预测分析成了企业的关键竞争力乃至核心竞争力。数据就是资源，企业提炼出的信息就是商业价值所在。

8. 平台思维

平台思维是对商业模式、组织形态的理解。平台思维是互联、互通、互动的网状思维，是开放的、创新的、共享的、共赢的思维，是一种重要的思维方式和工作方式。平台思维的精髓在于打造多主体的共赢共利生态圈。

9. 跨界思维

跨界思维是对产业边界、创新的理解。所谓跨界思维，就是大世界、大眼光，多角度、多视野地看待问题和提出解决方案的一种思维方式。随着互联网和新科技的发展，产业边界变得模糊，互联网企业的触角无孔不入。跨界思维的核心是颠覆性创新，且往往来源于行业之外的边缘性创新，因此要跳出行业看行业，建立系统的、交叉的思维方式。互联网可实现跨界颠覆，本质就是效率提升，高效率整合低效率，这是跨界竞争的本质。

二、互联网思维指导下员工培训变革方向

互联网为员工培训管理工作带来了新契机，特别是为当前培训领域存在的一些顽疾，如员工培训的针对性不强、培训对象的参与和体验程度不足、培训效果评估缺乏有效手段等提供了新的解决思路和解决方法。

面对互联网传播低成本、管理数字化、资源开放性等机遇，培训管理者必须积极应对，创新培训理念、培训工具和培训方法，用互联网精神来指导员工培训，用互联网规则来规范员工培训，用互联网工具来运作员工培训，改变员工培训管理工作的重点和努力方向，形成与互联网时代培训对象的特点、传播特点等相适应的管理模式。

（一）转变培训理念，强化用户思维

用户思维是互联网思维的核心。互联网时代的员工培训绝不是简单地将线下资源线上化，而是培训管理者要转变培训理念，真正地把培训对象当做培训部门的用户。培训对象自身的能力、心智的成长将被置于更重要的位置。当然，这种转变并不意味着组织层面的需求被取代了，而是被完美地整合进培训对象个人的成长需求之中，与促进人才成长有机融合在一起。如何让培训对象愿意学、容易学、学有所获成为培训管理者需要思考的问题。在用户思维的指导下，培训对象将成为企业员工培训体系中最重要的组成部分。培训管理者会让培训对象参与到培训体系的设计及运作过程中来，培训对象自主选择喜欢的培训师、喜欢的培训课程，甚至可以提出培训需求并获得定制化的培训服务。

（二）创新培训方式，打破时空限制

在互联网时代，培训对象的知识有一部分是通过非正式的学习途径获得的。因此，企业的员工培训要改变传统的、集中统一的学习形式，突破时间和空间的限制，建立完善的学习平台，提供丰富的学习资源，让培训对象可以随时随地进行学习。企业员工培训方式的变革要适应互联网环境下员工的学习方式。具体来说，培训方式变革有以下三个方向：

一是碎片化培训。企业利用培训对象的空闲时间，向培训对象推送碎片化的知识技能点，见缝插针地进行员工培训。

二是工作现场培训。企业通过网络的整合及实时传播功能,在工作现场进行员工培训,并现场解决培训对象提出的问题,实现"人在哪里,培训就在哪里"。

三是混合式培训。企业可以通过新媒体手段,实现线上培训和线下培训相结合,使两者有效互补、相得益彰。

(三) 丰富培训内容,注重全面体验

在现行的员工培训中,培训内容一般以知识和技能为主,而对态度、动机和价值观等内容涉及较少。在互联网时代,由于培训对象与设备、管理者和管理现场能通过物联网、大数据等直接联系起来,使得培训工作与日常工作得以更紧密地结合。除了完成工作所需的知识、技能培训以外,培训对象在日常工作中的心态、价值观、情感表现乃至思维活动等也应被列入培训内容。企业可以通过场景体验、现场辅导,特别是心理学方法实现员工培训内容的多元化,让培训对象获得工作场景、人际互动等方面的全面体验。

(四) 完善培训管理,实现科学量化

在现行的员工培训中,培训需求分析、培训效果评估等工作主要由培训管理者依据客观的数据并结合自己的主观经验加以确定,并没有真正实现科学化、数字化管理。在互联网时代,培训管理者可以借助大数据平台,通过全样本分析培训对象的行为表现、情感偏好、强项弱项和学习方式等,更精准地分析培训对象的个体需求,有针对性地设计培训课程并提供培训资料,从而提高员工培训的针对性和有效性。在员工培训实施过程中,学员、培训师、培训管理者可以实现实时在线互动,对每一门培训课程进行立体化的全面评价,同时对培训的后续转化效果进行有效跟踪。

(五) 快速更新课程,转向简约通俗

在现行的员工培训中,培训课程是培训的核心,既要求有内容,又要求有包装。在互联网时代,课程仍然是培训的主要产品,但专注、简约、抓住痛点的产品精神将得到充分的展现。培训课程变革将有以下方向:

一是"微"化。培训课程将在时间、内容上进一步被细分,适应碎片化学习的专题短课程将大量出现。

二是娱乐化。培训课程将适应培训对象的特点,引入游戏通关、视频开发等手段,实现好学、易学、乐学。

三是迭代开发。培训课程适应热点快速转移的趋势,不断注入新的元素,不断升级换代,以保持培训对象学习持久的新鲜感。

(六) 丰富培训资源,鼓励人人为师

在传统观念中,培训师往往是由一些精英人士来担任的。而在互联网时代,老人教新人、高层教基层的局面将被改变,完全可能变成新人教老人、基层教高层。因此,培训管理者要树立"人人都是培训师"的观念,积极发掘每个人在工作中的最佳经验,并推动其成为一个领域、一个专题的培训师。同时,培训管理者要关注相关的社群平台,提高发掘培训师的效率。

综上所述,培训管理者需要与时俱进,应用互联网思维,适时改变培训理念和培训策略,以求进一步提升培训效果,实现培训目标。

案例 6-1　京东如何用互联网思维培训员工[①]

京东有 6 万多名员工,包括上千名的中高层管理者。在互联网思维的指导下,京东的员工培训管理工作强调四点:有用、少花钱、少花时间、心甘情愿。

1. 做"有用"的培训

京东在进行内部调研时发现,专业级人才中有 50% 的人的职业梦想是成为管理者,原因是"成为管理者,才能有更多的话语权"。于是,京东推出"京东 TALK",给员工更大的舞台和更多展现的机会。"京东 TALK"模仿美国的演讲秀模式,这个舞台只允许专业人士进行展示,管理者一律免来。"京东 TALK"让员工获得展现自己并被他人倾听的机会。

2. 做让人尖叫的培训产品

京东内部有近 5 万名的"蓝领"员工。经调研,京东发现对他们进行培训有以下四大痛点:

第一个是学历低,大部分人都是高中学历,流失率高;

第二个是没有空调,工作环境、学习环境较差;

第三个是工作压力大,没有时间学习;

第四个是培训没有茶歇,而总部的培训却有茶歇。

据此,京东通过开放大学的模式,让他们有机会进修大专和本科学历,有机会鲤鱼跳龙门;在每个仓库配一个教室,改善学习环境;开发微信产品,让他们在手机上随时能进行碎片化的学习;统一标配,总部和一线员工的培训采用同样的标准,每天的培训课程配备人均 8 元的茶歇。

3. "少花钱"也能做培训

京东"少花钱"背后的关键在于推动公司内部专家帮助公司实现培训目标。京东

[①] 马成功.京东大学执行校长揭秘京东怎样培养 6 万员工[J].商场现代化,2014,(35):46-49.有删改。

曾做过一个知识分享活动，活动时长为1个小时，员工通过问题联盟、迪斯尼转盘和能量集市这三个环节最终形成解决关键问题的小册子，成为项目式培训的一个典范。

4. "心甘情愿"的攻心术

京东有一个产品叫"专业脱口秀"。公司在内部找了一个能言善道的85后员工，让他围绕业务以脱口秀的形式每周推出一档节目，介绍业务的趋势和公司内部的变化。通过这样的方式，京东能更快速地推动公司内部知识的传递。

案例6-2　"互联网+"时代下的员工培训可以这样玩

中国电信股份有限公司浙江服务运营分公司台州分中心（以下简称浙江10000台州中心）从培训内容、师资队伍建设和培训模式创新等维度开启了"互联网+"培训的转型之路。

1. 培训内容——创建标杆工作室，萃取一线小微经验

85后、90后员工不再接受教条、冗长的培训，他们希望所学的方法马上就可以用起来，所以培训的内容需来自现场。近年来，浙江10000台州中心成立"标杆工作室"，从"民间"挖掘"标杆"，归纳、总结、推广优秀员工话务"操作方法"。工作室以月为周期，结合当前中心的重要问题，通过报名、初审、试验、审核4个环节进行方法的专利申请。

2. 师资队伍——从百里挑一到人人为师，扩充优质师资队伍

随着标杆工作室在内部的全面启动和推广，浙江10000台州中心也从原来的少数培训师演变成"人人为师"的培训管理理念。

每年的教师节前后，浙江10000台州中心会开展"我是最强音"兼职培训师选拔，围绕"提高自主学习、理解、表达能力"和"从能听转变成能讲"两个目的，对有志向、有意愿的员工进行班前会试讲训练，通过启动、海选、集训、导师评估、我行我秀、大众点评等多个环节进行筛选、评估兼职培训师，建立起浓厚的学习氛围来促发员工"人人为师"的积极性。

3. 培训模式——知识分门别类，打造多媒体、碎片化学习模式

随着电信业务的发展，客服代表需要掌握的知识要非常全面和深刻，培训师面临着既要深度讲解，又要控制时间的两难局面。为解决这个难题，浙江10000台州中心对客服代表需要掌握的知识进行归类，采用不同的多媒体培训形式，让碎片化学习、"口袋式"学习成为可能。员工能够打开智能移动终端，实时掌握企业的各类新闻；准时收到公司今日的业务点更新或者重要知识点回顾，掌握一天的学习节奏。在课程结束之后，员工还能对知识成果进行检验，在线进行效果评估。在碎片化时间，员工能够根据自身的需求，在海量的微课里自由学习。工作结束后，员工还能够在互动圈子

里与同事进行互动和交流。

"互联网+"改变了传统的自上而下的员工培训体系，促使员工获取知识更顺畅、经验传播更高效。

实训任务

实训内容：学生每 5～6 人为一组，以小组为单位，应用互联网思维和互联网技术完善现有的培训项目。

考核标准：互联网思维和互联网技术的应用程度；培训管理过程完善程度；团队的协作能力和创新思维能力。

任务 2　应用 E-Learning 进行培训管理

知识目标：（1）列举 E-Learning 的优势；
　　　　　（2）阐述 E-Learning 体系的内容。
能力目标：（1）应用 E-Learning 开发培训课程；
　　　　　（2）应用 E-Learning 组织实施员工培训。

知识储备

传统的员工培训组织实施工作主要包括场地布置、现场控制、签到管理、纪律管理等内容，培训管理者要求培训对象在特定的时间、地点，学习特定的培训课程。与传统的员工培训不同，基于 E-Learning 的员工培训具有移动化的特点，培训对象可以随时随地获取自己需要的知识、技能等培训内容。

近年来，随着互联网及其相关产品的进一步开发、普及和商业化，E-Learning 已经成为企业不可或缺的员工培训方式之一。

一、E-Learning 的含义和特点

（一）E-Learning 的含义

E-Learning 的英文全称为 Electronic Learning，中文译作"网络（化）学习""电子（化）学习""数字（化）学习"等。对于这个词来说，人们不同的译法代表了不同的观点：网络（化）学习强调学习者基于互联网开展学习活动；电子（化）学习强调

学习者通过电子化手段开展学习活动；数字（化）学习强调学习者在学习中将数字内容与网络资源结合起来。从广义上来讲，E-Learning 包含上述网络（化）学习、电子（化）学习、数字（化）学习的所有内容与形式。从狭义上来讲，E-Learning 侧重于网络（化）学习。

美国教育部曾在 2000 年颁发的《教育技术白皮书》里对"E-Learning"进行了阐述，具体包括以下四个方面的内容：

（1）E-Learning 指的是组织通过互联网进行的教育及相关服务；

（2）E-Learning 提供给学习者一种全新的学习方式，保障了学习的随时随地性，从而为终身学习提供了可能；

（3）E-Learning 改变了教学者在教学中的作用，改变了教与学之间的关系，从而改变了教育的本质；

（4）E-Learning 能很好地实现某些教育目标，但不能代替传统的课堂教学，不会取代学校教育。

概括而言，E-Learning 是指组织通过应用信息科技和互联网技术进行内容传播，方便学习者快速学习的方式。

（二）E-Learning 的优点和缺点

E-Learning 作为一种新型的培训方式，与传统的培训方式相比，既具有优点，也存在缺点。

1. E-Learning 的优点

从企业的角度来说，E-Learning 的优点包括以下四个方面：

（1）低成本。

E-Learning 培训方式可以减少企业的各类培训费用，如培训师和培训对象的交通费用、培训场地的租用费用、培训师的课酬费用和培训资料的印刷费用等，大大降低了培训成本。

（2）高效率。

传统的员工培训方式需要培训管理者制作培训教材，安排培训场地，组织考试以及做好后勤保障等工作。培训管理者在组织实施中需要协调多方人员，组织协调工作比较复杂。在 E-Learning 培训方式下，培训管理者在很短的时间里就能完成上述所有工作，提高了工作效率。

（3）可跟踪。

E-Learning 系统可以对整个培训过程进行电子化管理，培训需求分析、培训课程安排、学习跟踪、培训效果评估等工作都可以通过 E-Learning 系统及时地进行推进与跟踪。

(4) 可量化。

E-Learning 系统以学习者的学习时间、学习进度、学习状况、学习成绩和学习反馈为基础，可以即时产生各类报告、报表和数据，为培训效果的评估提供了科学的依据。

从学习者的角度来说，E-Learning 的优点包括以下三个方面：

(1) 便捷性。

E-Learning 培训方式打破了时间和空间的限制，学习者可以随时随地地通过网络进行学习，并且还可以利用空余时间进行学习，同时还不耽误工作。

(2) 个性化。

与传统的课堂培训相比，E-Learning 是真正实现个性化的培训方式。学习者可以自主选择学习内容和学习方式，并控制学习进度。

(3) 趣味性。

E-Learning 系统可以提供大量的音频、图片、动画、影视和在线互动活动等资源，为学习者提供听觉、视觉和互动性相交融的学习体验，从而增强了学习的趣味性，提升了学习效果。

2. E-Learning 的缺点

E-Learning 由于受技术特点的限制，存在以下缺点：

(1) E-Learning 系统的开发成本较高，如网络开发与平台建设、设备购置、电子课件开发等，这些均需要企业花费较高的费用。

(2) E-Learning 系统的实践功能薄弱，主要适合知识方面的培训，不适用于技术、技能方面的培训。

(3) E-Learning 系统缺乏培训师与学习者面对面的沟通与交流，拉大了人与人之间的距离。

(4) E-Learning 课程资源的知识产权保护措施尚不完善，还需要进一步加强。

二、E-Learning 的架构

E-Learning 的架构即 E-Learning 的体系，是企业进行员工培训和员工进行学习的重要保障，包括 E-Learning 技术体系、E-Learning 内容体系和 E-Learning 运营体系三个部分。

（一）E-Learning 技术体系

E-Learning 技术体系是指企业的 E-Learning 系统所涉及的软（硬）件系统，主要包括 E-Learning 平台系统和硬件环境系统。E-Learning 技术体系建设既是企业建设 E-Learning 体系的第一步，也是企业 E-Learning 体系得以实施的技术保证。

E-Learning 系统主要包括学习管理系统、知识管理系统、虚拟教室系统和在线考

试系统,各子系统的功能如下:

1. 学习管理系统

学习管理系统(Learning Management System,LMS)也称在线学习系统,是E-Learning系统的基础管理系统。一般来说,学习管理系统的功能主要包括培训流程管理、培训课程管理、培训对象管理和学习过程数据管理等。

2. 知识管理系统

知识管理系统(Knowledge Management System,KMS)是对知识管理活动的各个过程进行管理的一套软件系统。它的功能主要包括知识定义、知识获取、知识存储、知识学习、知识共享、知识转移和知识创新等。

3. 虚拟教室系统

虚拟教室系统(Virtual Classroom System,VCS)是以建构主义理论为基础,基于互联网的,能够实现实时视频点播教学、实时视频广播教学、教学监控、多媒体备课与授课、多媒体个别化交互式网络学习、同步辅导、同步测试、疑难解析、远距离教学等功能的同步培训系统。

4. 在线考试系统

在线考试系统(Online Exam System,OES)也称考试管理平台,是用于在线考试管理的一套软件系统。它利用计算机及相关网络技术,实现智能出题、智能组卷、智能考务、智能阅卷和智能统计等功能,优化考试管理。

(二)E-Learning内容体系

E-Learning内容体系是指企业通过E-Learning系统向学习者提供的所有学习资源,包括课件库、媒体素材库、题库、案例库和工具模板库等学习资源。内容体系建设是企业建设E-Learning体系的第二步。

E-Learning内容体系的规划对于企业来说非常重要,它为学习内容的持续开发和完善搭好了框架。企业构建E-Learning内容体系可以采用以下四种模式:

(1)以培训对象为中心的内容体系建设模式;

(2)以解决某一专项问题为中心的内容体系建设模式;

(3)以解决工作绩效差距为中心的内容体系建设模式;

(4)以支持某种战略或业务为中心的内容体系建设模式。

(三)E-Learning运营体系

E-Learning运营体系是指企业中负责E-Learning系统运营和管理的人员及组织机构。运营和管理E-Learning系统的组织机构通常是企业的培训部门或者企业独立的网络学院、企业大学等。

随着E-Learning系统应用的深入开展,企业各部门都将在E-Learning系统的运营中发挥作用。培训部门主要负责日常业务运营管理、课程内容的开发、项目运作及整体推动；技术部门主要负责 E-Learning 系统的构建、维护、升级和学习者的技术支持；人力资源部门主要负责绩效管理、监督管理；业务部门主要负责对部门内部的在线学习项目和学习团队进行管理。

三、E-Learning 课程的内容开发

（一）E-Learning 课程适用情形

企业借助 E-Learning 系统可以缓解员工在分配工作时间与学习时间方面产生的矛盾，达到全员全程培训的目的，同时也便于员工随时、随地、随机学习。但是，E-Learning 系统也存在建设资金巨大、实践功能薄弱、知识产权难以得到保护等问题。E-Learning 系统只是一个平台，一个培训管理的工具，并不是所有的培训课程都适宜应用 E-Learning 系统。企业面对以下情形时可以应用 E-Learning 系统开展培训：

（1）培训内容属于知识类，而非技能类的培训；

（2）培训内容能够大规模、持续实施，如企业文化、规章制度的培训；

（3）培训项目是针对新员工、新任管理者或新产品的培训；

（4）培训对象人数较多，但工作地点分散、难以协调的培训；

（5）培训目的在于提高全员的素质，提升组织竞争力的培训。

（二）E-Learning 课程的建设方式

企业可以采取自主开发、委托开发、直接采购和免费网络资源使用的方式建设 E-Learning 课程。

1. 自主开发

自主开发是指企业自行开发在线课程。企业中大量的内部专业知识均可以通过简单、快速的课件制作工具开发成在线课程。企业自主开发课程要充分考虑本企业的实际要求，将企业内部的专业知识制作成适合企业需求的在线课程。自主开发这种方式适合制作容易、课程生命周期短、成本低的在线课程。自主开发在线课程是企业实现知识沉淀的重要手段，企业自主开发的在线课程在企业的 E-Learning 课程体系中所占的比例应该最大。

2. 委托开发

委托开发是指企业的培训管理者与外部聘请的课程设计师、多媒体设计师和技术工程师等共同组建课程开发小组，完成在线课程的开发。对于一些生命周期长、使用频率高、重点规划的专业知识课程则适合采用委托开发的形式。委托开发的在线课程是 E-Learning 课程体系中的精品和亮点。

3. 直接采购

直接采购是指企业直接向课程内容提供商采购在线课程。企业采购的课程类型主

要是成熟的通用类课程，这类课程适用于不同行业、不同类型的企业。在企业的 E-Learning 课程体系中，直接采购的课程数量以不超过 30% 为宜。

4．免费网络资源使用

企业 E-Learning 课程的管理者可以充分利用丰富的网络资源，选择免费的网络资源作为企业 E-Learning 课程体系的补充。

（三）E-Learning 课程建设要素

企业在构建 E-Learning 课程体系时必须要设计有效的课程内容。E-Learning 课程的内容应立足于解决实际问题，满足讲解、示范、体验和交互等培训的需要，并辅之以视频、音频、PPT 等多种表现形式。

E-Learning 课程建设要素包括知识点讲解、学习辅助文件、学习测评工具、案例分析分享、互动模拟体验、关键词搜索、交流沟通平台和教学管理平台等。E-Learning 课程建设要素及说明参见表 6-1。

表 6-1　课程建设要素及说明

要素名称	要素说明
知识点讲解	知识点讲解是指知识输出者采用微课、PPT 等多种表现形式全面、准确地将培训课程中的知识点描述出来。知识点讲解的关键在于让培训对象理解、牢记并能运用相关知识点
学习辅助文件	学习辅助文件包括课程目录、培训大纲、学习地图、学习安排、培训手册和学生手册等文件
学习测评工具	学习测评工具包括课前评估、课中练习、课后作业等内容
案例分析分享	案例分析分享既包括授课的培训师分享的重要案例资料，也包括培训对象上传供探讨、分析的案例资料
互动模拟体验	互动模拟体验通过让培训对象对学习内容进行模拟体验和人机互动，能够使培训对象加深对学习内容的理解，并增强学习的主动性
关键词搜索	关键词搜索能够使培训对象迅速定位自己所需学习的资源和内容，从而提高学习效率和学习效果
交流沟通平台	交流沟通平台包括课程学习答疑解惑、课程学习效果反馈等内容，目的在于帮助培训对象应用所学的知识解决实际问题，帮助培训管理者持续改进课程内容
教学管理平台	教学管理平台包括课后作业提交、课程学习的考核等内容，目的在于对课程学习效果进行管理

（四）E-Learning 课件制作管理

1．E-Learning 课件的分类

根据不同的分类标准，E-Learning 课件有多种形式的分类，常见的分类标准包括技术呈现形式、学习模式和课程内容等，具体分类参见表 6-2。

表 6-2 E-Learning 课件的分类

分类标准	课件的类型	具体说明
技术呈现形式	HTML 多媒体类	基于 Web 浏览器的超文本形式的课件，课件由以 HTML/XML 为标记语言的多种类型的素材构成，如文本、图片、声音、动画等
	音频、视频类	以适合网络传输的音频、视频为课件主要表现形式，音频、视频类课件是将传统的课堂、讲座中的内容移植到网络上的最简单和最有效的方式
	三分屏类	即视频窗口、PPT 白板和章节导航同时出现在屏幕之中的课件形式。与音频、视频类课件相比，三分屏课件的表现内容更为丰富，是主流的课件模式之一
	Flash 动画类	以 Flash 技术为表现形式的多媒体课件，内容呈现上多以动画形式为主。Flash 动画类课件具有表现形式好等特点，但开发成本较高
	3D 仿真模拟类	这类课件主要用于讲解、展示复杂结构以及仿真模拟各种操作类的培训，如机械构造、建筑构造讲解，汽车、飞机的模拟驾驶等
	游戏类	以单机或网络游戏的形式表现学习的内容，特点是寓教于乐，可大大提升培训对象的兴趣。游戏类学习是在线学习领域的发展趋势之一
学习模式	被动式	被动式在线课程是指以音频、视频讲解为主的课程，培训对象无须过多的操作，以在电脑前"听课"为主
	主动式	主动式在线课程是指互动形式的在线课程，培训对象在各种条件下需要不断地选择才能进行学习，学习该类课程又称点击学习或探索学习
课件内容	通用管理类	即以提升管理技能为主的通用管理类在线课程，如以沟通、授权、协作等为主题的课程
	IT 技能类	即以提升 IT 操作技能为主的在线课程，如 Office 使用技巧、网页制作等课程
	语言学习类	即外语学习类的在线课程，如商务英语、办公室英语以及其他语种的各类课程
	行业专业类	即以提升行业专业知识为主的在线课程，如财务管理、金融保险、生产制作等各行业的专业课程

2. E-Learning 课件制作流程

E-Learning 课件制作流程一般包括以下四个阶段：

（1）课件开发团队的组建阶段。

E-Learning 课件开发团队一般由内容开发组和设计开发组构成。内容开发组负责撰写课件脚本、提供课件素材、设计内容表现方法等；设计开发组负责美术设计及技术支持。在制作课件前，设计开发组的成员应适当学习所制作的课件内容，这将有助于他们在制作课件的过程中更好地理解课件脚本的内容。内容开发组的成员也应适当学习课件制作的相关知识，以便与设计人员更好地进行沟通。

（2）课件的策划阶段。

一是教学设计。内容开发组以保障培训效果为目的，对培训对象的培训需求进行分析，并进行内容框架和功能模块等方面的教学设计。

二是技术方案设计。设计开发组负责技术方案的设计。技术方案设计的基本依据也是培训需求分析，在满足培训对象的培训需求的前提下，技术方案应简单、有效，并且应具备一定的可扩展性，以应对课件开发过程中不断出现的新要求。

三是素材准备。内容开发组在前期策划阶段应该为课件制作准备初始素材，如在开发职业礼仪的课件时就应该收集有关着装、仪容仪表、待人接物等相关的图片和资料。

四是课件样本的开发。为了避免课件开发后可能出现的问题，课件开发团队在前期策划阶段应选取课程中的某个专题或某个具有代表性的知识点，以能够体现课件的主要功能、技术特色和风格为基本要求制作一个课件样本。

（3）课件的开发制作阶段。

在课件的开发制作阶段，课件开发团队首先要确定课件的制作规范和制作模板。统一的、标准的制作规范和制作模板有助于保证课件元素和风格的统一。在开发制作阶段，课件开发团队的成员之间的交流和信息反馈是非常重要的，每一个课件的制作都需要经过方案设计、制作、反馈、方案修改、制作定型这个完整的过程。

（4）课件的测试收尾阶段。

一是内容审定校对。原始资料在经过多次加工和组织后难免会出现差错和疏漏，因此课件开发团队的成员需要对其进行仔细的校对。

二是性能和兼容性测试。技术支持人员应模拟培训对象实际的网络环境，检测课件在不同的地点、不同的带宽条件下、不同移动端的性能指标。此外，技术支持人员还应进行链接检查和病毒检测，以确保课件运行的稳定性和学习平台的安全性。

三是资料编制归档。在课件开发基本完成后，课件开发团队应该编制完整的技术文档，如安装说明、用户使用帮助等，以便培训对象正确使用。此外，课件开发团队在课件开发过程中使用过的所有原始素材、中间文件、源程序、中间程序等都应被归档保存，便于日后进行修改或升级。

四、E-Learning 系统的运营管理

目前，很多企业已经开发了 E-Learning 系统，多数企业有了专职的 E-Learning 管理人员，专门负责企业 E-Learning 系统的运营管理。E-Learning 系统的运营管理主要包括 E-Learning 需求分析、E-Learning 组织实施和 E-Learning 运营评估等内容。

（一）E-Learning 需求分析

企业进行 E-Learning 需求分析需要考虑两个方面，第一个是企业需求分析，第二

个是员工的学习需求分析。

1. 企业需求分析

第一，培训管理者需要了解企业的规模、人数、行业类型、资金实力和网络建设环境等，以此来判断企业是否具备开发 E-Learning 系统的基本条件。

第二，培训管理者需要了解企业目前的人才结构、人力资源规划以及企业的战略发展目标，以此来判断是否可以通过对 E-Learning 系统进行人才结构改进。

第三，培训管理者在引入对 E-Learning 系统之前必须对企业的培训现状有一个清晰的了解，掌握企业在员工培训方面存在的问题。

在一般情况下，培训管理者要考虑以下问题：

（1）企业现有的培训流程是否完善？

（2）企业现有的培训是否能够满足员工的学习需求？

（3）现有的培训成本是否可以缩减？

（4）企业是否存在培训任务重，无法实施全员培训的问题？

（5）企业的培训内容具有什么特点？

如果企业现有的员工的学习体系无法满足员工的学习需求或者成本较高，那么企业就可以考虑引入 E-Learning 系统。

2. 员工的学习需求分析

培训管理者需要调查企业员工的年龄结构、学历结构、岗位类型和学习习惯，员工操作计算机及使用应用软件的能力，员工参加 E-Learning 培训的态度，员工的个人工作绩效以及员工的个人发展需求等内容，以便分析 E-Learning 培训的可行性与必要性。

（二）E-Learning 组织实施

E-Learning 组织实施一般包括以下四个方面的内容：

1. E-Learning 培训准备

企业根据员工的规模、课程的特点分析数据流量，选择、购买合适的服务器；搭建网络学习平台，购买网络通信设施；选择、购买合适的应用软件，并充分利用现有的课件资源；聘用专业的网络技术人员，保证 E-Learning 系统的顺利运转。

2. E-Learning 培训实施

E-Learning 培训实施是指培训对象提出培训申请，E-Learning 服务器接收、处理收到的培训申请信息，再通过显示器向培训师、培训对象提供其需要的内容。目前，企业经常采用的 E-Learning 培训模式主要有两种，即直接交互授课模式和网上自主学习模式。直接交互授课模式是指培训师授课与培训对象学习异地、同步进行。其优点是现场感强，师生通过网络交流可以立刻解决学习过程中出现的问题；缺点是成本高，对设备、通信线路的稳定性和技术服务的要求较高。网上自主学习模式是指培训对象通过互联网或企业内部网络点播网上课程，实现异地、异时培训。其优点是学习方式灵活，是企业进行网络培训的主要方式之一；缺点是解决问题具有滞后性。

3. E-Learning 即时评价

当培训对象每次参加完相应课程的学习后，E-Learning 系统就会对培训对象的培训效果进行即时评价，这也是 E-Learning 系统的功能之一。

4. 建立培训对象的培训成绩档案和培训历史记录

培训对象答完题后，若成绩合格，可以进行下一步的进阶培训；若成绩不合格，则需要重新接受相同课程的培训，直到成绩合格为止。同时，E-Learning 系统对每一位学员的培训成绩、培训历史都有记录。

(三) E-Learning 运营评估

E-Learning 运营评估包含的内容比较广泛，包括 E-Learning 学员反馈评估、E-Learning 课程内容评估和 E-Learning 培训效果评估三个部分。一方面，E-Learning 运营评估有助于培训管理者检测 E-Learning 系统在企业内部的应用效果；另一方面，E-Learning 运营评估为培训管理者完善 E-Learning 系统提供了依据。

1. E-Learning 学员反馈评估

E-Learning 学员反馈评估的主要目的是了解培训对象对 E-Learning 培训的反馈，判断他们对培训实施的过程和方法的满意程度。E-Learning 学员反馈评估可以通过以下方式获得评估信息：

（1）跟踪培训对象的网络登录和反馈情况。E-Learning 系统可以记录培训对象的行为，这样能够揭示培训对象对 E-Learning 课程的反馈，如培训对象对 E-Learning 课程和活动的完成情况，培训对象参加在线讨论和研究的积极性等。

（2）在线问卷调查。

培训管理者可以设计在线问卷，并让培训对象在线进行回答。这样，培训管理者可以通过统计结果来评价培训对象对 E-Learning 课程的反馈。

（3）组织 E-Learning 培训讨论会。

一是设置在线讨论区。在线讨论区为培训对象提供了充分表达对 E-Learning 课程意见的平台。为了拓宽培训对象的思维，在线讨论最好分主题展开，而且主题要具有一定的挑战性。在线讨论的前提条件是设施条件和培训对象的计算机操作技能能够保障讨论流畅地进行。

二是进行小组访谈。培训管理者利用小型会议室进行 10 人左右的访谈，对 E-Learning 课程产生的问题及改进发表意见和建议。

三是设置意见信箱。培训管理者在 E-Learning 系统页面设置意见箱，使培训对象能够随时进行评论和提出建议。意见箱设置的项目应包括意见接收人（培训师、培训管理者）、意见内容、意见提交者、提交人的联系方式等。

2. E-learning 课程内容评估

企业要成立专门的评估小组对 E-Learning 课程进行评估，该小组成员具体包括培训总监、培训部门经理、培训主管、培训专员、外部专家以及相关部门的负责人等。评估小组在进行 E-Learning 课程评估之前要界定评估范围。在通常情况下，企业评估的 E-Learning 课程包括外购的 E-Learning 课程和自主开发的 E-Learning 课程。评估小组可以通过 E-learning 课程学员意见表（参见表 6-3）收集培训对象对 E-Learning 课程提出的建议，并将其作为课程评估的辅助信息。

表 6-3　E-Learning 课程学员意见表

E-Learning 课程的编号		E-Learning 课程的名称	
员工的姓名		工作岗位	
一、学员对课程内容的意见			
1. E-Learning 课程内容是否能够满足现实工作需要，即课程的实用性和针对性如何？			
2. E-Learning 课程内容编排的合理性和逻辑性如何？			
3. E-Learning 课程内容的广度和深度如何？			
4. E-Learning 课程案例丰富的程度，以及案例与课程内容结合的紧密程度如何？			
二、学员对 E-Learning 课程的展现形式和互动性意见			
1. E-Learning 课程的展现形式与课程内容的相符程度如何？			
2. E-Learning 课程的互动性如何？			
三、学员对 E-Learning 课程的讲授进度与课时的意见			
1. E-Learning 课程的讲授进度是否适宜？			
2. E-Learning 课程的课时长短是否适宜？			
四、学员对 E-Learning 课程的其他意见			
1. 您认为本 E-Learning 课程中哪部分内容讲解得比较透彻，哪部分内容仍需补充或细化？			
2. 您认为本 E-Learning 课程中哪部分内容使您最受启发，最能引起您的兴趣和思考？			
3. 通过本 E-Learning 课程，您的哪些问题获得了答案，同时又产生了哪些新问题？			
4. 对于继续完善这门 E-Learning 课程，您有什么好的建议和意见？			

E-Learning 课程内容评估标准一般包括以下九个方面：

（1）课程目标。

课程目标的表述要明确，要切合员工的现实需求以及未来需要的导向，并且可以通过该课程目标提出课程考核标准和考核方式。

（2）课程内容。

课程内容要从广度上和深度上紧密围绕课程目标进行设计，要符合实际工作环境和工作任务的需要。

（3）引起注意和兴趣的维持。

培训师在课程教学中使用的相关策略与所教授的内容有关，并且能有效地引起培训对象的注意并维持其学习兴趣。

（4）引出相关知识。

培训师在课程教学中使用了能够引出员工相关知识的策略，帮助员工回忆起相关的知识。

（5）案例研究。

在课程教学中，培训师充分、恰当地应用案例，可以提高课程质量。

（6）课后练习。

课后练习是指一些与培训课程紧密相关的实践活动，而且这些实践活动能够帮助培训对象整合自己所学的主要内容。

（7）媒体运用。

培训师在课程教学中持续使用的媒体与学习内容有关，可以提高学习效果并增进培训课程的互动性。

（8）提供教学帮助。

E-Learning 系统给予适当的教学帮助和指导，并且与课程内容紧密相连。

（9）学习评价。

课程中包含了学习评价，且评价指标具体、明确，培训对象可以根据学习评价指标进行自我评估。

3．E-Learning 培训效果评估

E-Learning 培训效果评估是对一个 E-Learning 培训项目在内容、设计、学员收获以及组织回报方面的成功或者失败的衡量。其目的是帮助企业管理者对 E-Learning 培训效果作出科学的评价，帮助培训部门提高管理水平和培训质量。

（1）E-Learning 培训效果的影响因素。

E-Learning 培训体系设计得好坏将会直接影响 E-Learning 培训效果。E-Learning 培训体系主要从以下三个方面影响培训效果：

① 准确性，即课件的内容要准确无误；

② 相关性，即课程的目标和内容必须与工作紧密相关；

③ 多样性，即课件的表现形式要多样化。

(2) E-Learning 评估周期。

E-Learning 培训项目评估是一个周而复始的过程，评估者可以根据评估的对象和层面，在不同的时期和不同的阶段进行评估。因此，评估时间是一个不确定的因素。评估者也可以在确立 E-Learning 整体培训项目计划的同时，设定评估的目标和时间周期，用于对每个不同时期需要评估的不同对象进行细致的评估工作。

(3) E-Learning 评估的五个层面。

① 技术层面的评估。

在技术层面的评估工作中，评估者需要分析整个系统的运行情况，主要涉及系统功能的完备程度，提供的数据报告是否达到预期等。

② 内容层面的评估。

在内容层面的评估工作中，评估者需要评估的是内容本身而不是对培训效果的评估。对于 E-Learning 系统来说，评估者在进行内容层面的评估时应主要评估课程内容是否在培训对象的学习层面上达到了预期的效果。

③ 实施层面的评估。

在实施层面的评估工作中，评估者主要需要从组织各种教学活动及流程的有效性方面检查项目的效果是否达到预期。实施层面的评估应根据最初设计此阶段的实施计划具体制定评估指标，企业需要落实此阶段的企业目标或者 E-Learning 项目阶段性目标到底是什么。

④ 组织层面的评估。

对于评估者而言，组织层面的评估工作是 E-Learning 评估的重点和难点。评估者在评估时需考虑以下因素：

a. 培训对象在日常沟通和使用 E-Learning 系统方面是否有所改变；

b. E-Learning 课程内容是否可以在合适的时候提供给需要的学员；

c. E-Learning 项目是否适合企业的需要。

⑤ 变革层面的评估。

变革层面的评估是 E-Learning 评估工作中的难点，很少有评估者可以清晰地评估出 E-Learning 项目在此层面中给企业带来的影响，无论这种影响是正面的还是负面的。变革层面的评估的重点在于投资回报率的评估，这也是企业的决策层最为关注的问题。

案例 6-3　揭密华为公司的 E-Learning 系统

华为公司的 E-Learning 系统主要包括以下六个模块：

1. 学习管理平台

该平台支持华为公司全球员工在线学习的管理、课程交付、流程管理、学习档案管理和数据报表统计分析等业务。华为公司的员工只要参与了华为大学的学习活动，就会在 E-Learning 系统中形成学习档案。该档案与人力资源系统对接，为员工能力发展提供证明。

2. 考试系统

华为大学的学习发展项目坚持"以考促训"，考试是非常重要的一个环节。考试系统支持试卷开发、学员在线考试、成绩评阅及防止作弊等功能。

3. 直播平台模块

该模块针对不同地域的学员开展在线直播。华为公司内部的学习虚拟教室（Learning Virtual Classroom，LVC）系统在学员端呈现不同的屏幕，有的屏幕显示的是培训师，有的屏幕显示培训师书写的内容，有的屏幕显示培训师打开的文档。同时，学员可以通过学员端与培训师进行充分的互动。LVC 远程直播的效果基本上等同于面授的效果。

4. 学习专区

针对重大的学习发展项目，华为大学会在 E-Learning 平台上开设学习专区，比如 HRBP（Human Resource Business Partner，人力资源业务合作伙伴）学习专区、新员工学习专区等。

5. 案例库

华为公司的 E-Learning 系统案例库支持案例的上传、发布、传播、分享、互动、评论等功能。

6. 慕课模块

华为大学的慕课模块以视频的形式为主，辅以测试、作业、考试等多种学习活动。慕课模块对学员提供全程的服务支持，并且对学员全程的学习过程进行跟踪管理。

如今，华为公司的 E-Learning 系统已经成为其内部员工统一的学习平台，成为"员工指尖上的华为大学"。

案例 6-4　联想 E-Learning 实施全程解密

伴随业务的迅猛增长，联想公司内部的培训需求同样迅速增长。企业的培训战略应该如何调整才能跟上企业整体战略的发展变化，不拖企业的后腿，甚至为企业的发展助一臂之力呢？E-Learning 无疑是改变企业培训理念的解决之道。

联想公司从系统导入和 E-Learning 文化建设两个方面逐步构建 E-Learning 系统。

在系统导入方面，联想公司在完成了平台选择之后，把重点放在课件建设上面。对于涉及联想机密内容的课程或需求迫切的课程，由公司自行开发，课件主要以网页为表现形式，供学员自行上网阅读；对于具有联想特色的课程，公司提供课程内容，请专业的 E-Learning 服务商制作课件；对于通用性、专业基础课程，公司直接从 E-Learning 课件供应商处引进，如面向技术人员的 IT 认证类课程，面向销售人员的专业基础课程等。

在 E-Learning 文化建设方面，联想公司通过企业内部杂志和内部网，向员工介绍和推广 E-Learning 的学习方式；此外，联想公司向学员提供学习支持服务。

联想公司的培训中心坚持一个观念：E-Learning 不是目的，它是应用新技术使培训内容的传送更为方便快捷，E-Learning 的中心是"Learning"。E-Learning 系统实施以来，联想公司在节约培训投入、提高培训效率两个方面都获益匪浅。联想公司的 E-Learning 系统不断改进，满足了企业不断增长的培训需要，成为企业发展的助力。

实训任务

实训内容：学生每 5～6 人为一组，以小组为单位，应用 E-Learning 平台组织实施内容培训。

考核标准：平台内容的丰富性；平台内容表现形式的多样性；平台流程的完整性；团队协作的能力和创新思维能力。

参考文献

[1] 郗亚坤,曲孝民.员工培训与开发[M].4版.大连:东北财经大学出版社,2019.

[2] 谢伟宁,龙敏,姚月娟.员工培训:知识与技能训练[M].3版.大连:东北财经大学出版社,2017.

[3] 胡蓓,陈芳.员工培训与开发[M].北京:高等教育出版社,2017.

[4] 吴颖群,姜英来.人力资源培训与开发[M].2版.北京:中国人民大学出版社,2019.

[5] 刘正君,温辉.员工培训与开发[M].北京:中国人民大学出版社,2018.

[6] 张宏远.人员培训与开发:理论、方法、实务[M].北京:人民邮电出版社,2017.

[7] 许盛华.培训的力量:互联网+时代培训管理与创新[M].北京:中华工商联合出版社,2016.

[8] 课思课程中心.培训课程开发实务手册[M].3版.北京:人民邮电出版社,2017.

[9] 韩伟静.培训部规范化管理工具箱[M].2版.人民邮电出版社,2013.